Llanto prohibido

Nura Abdi y Leo G. Linder

Llanto prohibido

El relato de una somalí sometida a la ablación

Traducción de María José Viejo

Círculo de Lectores

En cariñoso recuerdo a mi padre, que me proporcionó inspiración y fuerza de voluntad para continuar, sin que importara el esfuerzo. Tú eres mi aliento.

A mi madre, que ha hecho de mí la persona que soy. Gracias por el amor, el valor y los conocimientos que me has brindado y que no hubiera podido recibir de nadie más. Tú me has enseñado que el valor y la perseverancia forman al ser humano. Mamá, te quiero y estoy orgullosa de ti.

Leo, a ti te agradezco tu apoyo y comprensión. Eres un tesoro.

A todas las mujeres del mundo, hayan sufrido o no la mutilación genital femenina. Unamos nuestras fuerzas para proteger a las próximas generaciones de semejante tortura.

Primera parte

SOMALIA

Dhulka

Dhulka significa «hogar» en somalí. Y mi hogar era Mogadiscio, la capital de Somalia. Digo *era* porque tras doce años de guerra mi Mogadiscio ya no existe, y hace tiempo que resido en Alemania. Pero mientras viví allí, se me antojaba un paraíso. Era un *dhulka*.

A menudo pienso en Mogadiscio. Aún hoy, once años después de haberme marchado, me sorprendo recordando el intenso azul del océano Índico, las blancas hileras de casas bajas. No en vano en somalí la llamamos *chamer*, «ciudad blanca». El nombre de Mogadiscio procede de los árabes y alude al lugar donde se puede descansar y beber té. Hacer un alto en el camino y tomar té, un té negro con leche y tres o cuatro cucharadas de azúcar, muy dulce, pues así es como nos gusta a los somalíes.

Echo de menos tantas cosas... Los paseos con mis amigas a la orilla del océano Índico. Las maravillosas mujeres que todas las tardes inundan las calles con sus largos y coloridos *dirrahs* hechos de tejidos delicados y transparentes. Los mercados, las mezquitas. Y el olor que sale de puertas y ventanas, aroma a incienso o a una mezcla de azúcar, perfume y especias. Avivado por el calor del fuego, se expande por la casa entera y fluye hasta la calle. Las somalíes lo utilizan además como perfume. Se coloca sobre el pequeño quemador y el aroma impregna sus vestidos y penetra en cada poro de la piel. En Mogadiscio todas las mujeres desprenden fragancias embriagadoras. Así era mi ciudad, y siempre, no importa donde vaya, permanecerá en mi memoria. La vida me parecía entonces tan sencilla, tan fácil. Nunca pensaba en el futuro. Dondequiera que mirara veía rostros risueños que parecían decirme: aquí puedes sentirte segura, perteneces a este lugar, aquí encontrarás la felicidad. Así era Mogadiscio.

El ritmo de la ciudad pautaba mi existencia, era imposible desligarse de él. Poco antes del alba, comenzaban las llamadas a la oración. Todas las mañanas, cuando aún duermes profundamente, te sobresaltan. Y siempre parecen provenir de un sueño. Pero según despiertas, y de forma gradual, comienzas a diferenciar esas voces, pues nunca claman al unísono. Empieza un muecín, le sigue otro, luego llega un tercero desde algún otro lugar y, finalmente, las voces que salmodian las palabras reveladas resuenan en toda la ciudad. Es una experiencia de una belleza indescriptible. El mundo entero permanece en silencio, tan sólo se oyen esas voces que proclaman las verdades eternas del islam. La mezquita más próxima es, por supuesto, la más resonante, pero también se escuchan las demás, en la lejanía, como un eco procedente del universo. Y luego, del mismo modo como empezaron, las voces vuelven a enmudecer, una tras otra, y con la última letanía que se pierde en la distancia, despunta el nuevo día. Otra vez reina el silencio, pero sabes que en la ciudad entera, por todas partes, en ese momento los hombres se dirigen hacia las mezquitas.

Mogadiscio despierta a las cinco de la mañana y amanece a las seis, hora a la que se levantan los más dormilones. Pronto el ajetreo de los mercados llega hasta las concurridas casas de té, y no más tarde de las nueve las mujeres se agolpan ante las carnicerías. Los somalíes no podemos resistir mucho tiempo sin carne. Somos un pueblo de nómadas; antaño nuestra sola riqueza era el ganado, y ése era el único alimento que conocieron nuestros antepasados. A las nueve en punto llega carne fresca a las tiendas, que cierran en cuanto la venden. De ahí que todas las mañanas las mujeres de Mogadiscio regateen y se disputen las mejores piezas.

Al mediodía el letargo se apodera de la ciudad. Cierran los comercios, se vacían las calles –hasta para los gatos que vagabundean por los tejados de chapa ondulada hace demasiado calor– y Mogadiscio dormita. Pero en todas las casas se cocina con esmero y constancia. Durante horas y horas. Según la tradición, cada cual se afana en cocinar mejor que los demás. Pues al vecino debe hacérsele la boca agua con el olor que sale de tu cocina, y quien pase por delante de tu casa tiene que desfallecer de apetito.

Cuando el sol se oculta, hacia las seis de la tarde, Mogadiscio despierta de su siesta. Los comercios reabren sus puertas, la renovada actividad de los mercados azuza a los tenderos, mientras en todos los hogares los jóvenes se preparan para el paseo vespertino. Te cubres primorosamente la cabeza con un pañuelo, te pones un chal alrededor del cuello y, en cuanto oscurece, sales a la calle. Por supuesto nunca sola ni con un amigo. En todo caso con amigas, o bien con primos o hermanos. Cada vez que paseaba por las calles de la ciudad rodeada de personas ataviadas con hermosos vestidos y desprendiendo agradables fragancias no podía evitar tener la sensación de que los conocía, de que no era una extraña para ellos. En momentos como aquéllos percibía con absoluta certidumbre que Mogadiscio era mi ciudad, el lugar donde permanecería el resto de mi vida y donde algún día, ya anciana, moriría, después de haber llevado una buena vida entre personas risueñas.

Entre la una y las dos de la madrugada se vacían las calles y cierran los últimos comercios; sólo aquí y allá algunos permanecen sentados delante de sus casas, charlando y mascando *khat*. Por supuesto, las niñas hace rato que estamos en casa; salvo que casualmente una haya encontrado un patio donde se celebre una boda. En nuestro pueblo todos pueden participar en los festejos nupciales. Si pasas por una casa donde se celebra un matrimonio, entras sin más. Siempre hay baile, aun cuando la pareja no pueda permitirse pagar a los músicos. Y es que para la música tradicional somalí no se necesitan instrumentos especiales, bastan unos tambores. Los convidados cantan, baten palmas y bailan al compás de los tambores.

A menudo, cuando asistía a una boda y me daba la impresión de que los novios hacían buena pareja, me preguntaba cómo sería la mía, quién se casaría conmigo. Pero rápidamente ahuyentaba tal idea. A decir verdad, ni sabía ni deseaba saber nada del amor. Estaba convencida de que mi madre no me impondría nunca un esposo. Yo estaba bien como estaba. De ese modo me resultaba fácil aplazar hasta un futuro lejano la idea de un marido. No podía imaginar nada agradable respecto del amor y por ello había desterrado de mi mente cualquier pensamiento sobre ese tema. «Tú vives el ahora –me decía a mí misma–, en este momento. ¿Por qué vas a preocuparte de algo que sólo va ligado al miedo y el dolor?»

En aquella época no dediqué ni un instante a concebir ideas sobre el amor, del mismo modo que tampoco me imaginaba viviendo lejos de Mogadiscio. Lejos de la ciudad donde la vida se me antojaba maravillosa.

La abuela y los *djinns*

Y sin embargo, cuando rememoro el pasado hasta donde alcanza mi memoria, me vienen a la mente imágenes completamente diferentes. Veo verdes árboles de plantación que se bambolean a mi alrededor y barro rojizo bajo mis pies. No es el tórrido suelo arenoso de Mogadiscio, sino la tierra compacta de Hargeysa, la mayor ciudad del norte de Somalia. En mis recuerdos más antiguos soy una chiquilla de tez morena, casi desnuda, que está sentada sobre la tierra rojiza a la sombra de árboles enormes. Ha llovido; la niña forma bolitas con el barro. Lo moldea entre sus pequeñas manos, se lleva un poco a la boca y ríe. Y como le gusta su sabor vuelve a probarlo. Eso le hace conocer por vez primera la vara de mamá. Luego la rocían con una manguera y el barro rojizo se desliza por su cuerpo; pero al menor descuido, ya está otra vez chapoteando en el lodo, revolcándose por la tierra y haciendo más bolitas, que le gustan tanto como las primeras. Por regla general, no tiene que aguardar a que llueva para jugar. Junto al escusado hay un cántaro bien lleno de agua para que quien vaya pueda asearse después. La niña lo coge, vierte el líquido y forma más y más bolitas. O moldea *injeras*, los creps somalíes. O una figura que semeja un coche.

La pequeña tiene unos tres años. Cierto día la madre coge en volandas a aquella chiquilla que va medio desnuda, el cuerpo bronceado por el sol, y la familia al completo sube al Land Rover que, entre sacudidas y traqueteos, les conducirá, a lo largo de dos días, al sur. A partir de entonces la niña ya no sentirá el barro entre los dedos de sus pies, tan sólo arena.

Habíamos llegado a Mogadiscio.

Allí vi por primera vez el mar, el océano Índico. Aquel día hacía un calor sofocante como es habitual en Mogadiscio, y yo iba en camello, aferrada a la silla. Desde arriba, a una altura que se me antojaba peligrosa, podía contemplar el resplandeciente mar azul, el gentío que abarrotaba la playa interminable y otros camellos con niños sobre la giba, pero sobre todo agua, mucha, muchísima agua. Me habían hablado del mar, pero nunca hubiera podido imaginar tanta agua junta. La espuma de las olas que rompían me parecía espuma de jabón. Miraba embelesada a mi alrededor, pero sobre todo a los bañistas, a aquellos seres que se adentraban en el mar, se sumergían en el agua y salían de nuevo a la superficie sanos y salvos. Las mujeres no corrían peligro alguno. Andaban por la orilla envueltas en sus coloridos vestidos y se mojaban al vaivén de las olas. En cambio, los hombres, casi desnudos, se zambullían en el agua cristalina y al cabo asomaban la cabeza. En cuanto descendiera del camello tenía que preguntar a mamá cómo eran capaces de tamaña proeza; mi madre estaba al fondo de la playa, sentada bajo una palmera con el resto de la familia, repartiendo té, pasando *khat* a mi padre y distribuyendo fruta entre mis hermanos. Una de las miles de familias que descansaban en la playa de Mogadiscio, apiñadas bajo la sombra de las palmeras para protegerse cuanto fuera posible del ardiente calor. Junto al mar el sol se oculta rápidamente. Los únicos que se exponían a sus rayos eran los niños, que jugaban a fútbol por todas partes o corrían en torno a las olas, y los vendedores de agua potable, a los que se oía desde lejos, pues azuzaban con gritos y golpes a los cansados asnos que tiraban de sus carros.

Cuando quise saber cómo se puede vivir bajo el agua todos rieron, salvo mi padre, que consideró mi pregunta muy inteligente para una criatura de tres años. «Basta con no respirar», me dijo. Su respuesta me convenció, y aún hoy creo que es así, pues las somalíes no aprendemos a nadar. Las mujeres se bañan del mismo modo que mi abuela. Envuelta en su largo vestido de flores rojas, el pelo oculto bajo un pañuelo del mismo color, avanzaba por la orilla bamboleándose entre las espumeantes olas, como un punto encarnado que acariciaba el radiante mar azul. Después de refrescarse regresaba tan majestuosa como siempre a la sombra de las palmeras. Ejecutaba este ritual varias veces durante aquellas maravillosas tardes que pasábamos en la playa. En cuanto sus ropas comenzaban a secarse volvía a bañarse. Estaba convencida de que no había nada mejor para su piel que el agua salada, la cual, afortunadamente, abundaba en Mogadiscio.

Huelga decir que cuando, tiempo después, mis amigas y yo íbamos a la playa hacíamos lo mismo: permanecíamos en la orilla con nuestros *dirrahs* mojados. En Somalia las mujeres no pueden exhibir su cuerpo: corren el riesgo de ser apedreadas. Ésta era la tradición en mi país, nunca conocí otra cosa, y recuerdo muy bien la primera vez que me bañé en biquini; ¡cómo me avergoncé! Era mi primer verano en Alemania y por todas partes se veían cuerpos femeninos desnudos. Aquel comportamiento me horrorizaba; estaba conmocionada. Pero era pleno verano y una amiga rumana me invitó a ir a la piscina. Puesto que no quería presentarme con mi *dirrah*, decidí comprarme un biquini, el primero de mi vida. «¿Qué importancia tiene? –me decía tratando de convencerme–. En Alemania las mujeres muestran sus cuerpos. Las ancianas, las gordas, las hermosas, todas se exhiben sin apenas ropa, ¿por qué tú no?»

En los almacenes Kaufhof encontré un biquini modelo piel de leopardo. Algo africano, pensé, eso quizá me facilite las cosas. Me lo probé de inmediato, pues sentía curiosidad y además no sabía qué talla usaba. Me quedaba bien. En cuanto llegué a casa volví a probármelo frente al espejo. El biquini no estaba mal. Me gustaba. Pero después, en la piscina, salí de los vestuarios y sentí vergüenza. «No, de ningún modo –pensé–, todo el mundo tiene la vista clavada en ti.» Miré de soslayo a los bañistas, pero ninguno se fijaba en mí. Ni uno solo. Aun así, estaba muerta de vergüenza. Para salir del apuro me cubrí el cuerpo con mi pañuelo de manera que se viera lo menos posible de piel, y salté por el césped al encuentro de mi amiga. Y entonces, cuando avanzaba cubierta de aquel modo, todos se giraron hacia mí. Supe que había hecho algo mal. «Pueden pensar que tengo frío, podría ser, ¿no?», me decía a mí misma. Pero a nadie se le hubiera ocurrido tal cosa porque hacía mucho calor.

Al rato mi amiga sugirió que nos bañáramos, pero yo seguía aferrada a mi pañuelo. Prefería ir al agua con él. Y sin embargo, no lo hice. Mi formación somalí para la intrepidez se impuso finalmente: salté casi desnuda a la piscina y, aunque no sabía nadar, chapoteé en el agua, jugué a la pelota, me deslicé por el tobogán; quince minutos más tarde ya no recordaba por qué me había resultado tan embarazoso todo aquello.

En aquel entonces, en la playa del océano Índico, no tenía tales preocupaciones. No necesitaba biquini ni *dirrah* ni pañuelo. Al igual que las demás niñas, chapoteaba en la orilla en braguitas.

Sin embargo, poco antes del crepúsculo debíamos marcharnos porque pronto vendrían los *djinns*. Al caer la noche el mar se encrespaba, se levantaba el viento y cedía el calor abrasador. Hacia las siete, cuando el sol poniente teñía de rosa la playa, recogíamos nuestras cosas y regresábamos a casa. A mí me hubiera gustado quedarme más tiempo, me encantaba jugar sentada en la orilla, pero eso era impensable, era muy peligroso, los *djinns* ya se habían llevado a algunos niños, elevándose con ellos sobre las olas, sobre el mar, y nadie los había vuelto a ver. Antes de que esos espíritus malignos pudieran hacer de la playa un lugar inseguro teníamos que estar en casa. Y así, en cuanto el sol comenzaba a ocultarse, la alegre y bulliciosa reunión ya se había dispersado.

Yo no había visto nunca un *djinn*. Pero mi abuela los conocía a fondo. Jamás llegaría a saber tanto como ella. Era una niña criada en la gran ciudad. La abuela, en cambio, seguía viviendo en sus recuerdos del mundo de los nómadas, de los animales, de las hogueras en los campamentos, de la soledad de las estepas que se extendían hasta el horizonte. Aventurarse por la noche hasta la puerta de casa es muy arriesgado, decía, pero a la orilla del mar el peligro es aún mayor. Por allí rondan muchos *djinns*, al amparo de la oscuridad; quizá las almas de los ahogados. Y un día, después de cenar, nos contó cómo fue su primer encuentro con un *djinn*.

Aquella noche soplaba una suave brisa marina entre los árboles de nuestro patio y llevábamos mucho tiempo sentados al raso; sólo faltaba mi madre, que estaba trabajando. Habíamos encendido una hoguera bajo un árbol y dispuesto a su alrededor taburetes bajos, unos pequeños bastidores de madera con el asiento elaborado con cintas de cuero. Mamá seguía en la tienda repasando las cuentas con mi padre cuando los demás ya formábamos un amplio círculo en torno al fuego; allí estábamos niños, vecinos, criados y, como soberana indiscutible de nuestro pequeño Estado, enarbolando firmemente su bastón como cetro, la abuela. Mogadiscio es una ciudad moderna, pero a sus habitantes les encanta sentarse al aire libre, sobre todo en las noches de luna llena, cuando alzas la vista y ves el cielo estrellado. La abuela empezó a contar su historia. Había sucedido hacía mucho tiempo, cuando era joven y vivía en el norte, en Hargeysa. Cierto día, a la caída del crepúsculo, se hallaba descansando bajo un árbol, pese a que a aquellas horas no se debía permanecer al raso, bajo los árboles, ya que es el lugar donde duermen los *djinns*. De repente, una bofetada le cruzó el rostro y cayó sumida en un sueño semejante a la muerte. Sus padres la encontraron más tarde desmayada bajo el árbol y la llevaron a casa. No sabiendo qué hacer, llamaron a un *sheik*, y el religioso leyó en voz alta pasajes del Corán acerca de los exánimes hasta que mi abuela abrió los ojos.

Lo cierto es que mis hermanos y yo hubiéramos podido tomar a la abuela por un *djinn*. No sólo porque a la mínima infracción de las innumerables normas de respeto, aseo y devoción nos daba tales bastonazos que nos nublaba los sentidos, sino porque además tenía un árbol favorito, y éste era tabú para los niños. El granado se alzaba justo delante de su habitación; era el único árbol del patio en torno al cual se podían hacer acrobacias, pero no osábamos acercarnos salvo que nos lo pidieran expresamente, lo que sucedía en algunas ocasiones. Cuando, agotada por el calor, se acostaba en una estera bajo su árbol, gritaba: «Nura, Fatma, lavaos los pies y dadme un masaje». Mi hermana y yo teníamos que subir a su voluminoso cuerpo y trabajar con los pies su ancha espalda, sus prominentes caderas. Allí había suficiente espacio para dos crías. Ambas la pisoteábamos de firme, como sutil y pequeña venganza por sus continuos gritos y los golpes y pellizcos que nos propinaba en mejillas y muslos, pero cuanto más pateábamos, más disfrutaba ella. «Ahí, ahí –gemía con deleite–; no, más arriba, eso es.» Hubo épocas en que hacía que la «masajeáramos» cada dos días.

De lo contrario quería permanecer bajo su árbol sin ser molestada. A mi abuela le encantaban las granadas. Como era grande y corpulenta, y por supuesto nunca se le hubiera ocurrido encaramarse a las ramas, se había fabricado su propio recogedor añadiendo a una larga vara un arco de alambre. De ese modo se acercaba las frutas maduras en cuanto las divisaba. Sin embargo, la mayor parte del tiempo se dedicaba a orar bajo su árbol o a escuchar sus casetes coránicos. Era una musulmana devota. Rezaba cinco veces al día, cada oración precedida por un concienzudo procedimiento de limpieza en los lavabos comunes del centro del patio. Luego se enfrascaba de nuevo en las enseñanzas del Profeta. Aún la veo delante de mí, con su largo vestido rojo y el reproductor portátil pegado al oído. El rojo era su color preferido; «Trae suerte», decía. Escuchaba las casetes continuamente, una y otra vez, hasta que era capaz de recitar de memoria algún pasaje nuevo del Corán.

Lo único que podía apartarla de su estudio era que se agotaran las pilas. En cuanto los niños oíamos que el Corán comenzaba a gorgotear nos abalanzábamos sobre el aparato, extraíamos las pilas y las exponíamos al sol para recargarlas. Aunque en realidad eso estaba terminantemente prohibido. El reproductor era sagrado. En ocasiones, cuando echaba la siesta, incluso lo utilizaba como almohada. Ésos eran casi casi los únicos momentos en que perdía de vista el granado: cuando, rendida de cansancio, se dormía en medio del bullicio de los juegos infantiles, el trasegar de los sirvientes, las cháchara del tío con los vecinos y los estridentes balidos de una oveja a punto de ser sacrificada.

En realidad, la abuela no nos inspiraba temor alguno. Era una mujer estricta, cierto, y a veces nos sacaba de quicio con sus gritos y riñas. A escondidas la llamábamos «chillona», pero ante ella nos manteníamos en guardia y le demostrábamos el mayor de los respetos. Y es que en el fondo era una mujer buena. Su mayor preocupación era hacer de nosotros buenos somalíes, pues nuestra educación estaba prácticamente en sus manos. Mamá permanecía de la mañana a la noche tras el mostrador de la tienda y mi padre solía repartir su tiempo entre la casa de té y la mezquita, el mercado y el puerto. En otras palabras: la abuela era el centro y el eje de rotación de aquel grupo turbulento, desbordante de vida y bullicioso que constituía mi familia, y ésta era para mí lo más importante. Nada me hacía más feliz que estar juntos y mantenernos unidos. En Somalia nos educamos con la idea de que cada miembro de la familia es esencial para los demás. Esto nos da fortaleza, pues nada podrá afectarnos. Pase lo que pase, no te desesperas porque puedes estar seguro de que tu familia jamás te abandonará. Sabes que no tendrás que acostarte ni una noche con el estómago vacío. Tu familia está siempre ahí, velando por ti, del mismo modo que tú velas por tu familia. Quizá por ello en África la vida es más fácil y sosegada que en Europa. La vida resulta muy gratificante cuando sabes que hay seres en los que puedes confiar sin reservas.

Creo que por este motivo las somalíes son también más conscientes que las alemanas de su propio valor. Nunca deja de sorprenderme el desánimo de éstas. Muchas se sienten sobrecargadas con un único hijo. En Somalia hay mujeres que apenas han ido a la escuela, se casan muy jóvenes y luego tienen un hijo tras otro. No han podido estudiar y, aunque su marido no tenga un empleo, salen adelante. Venden tomates o plátanos por la calle, aceptan cualquier trabajo y alimentan de ese modo a una gran familia. Las mujeres alemanas tienen buenos empleos, están bien remuneradas, viven en un país seguro pero se sienten desbordadas con un solo hijo. Esto significa que no tienen confianza en sí mismas. En Somalia, las madres afrontan sin pestañear la lucha de la vida llevando consigo a sus cinco, seis o siete hijos.

En nuestro pueblo la llegada de un nuevo hijo es siempre motivo de alegría. No sólo para la propia familia, sino para la comunidad. A nadie se le ocurriría que pudiera constituir una carga. Cada niño trae al mundo su propia felicidad, se dice en Somalia, y por eso mi madre tuvo un hijo tras otro. Yo fui la cuarta, hasta que llegamos a ser ocho hermanos. Casi cada dos años nacía un nuevo bebé. Mi padre, árabe, tenía la piel clara; mi madre, hija de nómadas, oscura; y los hijos lucíamos una amplia gama de matices, aunque nos parecíamos en el carácter, que era puro fuego.

La casa de la calle del Fuego

El bullicio que reinaba en nuestro hogar no era algo excepcional. Esa misma increíble algarabía también imperaba en todas las casas de té y mercados de Mogadiscio. Los somalíes hablamos de la mañana a la noche, difícilmente podemos guardar algo para nosotros mismos: lo que está dentro debe salir, si no nos sentimos sucios. Si la ira está en nuestro interior debe salir, y si creemos que algo es correcto tampoco nos lo guardamos. No disimulamos ni fingimos. Expresamos nuestras opiniones con franqueza y cara a cara. Quizá seríamos más cautos si no nos gustara tanto discutir. Y quizá rehuiríamos la controversia si no olvidáramos tan rápido. Pero así son las cosas: nos gustan las disputas y olvidamos con presteza. No es extraño que nuestro hogar fuera tan turbulento. A menudo se reunían en el patio quince o veinte personas; ninguna aguardaba su turno para intervenir. Alguien comenzaba a hablar, enseguida le interrumpía el siguiente y el tercero ya estaba presto para saltar con su opinión; lo más sorprendente era que siempre había personas que, a pesar de la confusión, habían captado cuanto allí se decía y sabían lo que había dicho cada cual.

Por lo demás, más allá de nuestra tienda tampoco reinaba la serenidad. Cuando cruzaba el estrecho pasadizo cuajado de comercios que discurría frente a nuestro inmueble me topaba con la vida de la gran ciudad. Ese pasaje se llamaba Tschitka Dopka, calle del Fuego. Nombre por cierto muy apropiado. Pero no tenía relación alguna con el temperamento de mi familia, sino con la central eléctrica del final de la calle. El fuego aludía a la electricidad, la energía que producía aquella instalación.

La calle del Fuego era una de las vías principales de Mogadiscio, asfaltada tiempo atrás pero llena de baches. Estaba flanqueada por comercios y pequeños restaurantes, además de los árboles que había plantado el Ayuntamiento sin otro fin que adornar la ciudad. El tráfico era caótico. La gente caminaba por la calzada, circularan vehículos o no, pasando entre los camiones que traqueteaban entre los baches. No había semáforos por ningún lado y los conductores aparcaban a su antojo. A veces alguno estacionaba su camión de tal modo que impedía el paso, extendía su estera sobre la acera y tomaba el almuerzo. ¡Pero nadie venía a la carrera ni protestaba! Se acomodaba con toda tranquilidad bajo la sombra de un árbol, donde solían reunirse los conductores, mascaba *khat* y encargaba un vaso de té del restaurante próximo. Yo conocía a varios de ellos, pues, de cuando en cuando, me daban dinero a escondidas para comprar caramelos. Más tarde me mantuve apartada a causa de mi timidez y porque luego, al llegar a la pubertad, está prohibido hablar con hombres en público.

Sin duda alguna, nuestra tienda era la más importante de toda la calle del Fuego. Y éste era el reino de mamá.

Originalmente había pertenecido a mi padre; de hecho, éste fue el motivo de nuestra mudanza de Hargeysa a Mogadiscio. Al principio no pasaba de ser una típica tiendecilla africana. Pero en cuanto llegó mi madre fue ampliándose más y más. Con su impetuoso espíritu emprendedor, mamá la transformó en un supermercado que ofrecía todo tipo de mercancías, desde alimentos como arroz, azúcar, sal, aceite y galletas, hasta jabón, perfumes, cremas e incluso, con el tiempo, telas y ropa. Ahora bien, el producto estrella de la tienda, el helado casero, era obra suya. Lo elaboraba con azúcar, colorante y agua, y ya fuera rojo, verde o amarillo, siempre tenía el mismo sabor. Introducía en el congelador los pequeños moldes que contenían el agua azucarada teñida de color y luego vendía el helado a los niños a bajo precio. Para decirlo brevemente: mi madre gobernaba su reino con una energía casi inquietante y nunca alcancé a comprender qué le restaba por hacer a mi padre.

Mientras mamá no nos llamara, los niños evitábamos la tienda, salvo que quisiéramos pedirle dinero. Por lo general, nuestra vida transcurría en la parte posterior de la casa, sobre todo en el patio, que parecía más bien un mercado semanal. Debajo de un árbol se inclinaban tres o cuatro muchachas sobre sus palanganas con auténticas montañas de ropa; junto a otro se asaba carne de camello; en una esquina los conductores que traían mercancías permanecían al amparo de la sombra durante horas; mi abuela yacía bajo su granado con su reproductor portátil y, en medio de toda aquella gente, los niños alborotábamos. Flores no había; de todos modos, tampoco hubieran sobrevivido mucho tiempo. En nuestro lado del patio teníamos siete habitaciones, una junto a la otra, cubiertas por un tejado de chapa ondulada poblado de gatos vagabundos y enfrente, al otro lado del patio, se alzaba otra casa como la de mi familia. Allí vivían dos familias que habían alquilado las dos pequeñas tiendas anexas a la nuestra. Por aquella época, la familia no estaba aún al completo; más tarde, tras el nacimiento de mi hermano Elmi, llegamos a ser doce: cinco niños, mis padres y la abuela, además de dos muchachas que lavaban y limpiaban y dos primos que mamá había acogido en nuestra casa. A éstos había que añadir los vecinos de la calle del Fuego y también sus hijos. En realidad, todos tenían su propio patio, pero los límites entre los inmuebles eran, por así decirlo, fluctuantes. Los vecinos frecuentaban a menudo nuestra casa y nosotros las suyas. Al mediodía cuidaban recíprocamente de sus cazuelas y sartenes, y si a alguno le resultaba más tentador el olor del guiso ajeno se quedaba a comer. Tampoco hay que olvidar a las tías, primos, primas y tíos que después de la mezquita pasaban a visitarnos fugazmente, para acabar quedándose a pasar la noche. ¡Era impresionante la infinidad de parientes que teníamos! Basta decir que mi padre tenía diecinueve hermanos, pues mi abuelo tuvo dos esposas. Con el tiempo fui conociendo a la mayoría de ellos. Como el día en que el tío Harun, que trabajaba como guardaespaldas para un príncipe de Arabia Saudí, se presentó de improviso en nuestra casa. Pero eso sucedió más tarde, en Kenia, tras nuestra huida.

La casa solía estar abarrotada, como un hotel. Claro está que no disponíamos de camas para todos. Únicamente la abuela dormía sola en una cama, sin olvidar a Yurop, mi impulsiva hermana mayor, que expresaba sus continuas ansias de controversia incluso en sueños. Yo compartía lecho con Fatma, la segunda de mis hermanas. Cuando nos juntábamos tres en la misma cama, colocaban al lado un colchón por si alguno se caía. O para acomodar a más durmientes. A veces nos acostábamos en diagonal, con los pies sobre el suelo desnudo. Quién sabía con cuántos más habrías de dormir al día siguiente, en la misma habitación, si con dos, con seis o con ocho. De todos modos, estábamos acostumbrados. Día y noche se hallaba uno rodeado de gente, apenas podías dar media vuelta sin toparte con alguien, ni hacer un comentario sin cosechar media docena de réplicas. Comíamos juntos, dormíamos juntos, salíamos juntos. Jamás estabas solo. Y eso era maravilloso. A mí me encantaba sentir por las noches los cuerpos de los demás en la misma habitación y oír cómo respiraban. En ocasiones trasladábamos los colchones al patio, los extendíamos bajo nuestro árbol de reunión y dormíamos al raso. Eso me hacía sentir libre.

En nuestra casa la vida giraba en torno al árbol de reunión. Allí, al amparo de su sombra, guisábamos cuando hacía demasiado calor en el interior de la cocina; allí nos juntábamos por las tardes para beber té y por las noches para cenar, y justo después entraba en escena mi abuela. Ésa era la hora más hermosa del día. La abuela bajo el árbol de reunión; la noche, el fuego, las estrellas, todo ello prometía algo inesperado, quizás emocionante y, en cualquier caso, bello. En ocasiones se dedicaba a recordar los acontecimientos del día, zanjando nuestras desavenencias e impartiendo consejos. Era juez y maestra a la vez. Nosotros le exponíamos nuestros asuntos tan educadamente como podíamos, y ella nos decía quién había hecho algo mal y en qué consistía su falta. Después, casi siempre cantaba una canción. No eran canciones en sentido estricto, cuyas letras se conocen de antemano, sino más bien cantos que cada uno improvisaba. Con ellos se podía comunicar o contar algo a alguno de los que integraban el círculo familiar. Era un toma y daca. Si la abuela se dirigía a mí en su canto yo debía responder con otro. Aprovechábamos tales ocasiones para tomarnos el pelo, y si a nuestra reunión asistían miembros de otros clanes también recibían lo suyo.

Cuando la animación subía de tono, la abuela hacía un gesto negativo con la cabeza, arrojaba al fuego más polvo antimosquitos y empezaba a contar historias. La que más recuerdo es la del león, el zorro y la hiena que se fueron de caza y atraparon un antílope. Una vez capturada la presa, el león se acomodó y propuso al zorro dividirla en tres partes.

–Así lo haremos –dijo el zorro.

Acto seguido, cortó el antílope en dos piezas de igual tamaño, y entregó una al león. Luego dividió la otra en dos y dijo a la hiena:

–Ésta es para ti y esta otra para mí.

La hiena, enojada, protestó:

–¿Por qué recibe el león el pedazo mayor?

A lo que el zorro replicó:

–Pretendes que nos repartamos a partes iguales el antílope, y ¿qué has hecho tú? Sólo piensas en quedarte con la mitad. ¿Acaso has olvidado cuán maltrecho te dejó el león? Basta con que mires tu piel desgarrada.

Exigía escuchar atentamente. Del zorro se podía aprender mucho. Este relato, por ejemplo, hacía reflexionar sobre el reparto de cualquier cosa. Algo así como que no se puede reservar uno la parte más grande. Que además se ha de considerar la dignidad y la edad de un hombre. Enseñanzas útiles, dado que en nuestra familia teníamos dos leones: mi padre, que por principio recibía el primer plato con la mejor carne, y mi abuela, a quien se servía inmediatamente después. Éstas eran las inquebrantables reglas del respeto, entre las que figuraba también no contradecir jamás a un adulto, aunque estuviera equivocado. Uno podía expresar siempre sus opiniones con toda humildad, pero era más recomendable callar. Escuchar y mantener la boca cerrada era lo más inteligente.

Respeto por un lado, valentía por otro. Respeto hacia los mayores, arrojo frente a los de la misma edad. Y éste era tan importante como el primero. Para mi madre la cobardía era un crimen; para mi abuela, un pecado mortal. Ambas estaban firmemente decididas a hacer de nosotras chicas valientes. Mamá agitaba amenazante su vara cuando se enteraba de que yo no me había defendido en una riña con los hijos de los vecinos. Y mi abuela nos contaba historias como la de la osada luchadora. Aún me pregunto si existió aquella mujer. De ser así habría nacido en el norte como mi abuela, no entre las damas elegantes de Mogadiscio. Sea como fuere, aquella mujer se enfrentaba continuamente con los hombres. En cuanto se enteraba de que alguno maltrataba a su mujer le reprendía con severidad; y si el sujeto hacía caso omiso de sus advertencias o no se mostraba razonable, ella se enfurecía. Mi abuela era muy explícita sobre cómo proceder con él: la luchadora le cortaba los genitales con un cuchillo.

Ni mi abuela ni la luchadora se dejaban intimidar. Nosotros éramos aún pequeños; pero no para escuchar tales relatos. Aunque no sé hasta qué punto debíamos tomarnos a pecho aquella historia, pues al final la luchadora acabó siendo asesinada por un hombre. Cierto que no se había dejado amedrentar, que había luchado por sus convicciones, y eso es lo que importa.

De hecho, las enseñanzas de mi abuela –que eran también las

enseñanzas de mi madre– me han sido útiles una y otra vez mucho tiempo después, en Kenia y también en Alemania. Sólo en una ocasión me abandonó la valentía: era mi primer año en Alemania, un día de comienzos del invierno, a las seis de la mañana, con viento glacial y aguanieve; yo, una solicitante de asilo que vivía en un edificio prefabricado, me hallaba en medio de la oscuridad y el frío con una escoba en la mano; tenía que barrer el aparcamiento del gran mercado de Düsseldorf, por dos marcos la hora. De vez en cuando, los camiones y furgonetas de los comerciantes de verduras me deslumbraban con sus faros y, arropándome la chaqueta sobre el pecho, yo me preguntaba: «Nura, ¿qué haces aquí? ¿Qué vida es ésta?». Cuando miraba a mi alrededor veía la cálida luz tras las ventanas de las viviendas, contemplaba a las personas que acudían a sus trabajos, que conversaban y sonreían fugazmente. De pronto, me sentí como si no hubiera nada para mí en el mundo. Completamente superflua. Como si me hubiera esfumado en aquel preciso instante sin que nadie advirtiera mi ausencia. Lloré desconsoladamente. Más tarde, aún sollozando, llamé a mi madre. Y ella, que en aquella época vivía en Kenia desde hacía tiempo, me infundió ánimos con las mismas palabras que había empleado mi abuela en nuestro patio: «No te rindas. Resiste. Recuerda que el que quiere trepar al árbol tiene que empezar desde abajo. Y no mires atrás. Mira siempre hacia delante». No me consoló, me levantó la moral. Y al día siguiente volví a barrer.

A menudo nuestras veladas en el patio se prolongaban hasta bien entrada la noche. Mis padres no aparecían por allí; desde la puesta de sol permanecían sentados a la entrada de la tienda junto con algunos vecinos, mascando *khat* y hablando del negocio. Allí afuera estaban a resguardo de los niños, pues cuando uno masca *khat* quiere estar tranquilo. A veces no entraban en casa hasta medianoche; y si había luna llena, aún más tarde. Poco después, toda la familia estaba acostada y reinaba el silencio. Aparte de la respiración de Fatma, sólo oía el incesante palmoteo procedente del vecindario, incluida nuestra cocina. Eran las mujeres que, durante la noche, amasaban las *injeras* que tomábamos como desayuno. Batían firmemente la masa con ayuda de un cántaro, y aquel sonido se extendía todas las noches por la ciudad. Lo siguiente que percibía era el «*Allahu akbar*» del muecín, y me despertaba con la dichosa sensación de que el nuevo día sería cuanto menos tan hermoso como el anterior.

Cincuenta camellos por una esposa

Mogadiscio, el océano, la calle del Fuego: ésta era la geografía de nuestro mundo. Aunque si hubieran excavado a gran profundidad en el suelo arenoso del patio, estoy segura de que habría aparecido la tierra roja de Hargeysa. Porque tras el mundo de nuestra moderna gran ciudad se ocultaba otro. Detrás se extendían las planicies de Somalia, con sus rebaños y sus nómadas y sus tradiciones inmemoriales. Y por ello la historia de mi familia no comienza con los animados convidados que asisten a una boda en Mogadiscio, sino con una ardua deliberación entre los solemnes ancianos del clan sentados a la sombra de un árbol enorme. Una tarde en que las niñas estábamos solas en el salón y que mamá no tenía que trabajar, nos contó cómo había sido su boda.

Los padres de mi madre eran ricos. Poseían una finca en el norte, en las cercanías de Hargeysa, en la que cultivaban todo tipo de verduras. Tenían también grandes rebaños de camellos, vacas, cabras y ovejas. A veces dejaban la finca a cargo de sus empleados, y ellos mismos conducían a los animales hacia nuevas tierras de pastos. Mamá era la más joven de sus tres hijos y, como además era la única chica, mis abuelos la querían con locura.

Tenía diecisiete años cuando conoció a mi padre. Desconozco cómo y en qué circunstancias, nunca nos lo dijo. De todos modos es algo que se olvida pronto. En aquella época el cortejo se escenificaba más o menos como sigue: el joven se acercaba a la muchacha, la saludaba y luego, prácticamente de sopetón, le espetaba: «Me gustas, quiero casarme contigo». Si ella accedía la conversación había terminado. El resto se arreglaba entre las familias y lo más importante era cuánto se pagaría por la novia. Naturalmente, las muchachas podían ser desposadas contra su voluntad, si el precio lo valía. El caso es que mi padre fue a visitar a los padres de mamá y les pidió permiso para casarse con su hija. Ellos rehusaron sin rodeos, a pesar de que mi madre, a sus diecisiete años, era casi una solterona. Por aquel entonces, en el norte de Somalia, las mujeres se casaban antes, no se aguardaba tanto. Pero, por un lado, es probable que mi abuela no quisiera dejar marchar a su benjamina, a su única hija, por mucho que pagaran por ella. Por otro –y acaso esto pesaba aún más–, mi padre pertenecía a un subclán distinto al de la familia de mamá y, por tanto, no podía ser aceptado como esposo.

Yo entendía cuanto contaba mi madre. Por supuesto sabía qué era un clan. Sabía que nuestro pueblo se compone de clanes, que mi familia pertenecía al *lali* y que éste era el mejor clan de Somalia, el de los hombres más sinceros e intrépidos. Ningún clan hablaba un somalí tan bello, tan puro, ni había engendrado tan grandes poetas y líricos y narradores de historias. Los *lali* del norte de Somalia eran fantásticos, insuperables, y comprensiblemente nos sentíamos muy orgullosos de ser *lali*. En Mogadiscio no obstante nos cuidábamos de decirlo en voz alta. Y es que sus habitantes constituían una variopinta mezcolanza de cuantos clanes pudieran concebirse, y el vecino podía pertenecer a otro clan y sentirse tan orgulloso como los demás del suyo. Era por tanto un asunto delicado. De todos modos, algunas noches, al calor del fuego, mi abuela se dejaba llevar por el orgullo y entonaba canciones de amor de los *lali*, seguidas de cantos burlescos sobre otros clanes. No había que tomar en serio tales burlas; sin embargo, antes, en el norte, las diferencias de clan podían suscitar gran indignación: ¿Que te has casado con un hombre de otro clan? ¡Pero si ésos no son auténticos somalíes!

Para complicar aún más la cuestión, los clanes se dividían

continuamente y se distribuían en una multitud de subclanes, una maraña de parientes y un sinfín de grandes familias. Y no bastaba con impedir el matrimonio con miembros de otros clanes; también se mofaban del que se casaba con alguien de un subclán distinto aunque perteneciera a su mismo clan. Mi padre era *lali*, como mis abuelos, pero pertenecía a otro subclán y lo rechazaron.

Ahora bien, los *lali* no sólo son los mejores poetas, los más sinceros y más intrépidos de entre todos los clanes, sino también –y esto se percibía enseguida– los más irascibles. Aquella pareja a la que habían prohibido contraer matrimonio no quiso resignarse a su suerte, y mamá resolvió fugarse con mi padre para desaparecer en el mar de casas de Mogadiscio. Al parecer, ambos se conocían mejor de lo que era habitual entre los novios y, también al parecer, se amaban. Pero mi abuela se enteró de sus planes y, conmovida, hizo saber a mi padre que, dadas las circunstancias, cedería. Estaban dispuestos a iniciar las deliberaciones oportunas con quienes acudieran en representación suya.

Poco después se presentaron los ancianos del subclán de papá en la finca del abuelo, donde fueron recibidos con cierta frialdad, y ambas partes tomaron asiento a la sombra del árbol más grande. Entonces comenzaron a deliberar.

–Nos hemos reunido hoy aquí para tratar un asunto muy importante. –Tomó la palabra el portavoz del bando de mi padre–. Deseamos pediros en matrimonio a vuestra hija.

Mi abuelo estaba al tanto de la historia. Sabía demasiado bien que su hija, loca de amor, estaba dispuesta a fugarse y, en realidad, no tenía nada que objetar a aquel matrimonio. No obstante se llevó las manos a la cabeza.

–¿Cómo? ¿Mi única hija? –aulló–. ¿Queréis que os conceda a mi única hija? ¿A uno de vosotros? Jamás, de ningún modo. ¡No sois suficientemente buenos para ella! Antes la entregaría a uno de mis pastores. Cuando despose a mi hija será con un hombre de mi propio subclán.

–Bueno, bueno, al fin y al cabo todos pertenecemos al mismo clan –fue la respuesta–. Además, ya ha sucedido antes, y por cierto en bastantes ocasiones, que vosotros habéis desposado a nuestras mujeres y nosotros a las vuestras. No sería, por tanto, la primera vez. ¿Qué motivo podéis tener para negarnos a vuestra hija?

Mi abuelo movió pensativo la cabeza.

–¿Está mi hija de acuerdo? –inquirió en tono firme–. ¿Acaso el joven del que aquí tratamos ha tenido a bien preguntar antes a mi hija?

Los demás asintieron vivamente. Todos conocían el plan de fuga.

–Sí, así es; ya han hablado de ello. Y, por lo que sabemos, vuestra hija no se opone. En caso contrario no hubiéramos venido.

A partir de entonces, el abuelo, sus hermanos y los ancianos del clan ya no pusieron traba alguna a la felicidad de los novios. Plantearon, por principio, algunas objeciones fácilmente rebatibles acerca del carácter y situación económica del candidato; luego, mediante miradas y gestos con las manos, dieron a entender que estaban dispuestos a dejarse persuadir. Y entonces dijo el abuelo, ceremonioso:

–Pues bien, si realmente consideráis que podéis ofrecer a mi hija el hogar que se merece, y estáis seguros de que podéis protegerla, vuestra es; por nuestra parte, nos daremos por satisfechos con cincuenta camellos.

Los ancianos se miraron entre sí. Sus rostros se ensombrecieron.

–¿Cincuenta camellos, decís? Es demasiado. ¿Quién pagaría tanto por una mujer que ya no está en la flor de la juventud?

El subclán de mi madre permaneció impasible.

–Cincuenta camellos, ni uno más ni uno menos. Nos entregáis los animales y os entregaremos a nuestra hija.

Aquello era excesivo. ¡Cincuenta camellos! La familia de mi

padre no poseía tamaña cantidad. No obstante llegaron a un acuerdo. Pagarían a plazos. Habrían de entregar la primera parte enseguida, y la segunda a lo largo del año siguiente. Luego mataron una cabra y comieron todos de un gran cuenco; los mediadores de mi padre se marcharon satisfechos.

–En cuanto recibamos los primeros veinticinco camellos –dijo mi abuelo al despedirse– mi hija pasará a vuestras manos.

Unas semanas más tarde, allí estaban mi padre y un anciano junto con los camellos. Los veinticinco animales fueron cuidadosamente examinados, pero ninguno tenía la joroba desollada, ni calvas en su pelaje; además, una camella estaba preñada; y aquella misma noche mi madre abandonó la casa de sus padres como prometida de papá.

Ambos se pusieron en camino con dos camellos. Uno iba cargado de carne de camello seca, no menos de veinte kilos, carne tierna y cortada en finas tiras que los somalíes tomamos como desayuno, pues las novias no pueden presentarse en casa de su familia política sin llevar carne. El otro camello portaba objetos que mi madre había ido confeccionando durante su juventud, cestos de paja y cosas por el estilo, además de una lata de mantequilla para la carne y un saco de dátiles. Aparte de esto, mamá no llevaba consigo nada más. Las joyas, las ropas, todo lo que sus padres le habían comprado, lo abandonó. Su marido tendría que adquirirlo de nuevo para ella, eso es lo que se esperaba de él. Y así pertrechados avanzaban, camino a la noche de bodas, mi madre, mi padre, el anciano y los camellos.

Luego los acontecimientos se sucedieron con gran rapidez, siguió contando mamá. La familia de mi padre la aguardaba. El lecho nupcial estaba preparado, sobre el fuego chisporroteaba carne de cordero en una sartén enorme; el *sheik* cumplió con su ritual, los padrinos de boda desearon a la pareja un sinfín de prósperos años de matrimonio y, una vez firmada el acta matrimonial, comenzó la fiesta. Tambores y cantos sonaron durante toda la noche; paulatinamente, acudía cada vez más gente al festejo; las mujeres bailaban en círculo, los hombres daban saltos en el aire lanzando las piernas hacia delante, y en medio de ellos se hallaba mi madre, sin bailar ni reír ni mirar a los invitados al rostro, pues la novia que muestra alegría en el día de su matrimonio y ríe y baila se pone en ridículo ante los convidados. Finalmente, poco antes del amanecer, se quedó sola en la habitación nupcial, a solas con mi padre.

No permaneció mucho tiempo allí. No aguantó ni una noche. Comenzó una época de terror para ambos, para mi padre también, pero aún más para mamá. Hubiera podido omitir esta parte de la historia para no alarmarnos, para no atemorizarnos a nosotras, las niñas. Pero no quería ocultarnos la verdad: mi padre había intentado forzarla. La penetración en la primera noche era la prueba de virilidad por excelencia. Pero fue imposible. A mi madre no la habían cortado. ¿Y qué podía hacer mi padre? A él mismo le habría causado dolor y para ella era una tortura. Mamá no lo soportó. Noche tras noche durante los siguientes tres meses huyó de su cama. A veces estaba tan desesperada que corría a casa buscando refugio en su madre. Pero de nada servía, debía regresar. Finalmente llamaron a una mujer que practicaba circuncisiones que le hizo una incisión del tamaño preciso. Y aquella misma noche mi padre hizo lo que se esperaba de él, yació con ella. Mi madre sufrió, lloró y gritó. Nueve meses después dio a luz a su primer hijo. Era un niño. Le llamaron Mohamed, pues ésa es la costumbre en los países musulmanes: el primer hijo recibe el nombre del profeta.

Al raso

Mi madre amaba a Mohamed, su hijo, su primogénito, por encima de todas las cosas. Como ella era la menor de tres hermanos, no había convivido con chiquillos más pequeños, y ahora era afortunada de poder cuidar por fin a un bebé. Seguía viviendo en el norte, no lejos de sus padres, respirando el aire de los nómadas. Luego nació Yurop; Yurop como Europa en inglés. El nombre acaso resulte extraño para quien no sepa que mi padre, poco antes de nacer la pequeña, emprendió un viaje de negocios a Europa. Acontecimiento memorable del que, cuando él ya hubiera muerto, quedaría como constancia el nombre de su hija mayor. Después nació mi hermana Fatma y a continuación llegué yo.

Pregunté a mi madre sobre mi nacimiento y ella me contestó solícita. Había ciertas cosas que los niños no podíamos saber ni escuchar y, por lo general, cuando hablaban los adultos nos enviaban fuera de la habitación. Al igual que las noches de bodas, al parecer tampoco los partos pertenecían a los muchos secretos, grandes y pequeños, que nos rodeaban siendo niños, y así supe que nací al amanecer. Justo después salió el sol, y un radiante día de agosto despuntó. Mi abuela, que había asistido a mamá, me puso el nombre de Djowheir, «rayo de sol». Sin embargo, con el tiempo prevaleció mi segundo nombre, el árabe Nura, que significa «luz».

Como para cualquier mujer circuncidada, el alumbramiento fue para mi madre una tortura. Aunque la comadrona le había hecho un corte, padeció durante cinco horas y, en cuanto nací, la volvieron a coser. Así debía ser, ésa era la práctica que se imponía a las mujeres somalíes después del alumbramiento, y también mi madre dejó que se lo hicieran sin replicar y por cuarta vez. Permaneció tres horas en el hospital de Hargeysa recuperándose de la operación, luego regresó conmigo a casa.

Mi abuela cuidó de mí mientras mamá se recuperaba de sus heridas. Cuando yo quería mamar me llevaba con ella. Y así durante cuarenta días. En Somalia, a lo largo de ese tiempo, las parturientas permanecen en una habitación propia, aisladas del mundo exterior, sin poder ver a sus maridos mientras se alimentaban con la finalidad de recuperar las fuerzas. De idéntico período de convalecencia también gocé yo. Me mantuvieron cuarenta días alejada del sol y del viento; sólo al cabo de ese plazo, el cuadragésimo primer día, me sacaron al aire libre para celebrar una pequeña fiesta dedicada a la madre y al bebé, en la que los cónyuges se reunían de nuevo y comenzaba la vida cotidiana. No obstante, había que tomar precauciones. Como a todos los recién nacidos, debían llevarme a casa no más tarde de las cinco, ya que al levantarse el viento acudían los espíritus malignos. Se podían ahuyentar trazando una cruz de ceniza sobre la frente, pero no era una protección infalible contra la nefasta influencia de aquellos demonios.

De mi vida en el norte apenas recuerdo mucho más que mi extraordinaria afición a moldear bolitas con el barro rojizo. Pero para saber cómo eran las gentes del norte me basta con observar a mis hermanos Mohamed y Yurop, que pasaron allí gran parte de su infancia. Mohamed habla aún hoy el somalí más puro: una lengua ágil, firme y sonora, aunque también rica en expresiones bellas, vivaces, y en sentencias poéticas. No es la encantadora lengua del sur con la que se puede incluso piropear a las mujeres. Decir cumplidos, hablar con elegancia y en voz queda, eso bastaba para que los hombres de Mogadiscio tildaran a los del norte de decadentes y corruptos, apenas mejores que las mujeres.

Los somalíes del sur, por su parte, tachan a los del norte de locos, lo que debe de tener relación con su carácter y obstinación. En mi familia, por ejemplo, hay algunos casos de temperamento volcánico y terquedad fenomenal, aunque mi hermana Yurop batía el récord. Era más salvaje que todos mis hermanos juntos. Ya en Mogadiscio correteaba por ahí con el pelo muy corto. Y se enzarzaba en peleas con cualquiera. «No incites a la ira antes de que la ira te incite», reza un dicho somalí. Pero mi hermana no compartía tal idea. Mamá hubo de romper gran cantidad de varas sobre su espalda. Incluso por las noches se revolcaba y pataleaba de tal modo que necesitaba una cama para ella sola. El día de nuestra circuncisión se defendió con la mayor virulencia. Pero afuera, en la calle, en la escuela, era mi guardiana. Las mujeres la temían, los hombres se apartaban de su camino. Comparados con Yurop, mis hermanos eran unos sentimentales.

En el sur, tal desenfreno resulta incomprensible.

Por lo demás, si quería saber cómo era la vida en el norte debía atenerme a lo que contaba mi abuela. A menudo se entregaba al goce de los recuerdos de su vida en la aldea, a las puertas de Hargeysa, en aquel entonces, cuando el norte del país era aún una colonia inglesa. Recordaba incluso un término inglés, que sonaba como *«salamabitsch»*. Pasó mucho tiempo hasta que por fin descubrí que en realidad quería decir *«son of a bitch»* (hijo de puta). «Tú, *salamabitsch*, espera y verás», decía cuando nos regañaba. Al parecer ingleses y somalíes se dirigían mutuamente tal expresión: *«Hey, you, son of a bitch!»*.

Según contaba mi abuela, los ingleses eran gente muy rara. Todos, sin excepción, cristianos. Pero más extraño era que desearan extender el progreso por el país. Sólo que nuestra gente estaba tan poco entusiasmada con el progreso como con los ingleses. Los colonizadores llegaron incluso a pensar en fundar una universidad en el norte de Somalia, la mayor de África oriental.

Pero el proyecto chocó contra la encarnizada oposición de los somalíes.

–No necesitamos vuestra universidad –protestaron los ancianos del clan–, ya sabemos cuanto necesitamos. Puede que incluso seamos más cultos que vosotros.

Posiblemente tienen razón quienes consideran a los somalíes gentes orgullosas. Los ingleses construyeron su universidad en Uganda.

Los ingleses, por tanto, no gozaban de simpatía entre la población somalí; y mi abuela, cada vez que veía una estrella fugaz, clamaba mirando iracunda hacia el cielo: «¡Ojalá caiga sobre los ingleses!».

Y, sin embargo, pese a los ingleses, los somalíes vivían mucho mejor, según contaba la abuela. Una existencia más sencilla y mejor. No tenían que prepararse para los cambios. La estación de las lluvias comenzaba cuando debía hacerlo. El río más cercano suministraba el agua necesaria y todas las mañanas tenían leche de vaca aún caliente para desayunar. Y siempre disponían de provisiones suficientes para obsequiar a los invitados que se presentaban de improviso. Pues, en Somalia, la hospitalidad es un deber sagrado, y por ello los invitados no pueden marcharse con el estómago vacío. En el mercado se negociaba mediante trueques –una oveja a cambio de cinco kilos de azúcar y ropa–, ya que el dinero escaseaba tanto como las camas. Dormían sobre esteras de paja trenzada o sobre pieles de animales extendidas en el suelo y se cubrían con pieles de camello. Debe de haber sido una vida muy saludable, pues al parecer nadie enfermaba. Por las noches cantaban y bailaban, aunque, según mi abuela, las mujeres no se contoneaban. Cuando me contó que en el norte el clima podía llegar a ser muy frío, yo, que me consideraba débil hasta la saciedad, me estremecí. A mi pregunta de hasta qué grado, me respondió que hacía tanto frío que uno podía ver su propio aliento y había que encender fuego por las noches. Y no para cocinar. ¡Para calentarse!

En aquella época, Somalia no disponía de cuerpo policial, y eso era justamente lo que más agradaba a mi abuela. Los litigios se dirimían entre familias, entre clanes. Cuando alguien asesinaba a un hombre o una mujer de otro clan durante una pelea, el clan de la víctima pedía cuentas al del asesino, y los ancianos deliberaban al respecto. Si el clan del asesino no podía alegar razón alguna que justificara el hecho, debía pagar cien camellos por un hombre, cincuenta por una mujer. En caso de que la familia del asesino no pudiese o no quisiese pagar tal precio, la de la víctima tenía derecho a matar a un miembro de la otra familia. A veces se llegaba a la lucha. Pero al final se reunían todos de nuevo, volvían a deliberar y llegaban a un acuerdo. Disputas y contiendas forman parte de los somalíes, a nadie le disgustan. No obstante, en último término se impone siempre la solidaridad tribal. Sea cual sea el clan al que pertenezcas, todos somos somalíes. Peleamos entre nosotros, pero nos juntamos de nuevo y volvemos a hablar y solucionamos nuestros problemas entre nosotros. Nadie cuestionaba tal proceder, al menos hasta que estalló la guerra y comenzó la gran matanza. En aquel entonces los somalíes dirimíamos nuestras diferencias sin necesidad de policía. Y, además, sin gobierno.

Así eran las cosas en aquellos días. Con el tiempo se instauró un gobierno. Pero por lo demás, el país no experimentó ningún cambio. En otras palabras, el mundo de mi abuela seguía existiendo tanto en el pasado como en el presente, y prácticamente comenzaba a las puertas de Mogadiscio. Más allá de los límites de la ciudad, vivían los nómadas, que erraban de acá para allá en busca de agua y pastos. Al caer la noche encerraban a sus rebaños en apriscos de matorrales espinosos, y se acostaban junto a ellos sobre una estera bajo el cielo estrellado si a la mañana siguiente debían proseguir el viaje. Cuando querían permanecer largo tiempo en el mismo lugar construían cabañas con paredes de palos, barro y hierba y suelo de estiércol apisonado. Conozco bien las costumbres nómadas, ya que también yo las compartí cuando los camellos y cabras de mi tío Osman pastaban en las cercanías de la ciudad y nosotros, toda la familia, íbamos allí a beber leche de camella fresca con los pastores y a comer la carne de los animales recién sacrificados.

Aunque el tío Osman vivía en Mogadiscio, siempre sabía dónde pastaba su ganado. Estaba al tanto del bienestar de sus animales y sabía dónde había sequía, cuántas hembras habían parido o si algún animal había enfermado. Tan pronto como sucedía algo importante en la estepa, uno de sus pastores se ponía en camino hacia Mogadiscio, independientemente de dónde estuvieran los rebaños. Caminaba hasta la carretera más próxima, incluso durante todo el día, e intentaba detener un vehículo. A veces tenía la fortuna de encontrar a otro pastor que también se dirigía a la ciudad, y entonces bastaba con comunicarle la noticia. O bien paraba un conductor que conocía a mi tío. Pero si no tenía tal suerte, el pastor debía subirse al vehículo y acompañar al conductor hasta Mogadiscio. A menudo la cuestión se reducía a que querían migrar hacia el sur o hacia el oeste, según allá donde hubiera llovido. El tío Osman llevaba a veces de vuelta a su pastor en su todoterreno, la parte trasera cargada con alimentos, y acompañaba un trecho a sus rebaños.

Para mis padres era sumamente importante que los niños conociéramos aquella vida porque *ésa* era nuestra cultura y porque nuestros antepasados así la habían vivido. Nunca olvidaré la primera noche que pasé con los nómadas. Fue algo indescriptiblemente bello. Debe de haber sido una de nuestras primeras visitas a los nómadas. Por regla general, regresábamos a la ciudad al atardecer, pero en aquella ocasión nos quedamos a pasar la noche. Habíamos cargado nuestro Land Rover con harina y arroz para los pastores, además de azúcar para el té, pues a los somalíes nos horroriza el té sin endulzar. Más tarde, cuando descendimos del coche en medio de la estepa, mi madre, casi siempre tan vivaz, permaneció en silencio. Aspiró el familiar viejo olor de los animales, la transpiración de las cabras y el olor del estiércol de camello, y se sintió dichosa. Adoraba el olor de los rebaños, lo había echado de menos durante mucho tiempo. Antes de dar un paso, se llenaba los pulmones con aquel aire tan profundamente distinto al de Mogadiscio y los embriagadores aromas que desprendían sus hermosas mujeres.

Como señal de bienvenida nos ofrecieron leche de camella. Los nómadas vagan de un lugar a otro junto con cinco o seis familias. Con el tiempo comprendí que cada uno de ellos desempeñaba una tarea. Mientras los hombres cuidaban de los rebaños, las mujeres recogían leña entre los matorrales, iban a buscar agua al pozo y preparaban la comida. Pero si sobrevenía una sequía, los hombres se alejaban. Marchaban en busca de zonas de pasto adecuadas o de un río que aún no se hubiera secado. A veces permanecían fuera durante días; entretanto, las mujeres vigilaban el ganado. Cuando llegamos se habían preparado para una larga estancia y habían construido cabañas.

Cuando Yurop y Fatma no se sentían vigiladas, se montaban sobre dos machos cabríos, se agarraban a los cuernos y trotaban por los pastos hasta que caían al suelo. Para mantener a Yurop ocupada con una actividad más razonable, los pastores la dejaban que ordeñara una camella. Yo prefería mantenerme a distancia de sus fuertes patas traseras, pero Yurop sabía ordeñar muy bien y no tenía miedo. Por la noche, los pastores arrastraban ramas hasta que amontonaban una pila enorme dentro del cercado de matorral espinoso. Encendían una hoguera, y uno de ellos avivaba incansablemente el fuego presionando con fuerza un gran fuelle de cuero; pronto ardía una fogata que se divisaba en la oscuridad a kilómetros de distancia. Sentados en la hierba, asábamos una cabra, repartíamos la leche de camella de Yurop y los nómadas contaban sus historias. Hablaban sobre el día que concluía, que, a juzgar por lo que decían, había sido una jornada llena de acontecimientos.

Los nómadas son increíblemente ingeniosos. Basta escuchar cómo, reunidos en torno al fuego, intercambian comentarios y réplicas y cómo cuentan sus historias. Si eres de Mogadiscio no puedes parar de reír. No sólo su vida es completamente diferente, sino también su forma de hablar. Y no digamos su modo de pensar. No es que sean gentes ignorantes, que no tengan ninguna idea del mundo, al contrario. Curiosamente, saben mucho. Hay quien cree que sólo conocen lo que atañe a sus animales, pero en realidad tienen un espíritu muy vivaz, y resulta imposible describir cómo piensan. No se dejan convencer y tampoco se dejan disuadir. Pueden ser increíblemente testarudos cuando alguien de la ciudad no comparte sus opiniones. Son pastores en cuerpo y alma, no pueden concebir una vida distinta, y desprecian a las ciudades.

–No me salgas con esas bobadas que creéis en Mogadiscio –dicen ellos–. No conseguirás hacerme creer otra cosa.

Desde luego aquellas gentes no necesitaban en absoluto una universidad inglesa.

El cielo estrellado se extendía de horizonte a horizonte cuando finalmente nos retirábamos a dormir a las cabañas. La hoguera aún chisporroteaba, la mantendrían encendida durante la noche para ahuyentar a los animales salvajes. Incluso las hienas temen al fuego, aunque no por ello abandonan el lugar. De ahí que siempre hubiera alguna merodeando en torno al aprisco, recostada en las cercanías, y aguardando cual estólido espectador, con paciencia infinita.

Mamá dormía al raso, tumbada sobre una estera, al amparo del aprisco. Yo yacía en mi cabaña, tan dichosa como ella. ¡Cuántos ruidos se oían allí fuera por las noches! Sonidos familiares y sonidos enigmáticos –los que hacía el ganado y los que emitían los animales salvajes– quebraban continuamente el silencio, pero sobre todo se oía la espeluznante risa de la hiena. Y a la mañana siguiente, antes de que empezaran a cantar los pájaros, reinaba un silencio absoluto. Salía de la choza, aún entumecida por haber estado acostada sobre aquella fina estera de paja; un viento suave y fresco soplaba por la floreciente estepa y, aunque el sol brillaba con fuerza, se me ponía la carne de gallina. Me estremecía de delicia y felicidad. Luego abrían el corral y comenzaban los resuellos, balidos, mugidos y resoplidos, acompañados del tintineo de las campanillas. Algunos animales llevaban campanillas de madera que sonaban mejor que las de latón, un sonido más profundo, más nítido, más ensoñador.

Cada vez que nos marchábamos me despedía de aquel mundo con el corazón encogido.

Pronto comprendí que a aquellos hombres no les entusiasmaba la civilización. Y además no lo ocultaban. Tenía un primo, un muchacho de once o doce años, que vivía con los nómadas en los pastos y lo sabía absolutamente todo sobre camellos. Cierto día asistimos juntos a un desfile que se celebraba en Mogadiscio. Era un importante día festivo nacional, con las calles abarrotadas de gente, y la atracción principal eran los engalanados camellos. A la cabeza del desfile marchaba una banda de música, seguida por un destacamento de la policía; en cuanto mi primo divisó a los animales gritó a pleno pulmón: «¡Tuuu!». Él sabía muy bien qué pasaría. Con aquella interjección los camellos se aposentarían sobre la tierra. Y, en efecto, inclinaron las rodillas y se sentaron en el pavimento. Los espectadores se desternillaban, pero los jinetes estaban furiosos, gritaban y maldecían; descendieron de un salto y se lanzaron en persecución de mi primo. Le atraparon y le molieron a palos, estuvieron a punto de lincharlo. Pero a aquel muchacho nómada no le importó. Era lo que se había propuesto con su grito y había conseguido dispersar el magnífico desfile.

Cuán absurdos deben de parecer esos hombres a nuestro mundo moderno.

La madraza

Aquellos fantásticos días de viajes por la estepa, juegos en la playa y relatos de la abuela junto al fuego del patio hubieran podido prolongarse durante mucho tiempo. Sin embargo, mi dicha apenas duró cuatro años antes de verse intensamente perturbada por vez primera.

–Nura –dijo mi madre–, a partir de hoy irás a la madraza.

A la escuela del Corán. Mi madre estaba firmemente convencida de que los niños debíamos aprender pronto tantos conocimientos y durante tanto tiempo como fuera posible, ya fuéramos varones o mujeres. Los años que vivimos en Somalia consagró gran parte de su desaforada energía a animarnos a estudiar; cuando en los últimos años me pillaba acostada sin haber hecho las tareas escolares, venía con una palangana de agua fría, me despertaba, me sacaba de la cama y me obligaba a sentarme de nuevo a la mesa, con los pies sumergidos en el agua, para terminar los deberes. Así era mamá. Allí permanecía yo hasta medianoche, con los pies mojados; en cuanto comenzaba a caldearse el agua mamá volvía con otra jofaina de agua helada, y así hasta que yo concluía mis tareas. Hoy le estoy muy agradecida. Pero en aquel entonces su entusiasmo por la formación no me convencía. No sabía a ciencia cierta qué me aguardaba en la madraza, aunque sospechaba que nos iniciaban en la severidad de la vida, y me negué a ir. Me resistí con uñas y dientes.

Mi rebeldía era inadmisible. Con ayuda de su vara, mamá me enrolló un pañuelo en torno a la cabeza, embutió mis piernas en unos pantalones que llegaban hasta los tobillos, me cubrió con una falda y me arrastró hasta la mezquita. Mientras caminábamos intentaba calmarme con amenazas y súplicas. Yo no dejaba de gritar.

Lo que finalmente me tranquilizó fue la amabilidad del profesor. M'alim Omar me tomó de la mano, me presentó como una niña del vecindario que era muy afortunada por poder sumarse a la clase, y mis condiscípulos batieron palmas y lanzaron gritos de júbilo. Aquello me complació. Luego mamá se marchó, y yo tomé asiento en el suelo junto a otra niña.

En aquella estancia grande y luminosa estudiábamos más de cuarenta alumnos, niños y niñas juntos; las chiquillas tan primorosamente tapadas como yo –en la madraza, las mayores de tres años no podíamos mostrar las piernas, ni los tobillos, y ni que decir tiene que tampoco el cabello–. Nos sentábamos en fila, uno tras otro, sobre las esteras extendidas en el suelo, y con un pequeño taburete a modo de mesa en el que teníamos cuaderno y lápiz. En la pared de enfrente había una gran superficie pintada de negro, era la pizarra. Junto a ella se hallaban los dos únicos muebles de la sala, una silla y un pupitre. En éste guardaba el profesor sus libros y sus objetos personales; jamás utilizaba la silla. Prefería sentarse en el suelo, como nosotros.

M'alim Omar era el típico profesor islámico. Un hombre espigado, enjuto y anciano, con el cabello gris. Nunca le vi llevar pantalones, siempre vestía una especie de túnica blanca y un pequeño gorro redondo del mismo color. La señal de su dignidad y autoridad era una vara larga y fina. Nos dirigíamos a él como M'alim, que significa maestro.

No era M'alim Omar digno de envidia. Debe de haber sido muy laborioso contener a cuarenta pequeños somalíes cuyo único objetivo era memorizar el Corán. Cuanto más al fondo se sentaban, menos interesante les resultaba el libro sagrado. Comenzaban los cuchicheos, las risas ahogadas, incluso las carcajadas; uno pinchaba con el lápiz la espalda de su compañero, otro arrojaba bolitas de papel a los demás, un chiquillo se orinaba en los pantalones. En un rincón gritaba un niño, más allá lloraba otro, alguno se quedaba dormido sobre el taburete, y al fondo un muchacho audaz abría bruscamente la puerta y desaparecía sin dejar rastro durante el resto de la mañana; y así en lugar de cantar el alfabeto de la sagrada lengua árabe con calma y solemnidad o los sacrosantos dogmas de nuestra religión, M'alim Omar se veía obligado a saltar de acá para allá con su vara y propinar golpes por doquier. Pero como era un hombre de buen corazón, el castigo le causaba tal aflicción que, para consolarnos, nos daba terrones de azúcar, de los que siempre iba bien provisto.

A decir verdad, M'alim Omar necesitaba el azúcar para él mismo. Mascaba *khat* durante toda la clase. Sentado enfrente de nosotros, cantaba sus suras mientras masticaba sin cesar las hojas que iba arrancando de los tallos. El dulce tranquiliza, y el *khat* exalta, pero en nuestro profesor parecían darse simultáneamente ambos efectos. De todos modos, sin aquellas hojas no hubiera podido soportar las largas jornadas con nosotros. Y puesto que el *khat* le resultaba amargo, combatía el sabor con infinidad de terrones de azúcar. La consecuencia era que de sus dientes sólo quedaban pequeños trozos negruzcos. Dado que nuestros padres podían imaginarse cuánto sufría aquel hombre, todos los jueves nos entregaban pequeños presentes para él. Por sus manos habían pasado varias promociones de nuevos alumnos de la madraza; desde hacía una generación había iniciado a los niños del vecindario en los dogmas de nuestra religión. La mayoría eran más maleducados que yo, y eran muchos los padres que tenían sobrados motivos para estarle eternamente agradecidos. Y no sólo porque con él llegamos a aprender algo, por increíble que parezca.

Estudiábamos primero la vida del profeta. Luego el alfabeto árabe, a fin de poder leer el Corán. M'alim Omar pronunciaba cada letra en un tono distinto. A medida que iba añadiendo letras se formaba una melodía. Él cantaba y los niños, a coro, le secundábamos. A continuación nos enseñaba el Corán. M'alim Omar cantaba sura tras sura, nosotros repetíamos uno tras otro. Y al mismo tiempo, nos iniciábamos en los dogmas fundamentales del islam: que sólo hay un dios, que Dios es todopoderoso... Primero en árabe, después en somalí: «*Allah wahet, illahi wawen...*». Y siempre cantando. Algunos días nos permitía salir antes, siempre que fuéramos capaces de recitar sin errores la lección de aquella larga mañana.

Poco a poco fui comprendiendo por qué mi abuela no terminaba nunca de estudiar el Corán. Y es que el Corán es muy extenso. Tanto que es preciso dedicarle muchos años si uno desea aprenderlo de memoria. A mí me llevó siete años. Mi abuela, sin embargo, no había estudiado en la madraza, ni siquiera sabía escribir. Tardaba dos o tres días en memorizar un pasaje, pero siempre debía acudir a alguien para que se lo tradujera. El chino no le hubiera resultado más incomprensible que el árabe del Corán. Y nada se había hecho al respecto. El paso siguiente consistía en entender la aplicación práctica de los diversos suras en la vida cotidiana, pues tienen significados muy precisos. Cuando uno ansía algo vivamente, cuando necesita algo con urgencia, cuando cae enfermo, cuando atraviesa dificultades económicas, o incluso si le persiguiera un elefante..., todas las situaciones vitales exigen rezar el sura adecuado. No es de extrañar que mi abuela nunca llegara al final del Corán.

Su perseverancia sólo resulta comprensible por su ilimitada confianza en la santidad del Corán. Creía tan firmemente en la virtud milagrosa de los suras que ni una vez permitió que la examinara médico alguno después de su segundo encuentro con un *djinn*. Este hecho acaeció años más tarde, en nuestro patio. En una ocasión, y a medianoche, la abuela salió del escusado llevando en la mano su linterna y el cántaro de agua. En ese instante, un *djinn* le arrebató de un manotazo el jarro y el farol, y la derribó. Al oír sus gritos acudimos presurosos; ahí estaba, tumbada en el suelo, incapaz de levantarse por sí misma y hasta de girar la cabeza. Nunca había permitido que la reconociera un doctor y, como en otras ocasiones, solicitó que llamaran a un *sheik*. Éste acudió, y todos los días le leía el Corán durante una hora, hasta que, un mes después, la abuela volvió a caminar. No obstante, aquel segundo *djinn* dejó huella de su paso: la parte derecha de su rostro quedó paralizada para siempre.

Admito que en aquella época –yo tenía cuatro años– aún no comprendía el Corán. Por eso, las jornadas en la madraza se me antojaban interminables. Cuatro horas diarias, una tras otra, de ocho a doce, y ¡sin un solo descanso! A medida que se aproximaba el mediodía me resultaba imposible contener los bostezos. Cuando tenías sed, sólo con mucha suerte obtenías permiso para correr hasta el grifo y beber unos tragos. Cuando te quedabas dormido M'alim acudía presto con su vara y te obligaba a mojarte la cara con agua fría. Y así sucesivamente. ¡Cuántas veces me quedé dormida! ¡Y cuántas veces me tocó sentir la vara de M'alim Omar, para luego degustar los terrones de azúcar! Pero después, durante el día, incluso en la algarabía reinante en mi casa, y cuando me acostaba, los suras invadían mi cabeza.

Había un asunto que me causaba tanta inquietud como preocupación: las enseñanzas que recibíamos acerca de la muerte. La muerte me aterrorizaba, sobre todo por las noches. Me imaginaba completamente sola en aquel oscuro agujero excavado en la tierra... O me figuraba que allí yacía alguien que había vivido bajo mi mismo techo, que quizás incluso había compartido mi cama y cuyo calor corporal, cuya risa, cuya voz aún podía recordar... No era tranquilizador lo que aprendíamos en la madraza. Nos decían que venimos al mundo para morir. Que en cuanto te cubren con tierra, te visitan los ángeles y te interrogan sobre tu vida. Si has sido una persona buena y has vivido conforme a las normas del Corán te sentirás en la tumba como en el paraíso, nada te faltará. Pero si has sido malo, recibes un castigo al instante. Tu tumba se vuelve muy estrecha, nos decían; y te asfixias en tu sepultura, pues hace muchísimo calor, un calor abrasador. Gusanos y serpientes no te dejan descansar y nadie puede ayudarte. Es lo que se denomina «castigo en la tumba». Y me imaginaba a un demonio atormentándome día y noche sin poder defenderme. En la madraza nos preparaban a fondo para enfrentarnos a la muerte, para que fuéramos fuertes cuando llegara aquel lejano día. Hoy sé que nadie podrá ayudarme cuando llegue mi hora.

En realidad, fuimos muy afortunados con M'alim Omar. En otras madrazas los profesores eran implacablemente severos, reinaba siempre un silencio sepulcral, y ni un alumno osaba moverse de su lugar. Sin embargo, el buen M'alim Omar no nos preparó nunca sobre una cuestión importante: la circuncisión. A casi todas las niñas se les practicaba durante los años que asistían a la madraza. Y no era el único que no abordaba el asunto; también los adultos en casa, padres, tías, vecinos, parecían no considerarlo un tema digno de conversación. Tampoco las niñas que habían pasado por aquello hablaban de su circuncisión. Acaso porque se daba por descontado. Acaso porque no se debe malgastar palabras en los asuntos más evidentes del mundo.

No es que la circuncisión se hubiera convertido en un secreto y nadie osara pronunciar tal palabra. A veces las niñas nos juntábamos después de la madraza y alguna preguntaba: «¿Ya te han circuncidado?». Y la réplica podía ser: «No, pero lo harán durante las vacaciones». Eso suscitaba envidia, sobre todo entre aquellas que aún no habían sido infibuladas. Porque nada deseábamos más ardientemente que ser circuncidadas para convertirnos en mujeres. Pero las experiencias nunca eran intercambiables. Aquella a la que se le había practicado no volvía a hablar de ello. Y a quienes aún no se la habían realizado les quedaba en el aire esa palabra que nadie explicaba. Una palabra mágica, aunque sin significado alguno.

Nos mantenían en la ignorancia a propósito. Y nosotras teníamos una idea confusa, que no nos atrevíamos a confesar, de lo que nos aguardaba. Demasiado vaga, demasiado inverosímil, para habernos podido tranquilizar. Justo lo bastante clara para que nos pareciera una pequeña aventura. Ahora bien, era imposible ocultar cuanto rodeaba a las infibulaciones. Antes o después, incluso chiquillas de cinco años como yo, lo descubríamos. Ahí estaban las *halaleisos*, las mujeres que practicaban la circuncisión, que desaparecían durante el día tras alguna puerta. Las reconocíamos por el olor que desprendían. Cuando pasaban por tu lado olían a las fuertes hierbas aromáticas con que friccionaban las heridas. A veces los niños las perseguían y chillaban tras ellas, pues son figuras inquietantes. Se las puede reconocer por el rostro, por sus semblantes taciturnos. Como si no hubieran reído en mucho tiempo. No muestran maldad sino amargura.

A veces, alguna pillaba al vuelo fragmentos de lo que hablaban dos vecinas cuando una preguntaba la dirección de alguna *halaleiso* recomendable. Y, por último, estaban las fiestas que se celebraban el día antes de la circuncisión. Si tenían lugar en casa de algún vecino, te dejaban ir. Las niñas, no los niños. A éstos no se les admitía. Allí se cantaba y se reía mucho, y el ambiente festivo era tan contagioso que apenas podías aguardar a tu propia circuncisión. Si eras una niña muy curiosa, te despertabas a la mañana siguiente y le susurrabas a tu hermana al oído: «Hoy las van a circuncidar. Me esconderé al otro lado y así sabré cuál de ellas llora. Ayer prometieron que no llorarían».

Alguna vecina nos permitía mirar desde lejos, pero no todas. La mayoría no admitían observadores y los alejaban de la casa con rudeza. Así pues, si nos lo proponíamos podíamos enterarnos de algo. Aunque, al final, lo único que sabías con certeza era que te harían algo ahí abajo, entre las piernas.

¿Quién será la más valiente?

Sabíamos por qué nos circuncidaban. Porque siempre lo habían hecho a todas las niñas, porque así se convertían en mujeres y porque, en caso contrario, debías renunciar al matrimonio, pues ningún hombre te aceptaría mientras fueras sucia y nauseabunda. Y por eso yo correteaba loca de alegría por el patio, aplaudiendo y celebrando sin parar mi suerte tras saber que, al cabo de una semana, cuando comenzaran las vacaciones, me practicarían la circuncisión junto con mis hermanas mayores Fatma y Yurop. Aunque ni siquiera tenía cinco años y era demasiado pequeña.

Mi madre había pospuesto el asunto durante mucho tiempo. Pero como Yurop tenía ocho años, creía que no se podía esperar más. Pensó que lo más sencillo era circuncidar a las tres niñas a la vez. Y cuando luego se comprobó que en el vecindario vivían otras cuatro niñas en edad de infibular, sus padres acordaron con los míos que nos circuncidaran a las siete en nuestra casa.

Yo era una niña de cuatro años, pequeña e ingenua, aunque sabía que era magnífico ser circuncidada. Así me lo había dicho mi abuela, me lo decían las vecinas y, conforme se acercaba el día, escuchaba en todas partes: «Es maravilloso, ¡pronto serás una niña mayor! ¡Te convertirás en mujer! No pasará mucho tiempo antes de que te cases». Y, por ese motivo, la víspera del gran día reinaba la expectación y la alegría en nuestro patio y reíamos mucho.

Mi padre estaba en la calle, sentado junto a los padres de las otras niñas mascando *khat*. El patio pertenecía a las mujeres. A los hombres no se les había perdido nada por allí aquella tarde. Mamá preparaba la comida para el día siguiente, ya que no tendría tiempo para cocinar. Mi abuela mandó que le trajeran un tambor, y mientras tocaba y cantaba antiguos cantos del norte las niñas bailábamos por el patio. Más tarde nos entregaron algunos regalitos; resplandecíamos de alegría. Mientras tanto, las madres trataban una y otra vez de convencer a sus hijas para que no avergonzaran a sus familias.

–Mañana veremos quién es la más valiente, quién de vosotras aguantará el dolor y no llorará.

Pues las niñas quejumbrosas provocaban la deshonra de la familia.

Ninguna de nosotras deseábamos tal cosa. Estábamos ferozmente decididas a aventajar en valentía a las demás. Prometimos que no derramaríamos ni una lágrima. Mi abuela, al parecer, depositaba sus mayores esperanzas en mí.

–Estoy impaciente por saber si Nura dará ejemplo a las mayores –decía guiñando un ojo–. Me atrevería a decir que será la más valiente de todas.

Sus palabras me llenaban de orgullo.

No sentía la menor inquietud. Mi ingenuidad era absoluta. Ni siquiera estaba nerviosa. No albergaba temor alguno a lo que acaecería al día siguiente. Y lo mismo experimentaban Fatma y también Ifa, Muna, Nasra y Suleiha, las hijas de los vecinos. Sólo Yurop parecía ajena a nuestros estallidos de júbilo. Nos dimos cuenta de que era la única que no participaba del ambiente festivo. Bailábamos en torno al fuego, proclamando a los cuatro vientos nuestra alegría, mientras ella permanecía sentada luchando contra las lágrimas. Probablemente, con ocho años, ya sabía demasiado. No era tan cándida como nosotras. Acaso sentía pánico. Poco después, cuando las demás ya nos figurábamos pequeñas heroínas, comenzó a sollozar. Mi abuela apeló a su conciencia.

–Recuerda que debes dar ejemplo. Tú eres la mayor y debes demostrar que las niñas somalíes son capaces de soportar el dolor. Mañana serás la primera, no puedes desanimar a las demás.

En la circuncisión se procedía con arreglo a la edad, y querían comenzar con Yurop.

Creo que aquella noche mi hermana no pegó ojo. Puede que se hubiera enterado en algún lugar de lo que le aguardaba, y sabía que no tenía escapatoria. ¿Adónde habría podido huir si se hubiera fugado? Aun cuando hubiera llegado a la comisaría cercana, la policía no hubiera podido hacer nada por ella. Mi madre habría respondido a cualquier oficial: «Es mi hija. La traje al mundo entre grandes dolores. Y yo soy la única que puede decidir sobre su vida». La policía no podía intervenir. No, no había salida.

En cambio, yo dormí muy bien aquella noche. En la misma sala que las otras seis y, al igual que ellas, no sobre una cama sino sobre una fina estera extendida en el suelo. La misma en la que, rígida y atada, pasaría las siguientes dos semanas. Los colchones cedían y al menor movimiento nos hubieran provocado más dolor. Por ello habían trasladado las camas al patio.

Cuando me desperté a la mañana siguiente, muy temprano, sentí punzadas en el estómago. Probablemente estaba nerviosa. Cuando atravesamos el oscuro patio camino a la ducha volví a encontrarme bien. Sólo me disgustaba que en aquella ocasión tuviéramos que asearnos con agua fría. Nada odiaba más. Pero, gracias a ella, sangraríamos menos, y mi abuela nos contó que antes, en las aldeas, las niñas debían lavarse en arroyos cuya agua estaba helada. Así pues, nos colocamos bajo la ducha, la abuela nos frotó a conciencia, nos secó y luego volvimos a la habitación. Allí aguardaban las vecinas, que nos pusieron una suerte de delantales. No eran más que pañuelos que colgaban por delante y se anudaban en la nuca, para que no estuviéramos completamente desnudas. Cuando más tarde, con las primeras luces del alba, bien lavadas y sin otra ropa que los delantales, volvimos a salir al patio, descubrimos, entre las muchas mujeres allí congregadas, a la *halaleiso*.

Estaba conversando animadamente con mi abuela. No era una mujer vieja, tal vez rondaba la cuarentena. Llevaba la cabeza cubierta con un chal y de su hombro colgaba una pequeña bolsa trenzada. Había llegado pronto, hacia las cuatro. Las *halaleisos* se presentan generalmente muy temprano para elegir el lugar de trabajo más apropiado. Cada casa es diferente, y ellas necesitan sobre todo disponer de buena luz. La suave luz matinal es la mejor, ni demasiado tenue ni demasiado deslumbrante. Mamá ya le había dado de comer en la cocina y, tras recuperar fuerzas y rezar sus oraciones, la *halaleiso* charlaba con la abuela; recuerdo que ambas reían, como si nada malo fuera a suceder. «Es ella, es ella», murmurábamos las niñas. Y entonces tuve la sensación de que sus corazones latían más deprisa. Sólo yo permanecía tranquila. Seguía sin sospechar nada. De repente, la *halaleiso* se aproximó, rió y dijo:

–No tengáis miedo. Hoy sólo queremos comprobar quién es la más valiente. Así que manteneos firmes.

Aquel día mi padre no estaba en casa. No quería tener nada que ver con ese asunto y se había marchado. Tampoco los padres de las demás niñas se dejaron ver. Y la abuela asumió el mando. Siguiendo sus indicaciones, anudaron jirones de tela a modo de mordaza. Luego trajeron una caja de madera poco profunda y la depositaron sobre el patio con el fondo hacia arriba. Era como una caja de naranjas pero con tablas robustas. Tenía aguante. Hacia las seis de la mañana ya había suficiente luz para comenzar.

La *halaleiso*, que estaba bebiendo té bajo nuestro árbol de reunión, se puso en pie. Entretanto, la intranquilidad se había apoderado de nosotras. Ahora teníamos la sensación de que poco a poco la situación se tornaba crítica. Obligaron a Yurop a sentarse sobre la caja. Una mujer le agarró la pierna izquierda, otra la pierna derecha, una tercera la sujetó por detrás, otra la asió por los hombros, dos más aferraron sus brazos; hasta que finalmente siete u ocho mujeres asían alguna parte del cuerpo de mi hermana, sujetándola de tal modo que no pudiera moverse. Mi madre había desaparecido. Pero todas aquellas mujeres sabían que Yurop era muy fuerte y que no era de las que se doblegaban. Luego le separaron las piernas y la *halaleiso* se agachó entre ellas.

Antes de que la *halaleiso* la hubiera tocado, Yurop soltó un chillido. Acto seguido golpeó a una de las mujeres en la cara. Según se decía, de nada hubiera servido mostrar comprensión. De todos modos, resultaba imposible calmar a Yurop. Gritaba sin parar, y le introdujeron la mordaza en la boca. Recuerdo que la situación se me antojó graciosa. Todavía no había comprendido en qué consistía aquello. Aún me quedaban muchas niñas por delante. Yo no era la siguiente, bien podía seguir riendo. Cuando me llegó el turno, hacía tiempo que la risa se había desvanecido de mi rostro.

De Yurop no se oían más que gemidos; minutos más tarde vino una mujer con estrechas tiras de tela. La ataron desde las caderas hasta los tobillos con tal firmeza que no podía mover las piernas. Luego dos mujeres la trasladaron cuidadosamente a la habitación de las esteras.

Yo no había visto mucho. En cuanto la amordazaron me escabullí. De todos modos, eran tantas las mujeres que tiraban de ella o permanecían a su alrededor que apenas se podía ver nada. Ahora le tocaba a Ifra, y ésta, como las demás, puso pies en polvorosa. Las mujeres tuvieron que atraparla y tumbarla con furia sobre la caja. Luego, otra vez lo mismo: Ifra gritaba e intentaba zafarse, y las mujeres forcejeaban con ella hasta que conseguían taparle la boca. Así sucedió también con Fatma, Muna, Suleiha y Nasra. Todas gritaron, todas fueron amordazadas, la *halaleiso* trabajaba sin descanso y, entretanto, las mujeres eliminaban la sangre de la caja y arrastraban los pies por el suelo para cubrir con arena los charcos rojos. Sólo faltaba una, y esa niña era yo.

Cuando me llegó el turno rompí a llorar. Tenía miedo. No podía salir corriendo. Al ver que se acercaban grité. «¡No quiero!», aullé. De nada sirvió. Me agarraron, me arrastraron hasta la caja y me sentaron encima. Chillé, pataleé y fui apresada. Ninguna de aquellas mujeres hizo el menor intento de ayudarme. Una me recordó que yo había prometido ser la más valiente. Estaba acorralada por aquel hermético círculo de mujeres que se cernía sobre mí. Me sujetaron, apartaron el delantal, me separaron las piernas y, en ese preciso instante, una de las vecinas empezó a cantar.

Contemplaba embelesada mi vientre y mis muslos, partes del cuerpo que de otro modo nunca exhibiría una chiquilla de cuatro años. Mi piel era más clara que la de las demás niñas, y justo ahí era casi blanca. Aquella mujer comenzó a cantar: «Nura, qué bella, qué blanca eres, tu piel es más blanca que la leche de una camella blanca». Sin dejar de sujetarme con fuerza, las otras mujeres, una tras otra, la secundaron, repitiendo la misma estrofa. Aquello me tranquilizó. «¿Soy realmente tan blanca?», pensaba yo. Y entonces me agarró la *halaleiso* y empezó a cortar.

Hacía un ruido estridente, como si rascaran o desgarraran algo, como si estuvieran raspando con la uña una tela de arpillera o un tosco mantel. Ahora las mujeres se acaloraban y chillaban. Hablaban sin orden ni concierto mientras tiraban violentamente de mis brazos y piernas y casi me impedían respirar. «Sí, sí. ¡El corte está bien!» «Pero ahí quedan restos.» «Así, eso es.» «Ya está, se acabó.»

Aquello era un infierno. Por encima de aquel terrible vocerío oía cómo me raspaban la carne con una cuchilla de afeitar. Estaba tan aterrorizada que ni siquiera pude gritar. La hoja seguía cortando más y más, y una y otra vez me taladraba el oído aquel ruido atroz, más sonoro que el alboroto de las mujeres.

Pero lo peor vino después.

Lo peor es cuando te cosen.

Empecé a sudar. Había empleado todas mis fuerzas en soportar los primeros dolores. Ya no tenía energía. Entretanto había empezado a hacer calor, los rayos del sol caían sobre el patio y me deslumbraban. Tenía náuseas, sentía un impulso incontenible de vomitar. Pero alguien estaba entre mis piernas introduciendo una aguja en la herida abierta. Era como si me degollaran viva, plenamente consciente. Intenté defenderme, mas poco podía hacer una niña de cuatro años frente a seis mujeres adultas. Puede que gimiera, que jadeara. Pero no chillé, de modo que evité la mordaza. Luego perdí el conocimiento.

Antes de que comenzaran a atarme, una nueva oleada de dolor me hizo volver en mí. La *halaleiso* estaba frotando sus hierbas sobre la herida sangrante. Aquellas hierbas hacían que cicatrizara antes. Sentía como si me abrasaran viva.

Me desmayé de nuevo.

Mientras estuve consciente no me atreví a mirar. No podía contemplar cómo me mutilaban. Pero recuerdo que cuando se disponían a trasladarme abrí los ojos. Entonces vi la sangre en el suelo y las partes seccionadas en un cuenco. No sólo las mías, sino las de todas nosotras. La *halaleiso* las había ido amontonando. Más tarde supe que había cavado un agujero en el patio y las había enterrado. Pero nunca me dijeron dónde. «¿Para qué quieres saberlo? –obtenía por toda respuesta–. Ahora están donde deben estar. Bajo tierra.»

Yo fui la más valiente

Aún hoy veo el rostro de mi padre ante mí. Al segundo día la puerta se abrió y entró papá. A decir verdad permanecía en el umbral y nos contemplaba desde allí, a aquellas niñas que yacían sobre el suelo. Todavía recuerdo su mirada. Tratando de contener las lágrimas. Al vernos, las palabras se le atragantaban. Al cabo de un rato, se dio la vuelta sin decir nada y cerró la puerta tras él.

En cuanto nos trasladaron a la habitación comenzaron los dolores. Aquello era una tortura. Rodeada de niñas que se debatían entre lamentos y gimoteos, mientras intentaba controlarme para no llorar más fuerte que las demás. Yacía allí, envuelta como una momia y completamente incapaz de moverme sobre el duro suelo, sin almohadas, e imploraba a Dios que me quitara el dolor. En lugar de eso, entró la abuela y repartió aspirinas.

Las mujeres nos velaban día y noche. A veces era mamá quien permanecía en la habitación, a veces una de las madres de las hijas de los vecinos. Ninguna de nosotras se atrevía a admitir que quería ir al baño, porque sabíamos lo que pasaría. Cuando Fatma ya no pudo contenerse más, dos mujeres la llevaron al patio y entonces oímos sus gritos. El día anterior sólo nos habían dado un poco de fruta seca y leche, pero en algún momento había que expulsarlo. Y cada vez sentías como si te degollaran otra vez.

La herida dolía, las piernas rígidas por la inmovilidad dolían, la cabeza te taladraba, el dolor entre las piernas te mantenía despierta por las noches y cada día recibías una aspirina.

Permanecimos en la habitación de las esteras ocho días, con tan poca ropa y tan fuertemente atadas como cuando nos trasladaron. Al segundo día nos examinaron. Pero no la *halaleiso*, que aquella misma mañana había recibido su dinero y había desaparecido. Así pues, eran las madres quienes nos examinaban. Al principio, las heridas parecían evolucionar bien. Pero cinco días después comenzaron a supurar. Entonces abrieron puertas y ventanas a fin de que entrara aire fresco. Nos incorporábamos, alzábamos los delantales y dejábamos las heridas al viento. Para ello tenían que aflojarnos las ataduras. Eso ya era un avance.

Las heridas de Yurop, Ifra y Suleiha, sin embargo, no terminaban de cicatrizar. ¿Y qué hizo la abuela? Abrió un pequeño hoyo en el patio, mandó que poco antes del amanecer echaran brasas de carbón, esparció hierbas medicinales sobre ellas, e hizo que las tres niñas permanecieran veinte minutos con las piernas abiertas sobre el humo. Ése era uno de los remedios curativos que había aprendido cuando vivía en el norte. Y funcionó.

A lo largo de aquellos días, mi abuela fue la cabeza de familia. Ella se había encargado de disponer todo lo necesario para la circuncisión. Había adquirido los delantales y las esteras, había elaborado el régimen de alimentación para nosotras; ahuyentaba a los niños del patio cuando eran demasiado ruidosos y examinaba con regularidad nuestras heridas con mirada experta. Su visita matinal era como la revisión de un médico jefe. Tenía más experiencia que las demás mujeres y por ello manejaba los hilos.

Pero sobre todo trataba de calmarnos. Nos decía que muchas niñas habían pasado antes por aquello, que no seríamos las últimas en tener que aguantar aquel dolor, que nunca más pasaríamos por algo así, y que al fin y al cabo también ella lo había superado. Era una prueba de valor, afirmaba, una prueba que toda niña debía superar una vez en su vida.

–Después de esto –concluía–, ya nada os hará temblar.

Siempre estaba presta a ayudar al que flaqueaba, y aquella vez consideró su deber levantar la moral de siete chiquillas que lloraban, se quejaban, gemían de dolor. Por supuesto no faltaban las alusiones a los viejos tiempos, en los que según parece no todo había sido mejor. En aquella época, nos contaba, a ella no le hubieran podido dar alimentos tan buenos, tan nutritivos. Y además éramos muy afortunadas, pues nos habían cosido con aguja e hilo. Con ella utilizaron largas espinas. Y a continuación, para consolarnos, nos ilustraba con los detalles del procedimiento: clavan una aguja en la carne, luego otra en el otro lado, siempre en cruz y a tal distancia que acaben formando una rejilla sobre la herida. Mientras tanto no podías moverte ni un milímetro porque, al más leve movimiento, las agujas te perforaban la carne.

–Así que basta de lamentos –decía–. No sabéis la suerte que habéis tenido.

Y también esto funcionó. Al cabo de unos días incluso comenzamos a bromear entre nosotras.

–La mordaza era demasiado pequeña para tu boca, por eso la abriste tanto –ironizaba Yurop.

–Pues anda que tú. Aun con mordaza, has espantado a todo el vecindario con tus berridos –estallaba Muna.

Y cuando descubrimos que a todas les habían tapado la boca salvo a mí, que yo era la única que no había gritado, ya no cupo duda de quién había sido la más valiente. La más valiente era yo.

Sólo que yo sabía que no había sido más valiente que las demás. Simplemente fui incapaz de chillar. Puede que el cántico de la vecina sobre mi piel blanca me hubiera tranquilizado o distraído. Pero luego, cuando la operación se puso en marcha, me quedé paralizada, petrificada. Y además: mientras circuncidaban a mis compañeras hacía fresco, la *halaleiso* trabajaba aún a la sombra. Conmigo el sol ya estaba encima de la casa y posiblemente el calor me aturdió.

Lo único cierto es que, ocho días después, fui la primera a la que quitaron las ataduras. Estaba libre; me dirigí a la cocina y me abastecí de los alimentos que más ansiaban las demás. Al cabo de dos semanas también ellas se fueron recuperando, de modo que pudieron levantarse y abandonar por fin la habitación. Ahora teníamos que tener cuidado con la sutura. Los hilos seguían dentro. Cada vez que íbamos al lavabo, examinábamos la cicatriz y, en efecto, como había pronosticado la abuela, poco a poco los hilos iban desprendiéndose por sí solos. Y puesto que la circuncisión se había llevado a cabo sin problemas, puesto que todas la habíamos superado satisfactoriamente y nos habíamos convertido en mujeres, nos organizaron una fiesta para las siete, antes de que Yurop y Fatma tuvieran que volver a la escuela. Yo era la más orgullosa de todas. Pues, pese a que sólo tenía cuatro años, ahora era una mujer.

Y además... Además, había sido la más valiente.

Más tarde precisé de mi valentía en repetidas ocasiones. Pero cuando más falta me hizo fue quizá cuando llegué a Alemania. Creía que todas las mujeres del mundo habían sido circuncidadas. Y no es que pensara sobre ello ni una vez, sencillamente lo sabía. La circuncisión era una de esas exigencias que la vida depara a todas las mujeres por el hecho de ser mujer. A mí no se me ocurría siquiera que no se la practicaran a niñas keniatas o chinas o francesas. Fue en Europa donde empecé a darme a cuenta de que existían dos tipos de mujeres. Mejor dicho, tras algunas semanas en Alemania comprendí de golpe que yo era diferente a las demás y que no era una mujer normal.

Mi primera reacción fue defender mi circuncisión con furor. Imagínense: de repente ser circuncidada ya no era el destino penoso pero compartido por todas las mujeres de este mundo, sino una cruel especialidad somalí. ¡Incomprensible! Hasta entonces ni siquiera sabía que hubiera mujeres sin circuncidar. «¿Cómo? –pensaba–. ¿Que no lo hace nadie salvo nosotros? ¿Y ahora resulta que porque soy de Somalia estoy circuncidada? Pero ¿qué sucede con los somalíes?» Para colmo, las mujeres con las que entonces convivía en un edificio prefabricado que albergaba a refugiados en Düsseldorf –etíopes, afganas y yugoslavas– parecían considerarme una lisiada. Como si yo perteneciera a una subclase deformada e infrahumana del género mujer, incapaz de experimentar ciertos sentimientos. Eso no podía tolerarlo. Y puesto que había llegado de África hacía poco, aún tenía arrestos suficientes para defender mi circuncisión con tanta furia que hubiera complacido a Yurop.

De repente, las experiencias que había considerado naturales, los valores en los que había creído, eran puestos en duda. Pues, en Somalia, la circuncisión es el requisito previo para ser admitidas en la comunidad de mujeres decentes.

Gracias a la circuncisión nos convertíamos en mujeres puras y limpias.

Únicamente las prostitutas no eran circuncidadas.

Si quieres ser una mujer respetable debes ser pura y limpia.

La pureza es una exigencia permanente en nuestra cultura. Un imperativo esencial para cualquier somalí.

Son tantas las ocasiones en que puede uno ensuciarse que la limpieza es entre nosotros una preocupación constante. Ya en la madraza aprendemos a asearnos antes de cada oración siguiendo normas muy estrictas: debes lavarte las manos tres veces. Luego la cara. Después enjuagarte la boca tres veces. A continuación lavarte el brazo derecho, antes del izquierdo. Después rociarte la cabeza con agua tres veces. Luego limpiarte las dos orejas a la vez. Y por último los pies, primero el derecho, después el izquierdo. El procedimiento completo cinco veces al día, si, como es de rigor, rezas cinco veces al día. Y si al cabo del mismo trabas casualmente relación con algún hombre se te considera impura y deberás comenzar otra vez las abluciones desde el principio.

El deseo de permanecer puro es además la razón de que los

somalíes no nos reservemos nuestras opiniones. Debes sacar cuanto hay en ti para que ni la ira ni el odio queden en tu interior. La aversión a la impureza llega a tal extremo que aún hoy despreciamos a una tribu de nuestro propio pueblo porque, en cierta ocasión, posiblemente durante una hambruna, sus antepasados comieron carroña. Animales que habían perecido y no habían sido sacrificados conforme al rito islámico y por ello se consideraban impuros. Ya hubiera hambruna o no, semejante comportamiento resultaba imperdonable.

La pureza es un ideal que los somalíes nunca pondrían en duda. De ahí que las niñas nos alegremos de ser circuncidadas y seamos tan ingenuas. En Somalia jamás hablamos de «circuncisión». Si nos referimos a ella utilizamos la palabra árabe *halal*, que significa, aproximadamente, «puro», «conforme a la tradición» o «limpio»; y aquella que va a ser infibulada se alegra porque se convertirá en una mujer pura. O bien decimos *gudd*. Éste es un término somalí y significa hacer un progreso o alcanzar un estado superior. No hay nada espantoso en ninguno de ellos; no hacen pensar en una navaja, un cuchillo o una mutilación como sucede con el término alemán. Para nosotros, todo lo relacionado con la circuncisión suena tan bien que, cuando eres una niña, nada deseas con más ardor.

Con el tiempo fui comprendiendo por qué la circuncisión es tan importante para los somalíes. De hecho, mientras viví en África esas razones me convencían. ¿Acaso ser circuncidada no era efectivamente la garantía de que una niña no llevaría el deshonor a su familia? ¿No podía combatirse así la inmoralidad en la sociedad? A los padres que se hubieran negado a circuncidar a sus hijas se les habría acusado de favorecer el avance de la conducta inmoral. Por ello, al menos en el pasado, el precio que se pagaba por la esposa era notablemente superior si la mujer había sido circuncidada. Pero puesto que tal pago no redunda sólo en provecho de la familia de la novia sino que se reparte entre la comunidad entera, entre los ancianos del clan y del subclán, todos tenían interés en mantener la circuncisión. Por esta sencilla razón tal práctica nunca fue cuestionada.

Sin embargo, desde que abandoné África –antes no les dedicaba ni uno de mis pensamientos–, lo que más me intriga son las mujeres que día tras día acuden con sus cuchillas de afeitar y seccionan los labios vulvares. Las *halaleisos*. En aquella época me parecían vestigios del pasado que vivían en su propio mundo trasnochado. La mayoría de ellas debían de haber sido mujeres sencillas, sin educación, que habían hecho de aquello su profesión y que mantenían, en condiciones bastante modestas, a sus maridos e hijos. Curiosamente, no gozaban de gran estimación. No eran personalidades eminentes. Efectuaban una tarea necesaria cuyo resultado era extraordinariamente valorado, pero nadie quería tener relación alguna con ellas. Si no se precisaban sus servicios, se evitaba su compañía. No obstante, a nadie se le hubiera ocurrido burlarse de ellas. Antes nos hubiéramos mofado de un policía que de una *halaleiso*. Pues, al fin y al cabo, la *halaleiso* era importante para nosotros, mientras que de los policías podíamos prescindir.

Sobre todo me sorprende que se les confiara tarea tan delicada. No habían ido a la escuela y, por supuesto, no habían recibido formación médica; ¿cómo iban a saber dónde debían colocar la cuchilla y a qué profundidad cortar, por dónde pasan las venas y cómo debían dar los puntos? ¡Las niñas podían morir desangradas! Además, suele suceder que, cuando la pequeña se resiste, la cuchilla resbala y corta alguna vena. Pero no importa cuántas chiquillas tuviera sobre su conciencia, la *halaleiso* seguía trabajando. Tal vez porque a nadie se le hubiera ocurrido reprochárselo. No dirían: «Has matado a mi hija, ¡eres una asesina!». Simplemente se decía: «Había llegado su hora». Y nadie le echaría la culpa ni la denunciaría en la comisaría próxima. Aquellas mujeres eran intocables. Sin embargo, a mí me parecía que no habían reído mucho a lo largo de sus vidas.

Sea como fuere, ya había yo pasado por aquello. Ahora me sentía pura y casi adulta, y seguramente no hubiera vuelto a pensar en mi circuncisión en mucho tiempo; con cuatro años se olvida rápido, sobre todo cuando la vida avanza imparable. Pero entonces sucedió algo verdaderamente horrible. Traviesa como era, pronto volví a saltar por doquier; trepé a un árbol del patio, balanceándome entre las ramas, intenté asirme de la siguiente y caí al suelo.

Algo estalló entre mis piernas.

Me incorporé haciendo un esfuerzo y vi que estaba sangrando. No me había encaramado a un árbol elevado ni me había caído desde gran altura.

Subimos precipitadamente al coche y nos dirigimos al hospital. Se me habían soltado los puntos, la cicatriz se había abierto. El doctor meneó la cabeza. No podía hacer nada. Debíamos acudir, sin pérdida de tiempo, a la persona que practicó la circuncisión. Y ese mismo día vino la *halaleiso* –la mujer del chal en la cabeza y la bolsita trenzada–, que volvió a rascar y desgarrar con la cuchilla de afeitar la herida abierta, volvió a coserme y a frotarme con sus hierbas. Fueron los momentos más terribles de mi vida. Jamás olvidaré ese dolor. Cada vez que hablo de ello, retorna a mi piel. Vivo con ese dolor y el dolor vive en mí.

Me circuncidaron otra vez y de nuevo sin anestesia. Después de lo ocurrido, bien hubieran podido dejarme como estaba.

Al menos así pensaba mi padre. Había suplicado e implorado a mi madre que me dejaran tal cual, que dejáramos que la herida cicatrizara. No quería verme padecer de nuevo aquella tortura. A decir verdad, poco podía decir él. No podía entrometerse. Además, mi madre tampoco se lo permitía. Temía que algún día yo le reprochara no estar circuncidada. Pues eso podría perjudicarme. No deseaba asumir tal responsabilidad. Así pues, volví a yacer en aquella habitación, esta vez sola, y todos cuidaron de mí; estaban preocupados, incluso papá venía a verme con frecuencia. Pero era *mi* dolor, no el suyo. También esta vez cicatrizó rápidamente la herida; cuando iba al lavabo la examinaba y al cabo de un tiempo observé que se había soltado y desprendido el último hilo; a partir de ese día, de ese preciso instante, no volví a prestar atención a mis genitales.

Para mí carecían de importancia.

Me lavaba de forma automática, y nunca miraba ni pensaba en ello. Como si esa parte de mi cuerpo ya no existiera. Como si careciera de genitales.

Habían desaparecido y basta.

El arbolito torcido debe enderezarse a tiempo

Los días, semanas y meses posteriores se asemejaban a los días, semanas y meses previos, y no eran menos hermosos. Todas las mañanas, en cuanto los muecines de Mogadiscio hacían resonar sus «*Allahu akbar*», mi abuela irrumpía en nuestra habitación y gritaba con voz estridente: «*Sala, sala, sala*», es decir, «A rezar». Y todas las mañanas nos tapábamos los oídos y decíamos: «Ya voy, abuela», nos dábamos la vuelta bajo las mosquiteras y seguíamos durmiendo.

Aunque ya estábamos acostumbrados, la abuela nunca dejaba de sorprendernos con sus métodos de curación, continuamente estaba ideando alguno nuevo. Para el dolor de garganta utilizaba su zapato. Lo mantenía con paciencia sobre el fuego hasta que la suela estaba bien caliente, luego la aplicaba a la garganta del enfermo y así se evitaba acudir al doctor. Una vez más.

Pero la vida no se detiene. Al cabo de un año de mi circuncisión –ya tenía cinco años– me enviaron a la escuela. Apenas había tenido tiempo de aprender el alfabeto árabe en la madraza cuando empezaron a inculcarme una nueva enseñanza: el somalí, que se escribe en caracteres latinos. El alfabeto latino era una innovación reciente; fue implantado en Somalia como lengua escrita oficial en 1972, dos años después de mi nacimiento. El país en el que me crié era un Estado joven que, como pronto se demostraría, se alzaba sobre bases inestables.

Recuerdo muy bien la excitación que reinaba todas las mañanas en nuestra casa, entre los niños, antes de ir al colegio. Cada mañana, después de cepillarnos los dientes, nos deslizábamos en silencio hasta la cocina para no despertar a mi padre (quién sabe, quizá se había acostado tarde y aún estaba durmiendo). Nos acomodábamos en pequeños taburetes y aguardábamos impacientes a mamá, con los platos sobre las rodillas. Nunca desayunábamos en el salón. Allí había una mesa, pero mi padre solamente la utilizaba cuando teníamos invitados. De todos modos, en la estrecha cocina, llena de humo, nos encontrábamos a las mil maravillas. Así pues, vestidos con el uniforme escolar, nos sentábamos en torno al fogón, extendíamos los platos y mamá nos iba sirviendo. A Mohamed le correspondía la primera *injera*, a Yurop la segunda, mientras que Fatma y yo debíamos esperar a que estuvieran listas las siguientes; poco después nos levantábamos de un brinco y corríamos a la escuela.

Naturalmente seguía estudiando en la madraza, pero ahora por las tardes. El insoslayable rigor de la vida. Apenas quedaba tiempo para jugar, lo que complacía a mi madre, quien nunca dejaba de pensar en el futuro de sus hijos. Mamá era una persona trabajadora pero inculta y, conforme a sus deseos, sus hijos debíamos llegar a ser algún día personas diligentes y cultas. Perseguía este objetivo con rigor inflexible: cuando no queríamos ir al colegio nos arrastraba a palos hasta el colegio. Mamá no era como aquellas mujeres que permitían que sus hijas permanecieran ociosas en casa hasta que se presentaba el primer pretendiente que pagaba un buen precio por ellas. Jamás se le hubiera ocurrido tal cosa, y también por ello la quiero. Pero su intransigencia me resultaba agotadora. Cuando me quedaba en la calle jugando después del colegio su reacción era: «¡Entra enseguida! No olvides que eres una niña, y no un chico. ¡Debes quedarte en casa!». Algunas noches, muerta de cansancio, con los pies sumergidos en agua fría, seguía despierta hasta tarde, esforzándome por comprender los últimos problemas de aritmética. Su vara siempre estaba al alcance de la mano.

Las varas, ya pertenecieran a mi madre o a la abuela, han estado siempre presentes en mi infancia. Las de mamá podían llegar a medir más de un metro, y nunca le duraban mucho, a veces una semana, a veces sólo dos días. Cuando se rompían cortaba ella misma otra de algún árbol de ramas largas y flexibles o adquiría una nueva en el mercado central de Mogadiscio. Las varas compradas eran más sólidas, especiales para la educación de los niños, y duraban más. Más tarde, cuando vivíamos en Kenia, aún se sentaba a la mesa con su vara, a menudo sin probar bocado, y vigilaba que sus hijos ingirieran cuanto debían. Aunque ya tenía dieciocho o diecinueve años, si mi apetito dejaba que desear, lo azuzaba con ayuda de su palo. Hasta que consideraba que había comido suficiente como para poder afrontar de nuevo la lucha de la vida.

No es que mi madre haya sido una excepción. Las madres somalíes no se andaban con remilgos en cuanto a golpes, y el dolor de los bastonazos era nuestro infatigable compañero en el camino a la madurez. En Somalia nadie critica tal práctica. Incluso los profesores disponían de varas que utilizaban constantemente. Según se decía, los buenos modales y la educación sólo se pueden inculcar mediante golpes. En ocasiones, algunos niños venían a la madraza acompañados de sus enojadas madres, que pedían al profesor que hiciera entrar en razón a aquellos granujas. Delante de todos sus compañeros y de sus ahora satisfechas madres recibían su merecido.

Podría asegurar que nuestros profesores no tenían elección. Conozco bien a los niños somalíes y sé que sin golpes no hubieran obedecido a los maestros. No les hubieran escuchado. Ni siquiera hubieran aparecido por clase. A la más mínima falta recibíamos diez golpes, los chicos en el trasero, las niñas en la mano. Cinco en la derecha, cinco en la izquierda, con las palmas extendidas y frente a toda la clase. Puesto que el castigo era más severo en la izquierda, presentábamos siempre la mano derecha. Y por si no bastara, teníamos que demostrar que éramos dignos descendientes de un linaje de valientes guerreros somalíes.

Aquel que chillaba o lloraba era objeto de burla por parte de sus compañeros.

Para decirlo con claridad: si el castigo era inevitable preferíamos los golpes. Más tarde, en la escuela secundaria, entre otros docentes, impartían clases dos europeos. Rara vez nos pegaban, para gran disgusto nuestro. En lugar de eso, nos obligaban a realizar trabajos como limpiar los baños, rastrillar el jardín del colegio o recoger desperdicios y piedras del área deportiva, trato que consideraban más humano. Pero nosotros hubiéramos preferido recibir diez golpes a fregar los retretes o recoger la basura del campo de deportes bajo el abrasador calor del mediodía. De ahí que nos gustaran más los profesores somalíes.

Esto no quiere decir que no simpatizara con los europeos, al contrario. Los pocos blancos con los que trabé relación en Somalia eran personas agradables. Acaso un tanto sentimentales. Como el primer europeo que conocí. O que por tal tomé.

Tendría unos once años. Me hallaba aquel día sentada en los escalones de nuestra tienda, absorta en el espectáculo de la vida que ofrecía diariamente la calle del Fuego. Vi acercarse una fantástica figura de cabello rubio iluminada por el crepúsculo. Nunca un blanco, y mucho menos una mujer, se había dejado caer por nuestro barrio. Los europeos vivían confinados en su propio distrito, al otro extremo de la ciudad. La mujer se aproximó, y a mí me cruzó por la cabeza la idea que todo niño somalí hubiera tenido en aquella circunstancia: «Tiene dinero. Puedes venderle algo. Hazla entrar en la tienda y muéstrale cualquier cosa. Para venderle un *dirrah*, que al fin y al cabo le sentará bien, basta con tu parco inglés».

La mujer estaba a mi lado, una blanca rolliza y entrada en años. Hasta entonces sólo conocía a los blancos por la televisión o por las vagas descripciones que mi abuela hacía de los colonialistas ingleses; y ahora tenía una ante mí.

–*Hello, how are you?* –Sonreí–. ¿Qué necesita, qué puedo ofrecerle?

Yo llevaba el pelo recogido en dos trenzas y mi rostro irradiaba la desbordante amabilidad que solía prodigar por aquel entonces. La mujer siguió contemplándome y dijo:

–¿Sabes que eres una niña preciosa?

Asentí. Y añadí:

–Pase, por favor. ¿No quiere entrar y echar un vistazo?

Pero la mujer no se movió, me observaba absorta. Fatma asomó por la puerta y comentó:

–Te está devorando con los ojos. Ten cuidado o te robará tu belleza.

Me levanté de un salto para acompañar a mi admiradora hacia la tienda, pero no quiso entrar.

–Sólo quería mirarte –dijo.

Aquello inquietó a Fatma.

–¡Entra! –me gritó–. Te echará mal de ojo.

A mí me parecía más bien una persona melancólica. Más tarde supe, por una de las cartas que me escribió, que no tenía hijos. Me dijo que quería que fuéramos amigas, intercambiamos direcciones y, acto seguido, la conminé a entrar y beber té con nosotros en el patio –quizá más tarde comprara algo–. Pero rehusó, deseaba marcharse, y se encaminó hacia la playa.

Mi primer contacto con una europea que resultó ser canadiense. En algunas de las cartas que me escribió más tarde incluso me enviaba dinero.

No recuerdo bien si mi madre, en la época en que se produjo aquel encuentro, ya se había vuelto a casar. Quizá fue al año siguiente cuando nos presentó a su nuevo esposo. En cualquier caso, llevaba cuatro años sin padre. Tenía siete cuando la felicidad de mis padres se extinguió. ¿Cómo ocurrió? Ninguno de los dos hablaron nunca de ello. «Sencillamente, pasó», fue la única respuesta que pude sonsacar a mi padre más tarde. Lo sucedido no debía afectar a los hijos.

Todo cuanto sé es que aquel amor que había comenzado de forma impetuosa –con un plan de fuga, quizás incluso un rapto–

terminó. Aun cuando nunca se peleaban, cualquiera podía percibir que mis padres no eran felices. Tal vez lo más asombroso es que hubieran podido llevarse bien tanto tiempo. Mi padre era un hombre tranquilo, comedido; mi madre era lo contrario: inquieta, de temperamento apasionado, una mujer de treinta y tres años cuyos vestidos eran de colores brillantes, sus joyas de oro macizo y su esposo... Bien, probablemente mi padre hubiera debido igualarla en su ímpetu característico.

La situación llegó a tal extremo que tuvieron que mediar los ancianos del clan. Estaban en su derecho y era su deber.

Una parte de los cincuenta camellos que la familia de mi padre había pagado por mamá había sido cedida a los ancianos del subclán de ésta. Para la antigua mentalidad somalí existía una buena razón para ello: en sentido estricto, una hija no pertenece nunca a su familia sino a la comunidad. Dado que la comunidad velaba por su prosperidad, procurándole protección y morada si fuera necesario, los más importantes representantes de la comunidad tenían el derecho de esperar su parte de la dote de la novia cuando ésta se casaba. En caso de que el matrimonio amenazara separarse debían intentar cuanto estuviera en sus manos para que los esposos se reconciliaran, aun cuando no desearan permanecer juntos.

Por este motivo, los ancianos empezaron a frecuentar nuestra casa. No sirvió de mucho –mamá seguía vociferando y mi padre replicando a gritos–, aunque ambos intentaron seguir juntos un tiempo. Hasta que finalmente fue mi padre quien decidió marcharse para que su esposa y sus hijos pudieran vivir en paz. Los ancianos apoyaron su decisión porque debieron comprender que aquel matrimonio no tenía futuro. Mi padre cedió a mamá la tienda y comenzó de nuevo desde cero. No fue infeliz. Le visitábamos de cuando en cuando hasta que emigró a Tanzania, donde adquirió una gran plantación de cebollas. Presentía que la situación no mejoraría en Somalia; hoy en día también vende sus cebollas en Kenia. Cuando hace tres años fui a verle le pregunté por qué no se había vuelto a casar y, sonriendo, me dijo:

–Nura, ¿no crees que cinco hijos son suficientes?

Mi querido padre nunca fue hombre de muchas palabras.

A partir de entonces, Mohamed, que por aquel entonces tendría unos catorce o quince años, pasó a ser el hombre de más edad en la familia y por tanto el señor de la casa. Además de ir al colegio se ocupaba de las cuentas, supervisaba todas las noches la seguridad de nuestro inmueble y consideraba como una de sus tareas más importantes encerrar a sus hermanas en casa cada vez que nos sorprendía hablando en la calle con algún chico o en casa de un vecino. Mi querido Mohamed se había tomado muy en serio su deber de proteger nuestro hogar de la deshonra. Y, precisamente en esa materia, las niñas éramos muy competentes, sobre todo Yurop y yo. Una vez me pilló montando en bicicleta. Se la habían regalado a uno de los primos que vivían con nosotros, y yo deseaba probarla a toda costa. Perdí el equilibrio, bajé de un salto y, cuando me disponía a subir de nuevo, oí gritar a Mohamed:

–Déjalo, Nura. Bájate de ahí. Como si no supieras que las niñas tenéis prohibido ir en bicicleta.

El pobre Mohamed tenía demasiados disgustos y escaso apoyo. Mi madre trabajaba todo el día, emprendía frecuentes viajes de negocios y era feliz si alcanzaba a vernos cuando regresaba del comercio por la noche. Y la abuela hacía cuanto podía para, además de estudiar el Corán, organizar las tareas domésticas, revisar las provisiones de carbón y vigilar que estuvieran atendidos los innumerables huéspedes inesperados que se presentaban a la hora de comer; y siempre procuraba, aunque inútilmente, imponer disciplina.

Tal vez algún extraño hubiera percibido que la familia Abdi de la calle del Fuego necesitaba un padre. Sin embargo, tal vez sólo se debía a que habíamos crecido, estábamos descubriendo nuevas aficiones e intereses y Yurop había llegado a la pubertad.

Sea como fuere, a mí me parecía que nuestro hogar era aún más turbulento que en años anteriores.

Así, por ejemplo, los ventiladores eran causa de continuas disputas. Sin ellos hubiera sido imposible resistir las elevadas temperaturas, por encima de los cuarenta grados. Eran preferibles al aire acondicionado porque ahuyentaban a los mosquitos. Teníamos ventiladores de mesa en todas las habitaciones. Pero nunca parecían suficientes. Antes de acostarse, siempre había alguien que birlaba el de su hermana o hermano pequeño y comenzaba el alboroto. Las mismas eternas querellas suscitaba el mando a distancia del televisor. En aquella casa resultaba imposible ver una película en silencio. Siempre nos disputábamos el mando porque queríamos ver un programa diferente. ¿Y qué decir del vídeo? Si quería utilizarlo debía levantarme el domingo muy temprano, antes que los demás; ésa era la única oportunidad. Pero apenas acababa de insertar la cinta cuando los más madrugadores se presentaban en el salón y empezaban a hablar todos a la vez, como de costumbre. La película no les interesaba lo más mínimo, la criticaban con virulencia, yo no conseguía enterarme de nada, y al final acabábamos riñendo de tal modo que mamá entraba precipitadamente y solventaba el asunto apagando el televisor.

Con las casetes de música sucedía otro tanto. Yurop compraba una cinta con sus canciones preferidas, la traía a casa y desaparecía. Alguien se la había llevado a casa del vecino para escucharla tranquilamente, y allí se quedaba. Lo mismo sucedía con los uniformes escolares. Éstos se componían de largas camisas blancas que debíamos lavar en cuanto regresábamos del colegio, pues a la mañana siguiente el profesor examinaba los cuellos con singular atención, y pobre del que se presentara con manchas. Pues bien, Fatma no había hecho la colada el día anterior (supongamos que era demasiado perezosa), y ¿qué hacía? Arrancaba del tendedero la camisa limpia de su hermana, colgaba en su lugar la suya sucia, y sin desayunar siquiera para que nadie notara el cambio corría a la escuela. Tarde o temprano se topaba con su hermana y, entonces, comenzaba el jaleo. Si había cogido la camisa de Yurop, mala suerte. Y al final también le aguardaba la vara de mamá.

Pero quizá me engaña la memoria en cuanto al guirigay de nuestra casa. Pues en aquellos años es cuando a las chicas nos enseñaban las tareas domésticas; de nuevo el rigor de la vida. La pereza era tan poco tolerada en nuestra casa como la cobardía. Y como se dice en Somalia: el arbolito torcido debe enderezarse a tiempo.

Tenía nueve o diez años cuando me llegó el turno.

Los quehaceres domésticos. Eso suponía, como mínimo, hacer la colada, preparar el desayuno y aprender a guisar. Teníamos una lavandera que lidiaba todos los días por la mañana con montañas de ropa, pues generábamos cantidades impresionantes, pero basta que faltara un solo día para que mi madre convocara a cuantas niñas encontraba. Poco después, cuatro o cinco de nosotras estábamos en el patio inclinadas sobre las palanganas, pasándonos las piezas de una a otra. No obstante, el blanco inmaculado de los uniformes escolares era responsabilidad exclusiva nuestra. En 1990 compramos una lavadora. Pero jamás la pusimos en marcha porque era demasiado pequeña; dos años más tarde se convirtió en el botín de los soldados que saquearon la casa, junto con el televisor, los ventiladores y todo lo demás. Pero hasta ese día siguió en el patio, como símbolo de progreso y bienestar.

¿Y qué me aguardaba cuando mi abuela decía en su tono categórico: «Nura, siéntate a mi lado. Observa cómo cocino»? Un mundo culinario del que habían desterrado, para siempre, a algunos de sus habitantes: los peces. Que el océano Índico estuviera plagado de ellos no era para nosotros razón suficiente para comerlos. En Mogadiscio había algunos pescadores, que sobrevivían como podían. Vendían sus capturas a los italianos. Si las somalíes hubieran visto pescado en el mercado hubieran pasado de largo haciendo un gesto despectivo. No recuerdo que comiéramos jamás pescado en casa. Y el pollo no nos merecía respeto como alimento. No, en nuestra casa todo giraba en torno a la carne auténtica. Carne de camello, siempre que fuera posible. Hígado para desayunar, al mediodía tal vez sopa de carne de camello y para cenar, ineludiblemente, carne de camello asada acompañada con arroz o espaguetis. La comida se suele servir en un gran cuenco y se come con los dedos. Incluso aquel que posee cubiertos utiliza las manos, porque de ese modo se saborea más la comida.

Para desayunar también nos gusta tomar *injeras* –los niños, untadas con mantequilla, espolvoreadas con azúcar y luego enrolladas; los adultos, rellenas de hígado de camello–, cuya preparación es muy laboriosa. Aquel que se encargaba de preparar el desayuno era el último en acostarse y el primero en levantarse. Debía mezclar firmemente la masa de harina de maíz o de trigo durante la noche, luego dejarla en reposo unas horas y distribuirla en pequeñas sartenes antes de que los familiares hambrientos abarrotaran la cocina. Yo era la persona más adecuada para ello, ya que era la única que estaba despierta a las cinco de la mañana. Cuando les tocaba a mis hermanas, ya podía mamá vociferar cuanto quisiera, que Yurop y Fatma se limitaban a darse la vuelta y seguir durmiendo. Hasta que regresaba con su vara...

Después de desayunar empezábamos a cocinar. Sofreír cebollas, triturar tomates, guisar la carne en grandes sartenes, poner el arroz al fuego...; cada comida exigía cuanto menos tres horas de preparación. En otras palabras: el fuego permanecía encendido de la mañana a la noche, en la cocina o afuera, en el patio, en los días especialmente calurosos; y cuanto más me requerían para cocinar mejor comprendía la continua preocupación de mi abuela por las existencias de carbón.

Descuidar el carbón era para ella el pecado más grave. «¡Una casa sin lumbre no es una casa!», rezongaba cuando el gran tonel no tenía más que una fina capa en el fondo. Si de ella hubiera dependido habríamos cocinado sin interrupción. Y tanto como hubiera sido posible. En cantidades industriales. Que alguien no quedara ahíto era algo insoportable para ella. También lo era que algún tío o vecino pasara casualmente por casa y no hubiera nada que comer. «Es una vergüenza para una casa que los huéspedes tengan que marcharse con el estómago vacío», clamaba incluso cuando ya estaba tumbada de nuevo bajo su árbol.

El día en que tuve que cocinar sola por vez primera no me dejó buen recuerdo. A mitad de faena tuve que desistir, pues me hice tal quemadura con manteca caliente que aún tengo una gran cicatriz en el pie. La segunda vez que lo intenté aguardé a que mis padres no estuvieran en casa. Y, mira por dónde, a mis hermanos les pareció delicioso.

Pero esto sucedió más tarde, cuando volví a tener a un padre. En esta ocasión, un hombre que podía rivalizar con mamá.

Un hombre muy especial

De repente, apareció aquel hombre. No, no fue así. De repente, aquel hombre se convirtió en nuestro padre. Hacía algún tiempo que nos visitaba con frecuencia, ya fuera para charlar, para tomar té o para mascar *khat*. Incluso cuando no estaba advertíamos su presencia: por el aroma que dejaba a su paso. «Vaya –decíamos–, ése es su perfume.» Pero aún más notoria era su presencia cuando, efectivamente, estaba allí. Era un hombre grande, fuerte, vivaz. Y muy elegante. Sus trajes y camisas eran tan blancas como el papel de fumar, su gorro tipo fez tan inmaculado como el resto de su vestimenta. Cierto que tenía una incipiente barriga, además de la calva, pero ello no menoscababa el impacto que producía, pues era un maestro en ganarse las simpatías de los demás en un santiamén. Bastaba una ligera sonrisa, un comentario amable, un pequeño presente... Cuando él estaba, estaba para todos.

Desde que mamá empezó a comerciar con *khat* hacían negocios juntos. Pero la llegada de nuestro padre fue tan inesperada como inadvertida. La boda se celebró, por así decir, sobre la marcha. No hubo cansinas negociaciones entre ancianos del clan ni pago de cincuenta camellos ni animales cargados con cincuenta kilos de carne ni festejo nupcial. Tan sólo un *sheik* y dos testigos: mi abuela y un tío. La ceremonia no fue más que una breve interrupción en el transcurso de una jornada en la que acaecía algo más importante, sumamente importante, esto es, negocios a gran escala: importación de *khat* desde Kenia y exportación de ganado a Arabia Saudí. De hecho, fue tan discreta que los niños ni siquiera nos enteramos. Y de pronto oímos decir a la abuela que se habían casado.

Ése era el estilo de nuestro padre. Sin ceremonias. Si hubiera podido habría asumido incluso las funciones del *sheik* y los testigos. Para simplificar las cosas y porque prefería hacerlo todo por sí mismo. Se llamaba Abdi, tenía unos años menos que mamá y era el hombre más extraordinario que he conocido. Las niñas, Yurop, Fatma y yo, nos disputábamos su cariño. Al principio le contemplábamos con asombro, e incluso nos reíamos de él a escondidas; pronto le admiramos y enseguida le quisimos; aún hoy cada una de nosotras confía en haber sido su hija favorita. Sea como fuere, él fue mi auténtico padre. Falleció el pasado año, aún joven, tras haber vivido en condiciones que exigieron de toda su desaforada energía; gracias a sus esfuerzos se convirtió en un hombre acaudalado aunque con posterioridad perdió cuanto había conseguido. Pero sigue viviendo en mi interior. Allá donde estoy siento su vigor, su fortaleza. Baste decir que mi madre tenía cinco hijos cuando se casó con ella. Para él era su primer matrimonio. Mi madre se quedó embarazada enseguida. Mis tres hermanos menores son hijos suyos...

Continuamente estaba de viaje. Ante nuestra tienda se detenía un gran vehículo cargado de ganado, el conductor entraba, mi padre hablaba brevemente con él sobre la mercancía, rellenaba los documentos del porte, preparaba su bolso de viaje con una camisa limpia y un pantalón de repuesto, daba unas monedas a sus hijos, y desaparecía otra vez. Su mundo eran los mercados de ganado que se organizaban en las aldeas, el puerto de Mogadiscio donde se hallaban los cargamentos para Arabia Saudí y Dubai, y el gran mercado de *khat* en la parte vieja de la ciudad, que cada mañana semejaba una casa de locos por los gritos y carreras y disputas y regateos que arreciaban desde el amanecer, como si la vida de toda familia dependiera de la calidad del *khat* que aquella misma tarde deslizarían entre los dientes. Allí se abrían febrilmente sacos de veinte kilos, y se extraían, olfateaban y palpaban los manojos a fin de comprobar su humedad y frescura; luego se probaba y siempre se comentaba a voz en grito su calidad; así se procedía también con los restantes lotes, pues hay de muchos tipos: unos contienen pequeñas hojas rojas, otros largas hojas verdes; algunos te ponen rápidamente en marcha, otros frenan la actividad. Y cuando por la tarde entregaban un nuevo cargamento, éste era recibido con idéntica agitación. En Somalia nada funciona sin *khat*. Si fuera preciso, la gente renunciaría a comer antes que al *khat*. Pero cuando los hombres se juntan para las rondas de *khat*, acomodándose sobre almohadones árabes, se detiene toda actividad. Los somalíes tienen entonces su *happy hour*.

No exagero al decir que el bienestar de Somalia estaba en manos de mi nuevo padre y en las de unos cuantos mayoristas de su calibre. Aun antes de que el sol despuntara por el océano Índico, en el aeropuerto de Mogadiscio aterrizaba un avión que llevaba a bordo un gran cargamento de *khat* para mi padre, y así día tras día. Procedían de Kenia, de Yemen, a veces incluso de Etiopía. El *khat* keniata era el más apreciado porque actuaba rápidamente en la sangre. Era un buen negocio y, además, de vital importancia para la sociedad. Sin *khat* la capital somalí hubiera quedado paralizada. Hubiéramos vivido en una ciudad fantasma.

Sin embargo, los cargamentos que importaban mi padre y los demás comerciantes no bastaban para todo el país. Desde Mogadiscio se abastecía a las restantes ciudades somalíes, hasta Hargeysa en el norte. Circunstancia esta que inquietaba continuamente a mi madre. Pues ¿para qué teníamos el Toyota Landcruiser aparcado ante la puerta? ¿Para ir tres veces por semana al puerto o al mercado? A escasa distancia, en el norte de Kenia, el *khat* crecía en plantaciones enormes, ¡a sólo dos jornadas de viaje si se conducía día y noche! Mi madre enrolaba a algún conductor para la expedición, a veces incluso al mismo Mohamed, y en el plazo de cinco días llegaba con regularidad un magnífico cargamento del mejor *khat* keniata a nuestra casa de la calle del Fuego. No lo vendíamos en la tienda, sino que era expedido enseguida al mercado de la parte vieja de la ciudad; así se conocieron mi madre, la pequeña comerciante de *khat*, y mi nuevo padre, el barón del *khat*, que era también un aristócrata del ganado y cuyos transportes se podían ver en todos los mercados de ganado de Somalia. Y posiblemente no necesitaron mucho tiempo para comprobar que estaban hechos de la misma madera.

Él amaba a mi madre y parece que ya la amaba antes de declarársele. Su matrimonio, de todos modos, no nos sorprendió. Ambos tenían el mismo carácter jovial, el mismo temperamento enérgico, presto a la acción, y siempre se rieron mucho el uno con el otro. Difícilmente mi madre hubiera podido encontrar un hombre como él. Y tampoco él hubiera podido conocer una mujer como mi madre.

¿Que qué tipo de hombre era? A los niños no nos llevó mucho tiempo conocer la historia de su vida. Le gustaba contar; era tan locuaz que cuando tenía una cita debía salir con media hora de antelación para llegar puntual, pues por el camino se paraba una y otra vez a charlar con la gente, tanto si les conocía como si no. Era magnífico narrando historias, pero, sin duda, su mejor relato era el de su propia vida.

A excepción de una niña, no había tenido más hermanos. Creció en Mogadiscio en la época en que el sur de Somalia aún pertenecía a Italia, es decir, en la época en que era una colonia italiana, y aprendió rápidamente italiano, que hablaba con tanta fluidez como el árabe. Por tanto, aprendió dos lenguas extranjeras en poco tiempo. No contaba aún quince años cuando se marchó de casa. Interrumpió sus estudios, abandonó su hogar y se acomodó en casa de sus amigos. No soportaba estar bajo la férula de su madre; una mujer que soñaba con que su hijo llegara a ser funcionario para poder disfrutar de un empleo seguro en la Administración, actividad –trabajar en un despacho– que se le antojaba a él una auténtica pesadilla. Amaba su libertad y sabía lo que quería: ganar dinero. Tan rápido y tanto como fuera posible. De hecho, desde el mismo día en que abandonó su casa trabajó sin descanso. Aceptaba cualquier empleo que le ofrecieran. Acuclillado en el suelo, reparó neumáticos en un taller de reparaciones. Trabajó de cobrador en un autobús urbano. Pronto condujo él mismo el vehículo. Y así sucesivamente, un trabajo tras otro. A los veinte años su situación económica era bastante buena. Y siempre entregaba una parte de su sueldo a su madre, para que ésta comprendiera que su hijo la quería, aunque necesitaba sentirse libre.

Tenía una gran confianza en sí mismo. Una vez, en el curso de una conversación, nos dijo:

–La inteligencia no se puede aprender. O se nace con ella o no se adquiere nunca. Entonces, ¿qué te inculcan en la escuela? Lo único que te enseñan son las ideas de otros. Yo tengo mis propias ideas, y no son peores que esas otras.

No sé qué opinión le merecían a mi madre tan laxos principios, pero nosotros no podíamos sino estar de acuerdo.

–Si hubiera terminado mis estudios –añadió esbozando una sonrisa irónica–, sin duda habría llegado a ser presidente del país o a un puesto de importancia.

En su lugar, se convirtió en un hombre de negocios que se desempeñó con sumo éxito.

Y un día se mudó a nuestra casa. A aquel gallinero. Con cinco hijos de otro esposo, dos primos adoptados, una abuela y, por supuesto, aquella mujer. ¡Se instaló con nosotros y, simplemente, continuó con su vida! Pero lo mejor era que no interfería en absoluto en las nuestras. Las niñas apenas podíamos creer que no nos molestara con órdenes como las que nos espetaban por doquier y que acatábamos sin cesar aunque a regañadientes: «Eh, Fatma, ¡plánchame la camisa! Nura, ¡sirve la comida! Yurop, apresúrate, ¡despeja la mesa!». Eran mis hermanos quienes así procedían. Llegaban a casa y aguardaban hasta que les servían. Aunque no necesitaran más que sumergir el cucharón en la cazuela porque la comida ya estaba lista, teníamos que alimentarlos como pájaros a sus polluelos.

A mi padrastro, no. Él era el más madrugador; se levantaba muy temprano, a las cinco, para ir a la mezquita, y cuando regresaba no nos despertaba, ni nos zarandeaba para sacarnos de la cama ni decía: «Sírveme el té». Si aún estábamos durmiendo andaba por la cocina de puntillas, encendía él mismo el fogón y ¡preparaba té para todos! Eso era algo inaudito. Muchos hombres somalíes no saben siquiera dónde se encuentra la cocina. Y por supuesto no tienen ni idea de lo que hay en ella. Ni que decir tiene que jamás guisarían por sí solos. De todos modos, tampoco saben. Si no hubiera mujeres, los somalíes comerían en restaurantes o se morirían de hambre.

No obstante, no cabe olvidar que cualquier hombre que realiza tareas domésticas es ridiculizado. Si alguno va de compras, el mercado entero se ríe de él, tanto tenderos como compradoras. Y el que pone el pie en la cocina arriesga su propia dignidad. Sin embargo, mi padre se comportaba como si no lo supiera. Era un hombre que se había hecho a sí mismo, y no observaba ciertas tradiciones. Por ejemplo, durante las comidas quebrantaba sin vacilar la jerarquía familiar. Según la costumbre, se servía primero al padre y a los hijos varones. Éstos recibían los alimentos más ricos, las piezas más sabrosas, la mejor carne. Luego se continuaba con las hijas y, por último, la madre. Y si sobraba comida, los sirvientes podían dar buena cuenta de ella.

A partir de la llegada de mi nuevo padre, era común verlo compartir su ración con la primera sirvienta que divisaba en el patio. Tomaba un plato vacío, trasladaba a éste los mejores trozos de carne que había en el suyo, y se lo alcanzaba a la muchacha, que en ese preciso momento estaba muy atareada con alguna labor doméstica, a la sombra de un árbol. Y antes de que mi padre estuviera de vuelta en la mesa, antes de que cualquiera de nosotros se llevara algo a la boca, ya estaba ella sentada devorando aquel plato con la más exquisita carne. Mi padre volvía, se sentaba de nuevo con nosotros y la dejaba saborear su comida.

–Esta chica trabaja duro. Y lo hace para nosotros –decía entre bocado y bocado mientras se limpiaba con la mano la grasa del asado que se deslizaba por su barbilla–. No quiero que trabaje con el estómago vacío.

Y es que mi padre se permitía libertades insospechadas.

Confieso que al principio solíamos reírnos de él a sus espaldas. No podíamos dar crédito a nuestros ojos: ¡incluso remendaba él mismo su ropa! Al anochecer, solía sentarse a mascar *khat* mientras observaba a mamá planchar; súbitamente, se levantaba de un brinco y decía: «Siéntate, Naima. Yo plancharé».

Poco a poco nos habituamos a que fuera diferente. A que para él no valieran los estrechos márgenes entre los que vivíamos la mayoría de nosotros. Una casa, una calle, un barrio, hubieran resultado demasiado pequeños para él. Su hogar era la ciudad entera, no un pasadizo o un local de té en el que no se hubiera sentido a gusto y como en casa. Después de ir a la mezquita le encantaba tomar el primer té de la mañana en un pequeño restaurante, charlar animadamente con la gente y vagabundear por las calles. ¿Acaso flotaba alguna noticia en el ambiente? ¿Había sucedido algo que debía conocer? Observando a su alrededor, conocía los primeros secretos del día. Y en ocasiones, cuando deambulaba por la ciudad, invitaba a desayunar a algún mendigo.

Los niños le adorábamos. Mohamed fue el único que tardó en perdonarle por haberle sustituido como cabeza de familia. No obstante, su mayor desafío residía en mi madre.

Convivir con ella era un reto, pero cuando había mascado *khat*... El *khat* transforma a las personas, pero no a todas del mismo modo. Yo no lo tomaba, pues su sabor me resultaba amargo. Además, era demasiado joven y no necesitaba estimulante alguno para ponerme en marcha. En cambio, a mis padres les veía mascar *khat* con enorme deleite, ya que les hacía más indulgentes y les calmaba. En aquel estado toleraban cosas que estaban estrictamente prohibidas. Las niñas aprovechábamos para escaparnos y disfrutar de unos breves momentos de libertad.

Sólo había un problema: mi madre, que generalmente no paraba un instante y nos arrastraba con su actividad, bajo los efectos del *khat* era un auténtico torbellino. Gracias al *khat* adquiría fuerzas y energía sobrehumanas, y pasaba por el patio y la vivienda como un huracán que arrasa cuanto encuentra a su paso, levanta remolinos de polvo y embarulla cuanto toca. Esta desaforada actividad desquiciaba a mi padre. A la hora de las rondas de *khat* le gustaba permanecer plácidamente sentado y pasar el tiempo de la forma más grata posible, mirando la televisión, cantando o charlando. Lo último que necesitaba era una mujer como mi madre alborotando la casa como un *djinn*. No podía estar quieta ni dos segundos. A veces se le agotaba la paciencia y la ahuyentaba de su lado profiriendo amenazas. En cuanto la despachaba, mamá se precipitaba a su comercio para elaborar interminables listas de los productos que faltaban, ordenar los estantes de nuevo y trastocar media tienda.

A los niños nos resultaba muy conveniente ese comportamiento. De hecho, ansiábamos que mamá no volviera a su estado normal. Pues sin *khat* nos importunaba constantemente con sus órdenes y nos espantaba de su lado. Pero cuando había mascado *khat* sólo teníamos que procurar no ser un estorbo. Quería hacerlo todo ella misma, no admitía ayuda y, además, se mostraba muy cariñosa. «Hoy os cocinaré algo especial –decía entonces–, algo que hace mucho que no comemos.» Y por la noche, mientras yo dormía, se acercaba a mi cama y me frotaba el pelo con aceite. ¡Qué sorpresa, a la mañana siguiente, cuando me despertaba con el cabello brillante, precioso! Mi padre hubiera preferido prohibirle el *khat*. Pero nosotros, los niños, se lo hubiéramos suministrado hasta para desayunar.

Y justamente con esa mujer había topado aquel hombre siempre tan jovial, al que el *khat* hacía aún más locuaz y que evitaba las disputas. Le gustaba la tranquilidad y ponía paz; incluso le llamaban para que mediara en situaciones tan delicadas como las desavenencias conyugales. Pero ¡ay, si era presa de la furia...! Mi padre era un hombre corpulento. Si hubiera llegado a perder los estribos no habríamos podido contenerle, como sucedió cuando se desató la guerra entre nuestra familia y los vecinos.

Recuerdo que ocurrió durante una de aquellas veladas en que nos reuníamos bajo el granado. Ahora que los niños habíamos crecido, la abuela nos permitía entrar en su recinto. Hacía mucho que había oscurecido, el fuego llameaba y la abuela examinaba nuestros conocimientos. «El sura 23», decía chascando los dedos y señalando a alguno de nosotros. Después de haber estudiado siete años en la madraza yo podía recitar el Corán como un cuento. Estos exámenes habían sustituido a las leyendas y fábulas de nuestra infancia. Cuando se animaba continuaba con problemas de aritmética: «¿Cincuenta y dos por cincuenta y dos?». Ella ya sabía el resultado. Nos demostraba, una vez más, que era capaz de retener cuanto quería aun sin saber leer. No obstante, supongo que contaba en camellos. Para dividir fraccionaba los rebaños y para multiplicar los aumentaba. Ahora podíamos demostrar lo que habíamos aprendido, debatir y discutir acaloradamente. A los niños nos encantaban aquellas veladas en las que por fin podíamos hablar con un adulto de igual a igual. Pero en muy raras ocasiones nos concedían semejante favor. De ahí que nos enojáramos sobremanera cuando nos arrojaron la primera piedra.

Aterrizó con gran estruendo sobre nuestro tejado de chapa ondulada. Nos miramos unos a otros. Sucedía con harta frecuencia que los niños arrojaran piedras. Y tampoco era una novedad que no agradáramos al vecino, de cuyo patio probablemente procedía el ataque. La abuela le maldijo y continuamos con nuestra conversación. Luego llegaron más piedras. No sólo al tejado, sino también al patio. Nos levantamos de un salto. Yurop devolvió el ataque; el bombardeo se intensificó desde el otro lado. Yo levanté una piedra, los demás me imitaron, la abuela escupió rayos y culebras, mi padre vino corriendo, vocerío general, los proyectiles volaban de un lado a otro y, a continuación, Mohamed, Yurop y Fatma corrían a la calle. Detrás de ellos, los primos, los adultos y yo. Aquella tarde no éramos pocos.

Yurop abrió bruscamente la puerta del vecino, se lanzó al patio y se abalanzó sobre los primeros que encontró. Los demás nos lanzamos tras ella. En un santiamén se desencadenó una pelea monumental. De todas partes salían más vecinos, se entrometían, se lanzaban al barullo, golpeando tanto como podían, las piedras volaban, la arena salpicaba, mi padre se abría camino con los puños de un rincón a otro del patio, yo por supuesto en el medio, y la abuela apostada a la entrada y jaleándonos desde allí. Al otro bando lo animaban varias tías ancianas que prorrumpían en chillidos estridentes, hasta que, al cabo de una hora, mi tío Ali desenvainó su cuchillo, se precipitó sobre el vecino –el padre de los niños que habían empezado la batalla– y le apuñaló. No le había asestado una herida mortal, pero aun así la situación era crítica. La policía acude enseguida cuando corre la sangre.

Y, por supuesto, en aquella ocasión también acudió. Normalmente –en Mogadiscio presenciábamos a menudo peleas como ésta–, aparecían dos o tres policías que poco podían hacer, aunque fueran armados. Intervenían en la trifulca o se retiraban sin más. Si disparaban, raras veces lograban sobrevivir. De hecho, no había ningún motivo para interceder en una riña. De todos modos, debíamos emprender la retirada cuanto antes, para poner a salvo al tío Ali y hacer desaparecer su cuchillo ensangrentado. El tío Ali tenía que abandonar inmediatamente la ciudad. Aquella misma noche se marchó. Y quien acabó en la celda fue mi pacífico padre.

Puede que a los europeos les resulte extraño, pero todos participamos en la batalla con cierta complacencia. Incluida yo misma.

No luchar es un deshonor

Ciertamente, cuando nos vence la ira y explota el odio todo sucede con rapidez. Acaso en Somalia las situaciones se disparan con mayor celeridad que en otros países, entre otros pueblos. Pero es que los somalíes llevamos el derecho de autodefensa en la sangre. Primero intentamos resolver el conflicto por las buenas. Tratamos de convencer al otro, de buscar una solución pacífica. Mas cuando se evidencia que alguien no está dispuesto a escuchar, eso puede tener graves consecuencias. De nada sirven las palabras. Y, si es necesario, intervienen los parientes del clan que ni siquiera viven en tu ciudad.

Los somalíes somos solidarios. Si en una discoteca de Mogadiscio me hubiera abordado algún grosero, mis amigas se hubieran puesto de mi lado al instante. Se hubieran peleado por mí sin dudarlo. Pero uno no explotaba enseguida. Siempre se concedía al otro la oportunidad de salir airoso del apuro. Sin embargo, cuando la situación se tornaba grave, se imponía para todos, chicos y chicas, la misma ley: si ya no puedes defenderte con palabras, te defenderás con los puños. En ese caso no malgastas tiempo profiriendo insultos. Hablar no es más que una mera pérdida de tiempo.

En cambio, en Alemania... Al menos al comienzo me faltaban las palabras. Trabajaba en el aeropuerto limpiando el interior de los aviones. Y no conocía aún las leyes y costumbres alemanas. En cuanto salían los pasajeros subíamos entre tres y cinco personas al avión, un variopinto equipo compuesto por turcas y africanas occidentales. Cierto día se incorporó a mi grupo un joven somalí. Debíamos proceder con rapidez; él pasó por alto alguna tarea y una compañera de África occidental se enojó terriblemente. *«Fuck your mother!»*, le espetó. Pese a su parco conocimiento del inglés, el muchacho comprendió enseguida. Rápidamente arremetió contra ella ante la atónita mirada de azafatas y pilotos. ¿Y cuál fue el resultado? Se presentó la policía federal de fronteras y ¡el joven fue despedido!

Aquello desbordaba mi comprensión del mundo. «¿Cómo es posible que en este país alguien injurie a otro sin ser castigado por ello? –pensaba yo–. ¿Cómo puede suceder que cuando uno se defiende recaiga sobre él tamaño castigo? ¿Qué clase de gente es ésta?» Y a la mañana siguiente, en el primer avión, ¡aquella misma persona me insultó! No es de extrañar, se había envalentonado. *«Fuck your father!»*, bufó, y aún se permitió la osadía de escupirme a los pies. Dios mío, ¿qué podía hacer? Temblaba como una hoja. Sentí tal furia que agarré una botella de agua mineral. La lancé apuntando a su cabeza, ella se inclinó, y el vidrio se estrelló en el pasillo. Quise abalanzarme sobre ella. Pero mis compañeros se interpusieron y nos separaron.

Por fortuna, el responsable de mi turno era un buen hombre, una persona comprensiva. Me llevó aparte, y dijo:

–Recuerda que estás en Alemania, Nura –insistió. Yo aún temblaba–. Debería llamar a la policía... En el futuro debes ser más cuidadosa. No tienes documentación, y tu trabajo es más importante que cualquier venganza. Olvida el asunto...

Y de este modo trabé conocimiento con algo nuevo, algo inaudito e incomprensible. Los alemanes lo llaman su «querida paz». Y esta ley reza así: transigir, mirar a otro lado y, en el peor de los casos, llamar a la policía. Mi abuela, en cambio, me había enseñado a luchar en cualquier circunstancia. No importa cuán grande y fuerte sea tu oponente, decía, siempre debes luchar. Si recibes diez golpes debes devolver siquiera cinco. Lo importante es defenderse. Pero ¿qué sucedía en Alemania? Parecía que hubiera aterrizado en otro planeta. Los alemanes no toman partido. Se atienen a su norma suprema: mantenerse al margen siempre que sea posible. Eso me resultaba muy difícil. Necesité años para aprender a luchar solamente con ayuda de las palabras. Aunque a veces se me olvidaba y arremetía contra alguien. Sin embargo, en el último instante se encendía en mi interior una luz de alarma y pensaba: «Cuidado, Nura, ya no estás en Somalia. En este país no puedes vengarte. Lástima».

En Alemania has de actuar conforme a leyes y normas. Y con el tiempo me convertí en una persona más fría. Tan gélida como el clima alemán. Y también más débil. Tan delicada y sentimental como mis profesores europeos de Mogadiscio, como la primera europea que conocí, que resultó ser canadiense.

Sólo cuando pasé una corta estancia en África me percaté de cuánto había cambiado. Pero aún más les llamó la atención a los demás. Recuerdo que mi padre estaba degollando una cabra. Yo me hallaba cerca y solté un chillido. ¡Sentía pena por la cabra! Mi familia se burló de mí.

–¡Qué delicada eres ahora! –se reían–. ¿Acaso en Europa uno se vuelve blando? Si es así deberías regresar.

Antes también yo habría colaborado en la matanza, sujetando las patas, quitando la piel, extrayendo las vísceras. Pero eso era antes. Ahora, en las paradas de autobús, era la única a quien le chocaba que las ancianas, al igual que los demás, se abrieran paso entre el hervidero de gente a fuerza de codazos y puntapiés para conseguir subir. Nadie se disculpaba ni te miraba solicitando comprensión cuando te golpeaban en los riñones; sencillamente seguían dando golpes, presionando, empujando. Y a mí esa actitud me irritaba. ¿Sería cierto que me había convertido en una europea? Eso parecía. De todos modos, no podía evitar rememorar con satisfacción las colas que se forman ante las cajas de los supermercados alemanes. Allí la gente se disculpaba cuando tropezaba contigo por descuido. Cierto, ahora yo era una persona fría y blanda, tenían razón. Pero se me antojaba maravilloso poder pasear por las calles de Düsseldorf en mitad de la noche, a las cuatro de la madrugada, sin que me robaran o violaran.

En cambio en Mogadiscio... A los pobres policías nadie les tomaba en serio. Lo único que podían hacer ante una pelea era redactar un informe y citar a los principales sospechosos en la comisaría. Así fue como encerraron a mi padre. Querían obligarle a revelar dónde se había ocultado mi tío, pero mi madre consiguió sacarle de allí. Probablemente sólo tuvo que amenazarles con interrumpir el suministro de *khat*. O tal vez bastó con que se presentara ella misma en la comisaría. El caso es que, dos días más tarde, mi padre estaba libre de nuevo, y la policía sabía tanto como antes de encarcelarle.

El conflicto entre las dos familias estaba lejos de haberse resuelto. Se había derramado sangre y había mucho odio. Tales luchas solían prolongarse hasta que alguno de los implicados entraba en razón. A menudo son los hombres mayores los que terminan cansándose de la disputa. Si los adversarios se resisten a tratar con la otra parte, los ancianos del clan se informan sobre el conflicto. Procuran enterarse de cómo se llegó a tal extremo, qué provocó el odio, quién empezó la riña. Luego consultan a los representantes de ambos bandos. Y, por último, todos aseguran que en el fondo son hermanos y que en realidad no es propio de hermanos luchar de aquel modo.

En nuestro caso, mi padre invitó a la parte contraria a entablar conversaciones de paz en nuestra casa. Y también acudieron los ancianos del clan. Para evitar intromisiones, se pidió a las mujeres y los niños que abandonaran la habitación; ambas delegaciones tomaron asiento sobre los almohadones del salón y, durante las horas siguientes, no se oyeron más que débiles murmullos e imprecaciones ocasionales proferidas por aquellos hombres enojados. Aunque no estuve presente, podría asegurar que la deliberación discurrió como sigue.

Ambas partes están lejos de llegar a un acuerdo. Los rostros de los allí reunidos denotan la gravedad de la situación. Todos reclaman, con harta elocuencia, su derecho a defenderse y aseguran que renunciar a la lucha hubiera sido un deshonor insoportable. Es deber de todo hombre devolver el golpe, dicen; en este punto insisten sobre todo los jóvenes, cuya sangre bulle con facilidad. Así transcurren unas dos o tres horas; mi padre no interviene. Finalmente, inicia un largo discurso y dice que el Corán en el sura tal exhorta a pedir perdón y que todos los presentes, como buenos somalíes y como buenos musulmanes, deben tomar en consideración ese sura. Luego se brinda a pagar por la sangre derramada. Y ahora están todos dispuestos a proceder conforme al sura citado. Los rostros se animan, se lee el Corán, se da gracias a Dios porque la disputa ha terminado, se estrechan la mano y ya nada impide la reconciliación.

Así, o de forma similar, tuvieron lugar las deliberaciones. Sea como fuere, a la mañana siguiente mi padre comunicó a toda la familia el resultado de la negociación, informó después a tíos y tías del acuerdo de paz y, a partir de entonces, vivimos con nuestros vecinos en perfecta armonía. Ellos venían de visita a nuestra casa, nosotros íbamos a la suya. Como si nada hubiera pasado. Por otra parte, y dicho sea de paso, nunca entendí por qué se originó aquella pelea. Tal vez la motivaron mis hermanas mayores. En el vecindario se decía que eran unas niñas arrogantes. Puede que organizaran alguna trifulca en la escuela. Posteriormente se descubrió que antes de lo sucedido habían arrojado piedras camino del colegio. De todos modos, la causa no era importante. En cuanto empieza una pelea, nadie pregunta por qué.

Por lo demás, nunca volvió a suceder un incidente similar en nuestra familia. De hecho, mi padre empezó a adquirir fama de hombre conciliador y artífice de acuerdos. En cuanto había alguna desavenencia acudían en su busca. A menudo le bastaba con apelar a la devoción religiosa de los contendientes.

«¿Qué habéis hecho de vuestra piedad? –preguntaba–. ¿Acaso queréis conduciros como infieles?» Por supuesto, todos deseaban ser buenos musulmanes y se imponía la paz. Y cuando una mujer se quejaba sobre su esposo, mi padre iba a su casa y hablaba seriamente con él. No era un anciano del clan, era demasiado joven para ello, pues tenía treinta y cinco años. Pero se le trataba con idéntico respeto. Actuaba de forma imparcial, era un buen orador, y a ello se añadía que, a causa de su fortuna, gozaba de extraordinario prestigio. Hablaba con convicción y juzgaba con sapiencia. Por todas estas razones, siempre se le escuchaba.

Había una época en que hasta los más vehementes recobraban el juicio, y mi padre podía descansar de sus gestiones de paz. Era el mes del ramadán, días de ayuno en que los musulmanes se preparan para purificarse interiormente. Tales jornadas también son un tiempo de paz.

Todos los años esperábamos ansiosos la llegada del ramadán. Era un mes en el que reinaba la alegría y los sinceros esfuerzos por abstenerse de toda maldad y mentira. En ninguna otra época del año se pensaba en el vecino, ni tampoco en los habitantes de la ciudad entera, con sentimientos tan fraternales. Pero, sin duda, lo mejor era el *id*, la fiesta que se celebra al concluir el mes de ayuno, la más importante del año. En mi caso, desde que tenía seis años, el *id* sustituyó a mi fiesta de cumpleaños. Hace más de dos décadas que no celebro mi aniversario; pero hoy en día, cuando no se me pasa por alto la fecha, ni siquiera me emociona la idea de haber cumplido un año más. En aquellos días me era fácil renunciar a las celebraciones de cumpleaños porque éstas no podían ser tan maravillosas como el *id*.

Aún recuerdo la última fiesta del *id* que celebramos con la abuela. Como de costumbre, una singular sensación de felicidad nos inundaba la noche previa. Después del crepúsculo se interrumpía el ayuno en todos los hogares. Aquella noche se reunía la gente en los patios y comían, reían y charlaban hasta que caían rendidos; y en todas las casas guardaban una cabra o un cordero que serían sacrificados a la mañana siguiente. Mi madre había comprado tres cabras para que hubiera suficiente comida para los vecinos menos acaudalados. Después, las mujeres preparábamos el desayuno más opíparo del año, arreglábamos la casa y la limpiábamos a fondo. Ya que no todo era nuevo, al menos debía parecerlo, si bien habíamos adquirido algunas cosas para la ocasión: dos alfombras y ropa de cama.

Aquella noche estábamos sumamente ocupadas, pero, a pesar de ello, mi madre encontraba tiempo para preparar *henna*. ¡Y es que no puede haber *id* sin *henna*! Mamá diluyó los polvos en té negro, añadió un poco de limón y enseguida todas las mujeres nos dispusimos a embellecernos. Cuando éramos pequeñas mamá nos pintaba las manos, tanto las palmas como el dorso, y las uñas. Luego las cubría con pañuelos para que no mancháramos las colchas, y al día siguiente, cuando nos los quitaba, nos llevábamos una maravillosa sorpresa al ver nuestras manos completamente rojas. Sin embargo, a los once años tenía edad suficiente para poder aplicarme por mí misma la *henna* con un palito sobre la piel. Las niñas mayores no sólo nos decorábamos las manos con figuras de color fuego, sino también los brazos hasta cerca de los hombros y los pies hasta el tobillo.

La *henna* era también, en lo que concierne a belleza, la segunda gran afición de mi abuela, además del agua salada. Se entregaba a esta pasión con la conciencia tranquila, pues, según el Corán, su debilidad por la *henna* no se consideraba vanidad. Al menos sus manos y su cabello debían ser siempre rojos. Lamentablemente, nadie podía ver su hermoso pelo encarnado, ya que nunca salía sin cubrirse la cabeza con un pañuelo. Los niños éramos los únicos que podíamos admirarlo cuando, sentada en un taburete en el patio, la abuela dejaba secar al sol su cabello recién coloreado, o cuando se quitaba el pañuelo para peinar con primor sus largos cabellos, de un rojo resplandeciente.

La noche previa al *id* apenas podíamos conciliar el sueño, estábamos demasiado excitadas. A la mañana siguiente, cuando todos, hombres y mujeres, estaban en la mezquita, nos poníamos nuestros flamantes vestidos nuevos –durante el *id* no cabe pensar en llevar ropa vieja–, y nuestra casa se llenaba de vida. Yo invitaba a mis amigas; Fatma y Yurop, también; naturalmente, mi padre había recogido a algunos amigos por el camino y todos se dirigían al patio, momento en que se servía el desayuno, que se componía de los platos más exquisitos. Mientras tanto, la abuela quemaba incienso bajo su árbol y el patio olía como la mezquita.

Después se sacrificaba algún animal y se guisaba. Al mediodía venían más invitados, entre ellos personas a las que apenas conocíamos, gente que no podía permitirse su propio banquete. Y comenzaba el festín: sopa de carne, arroz con especias, espaguetis para mi padre –necesitaba su plato de pasta al menos una vez al día–, carne de camello, cabra y cordero condimentada con especias, pasteles, piñas, sandías, *mousse* de papaya con azúcar y zumo de limón y, por último, pudín de especias. Después de comer, quienes aún podían moverse, paseaban por la ciudad o la playa.

Aquel día Mogadiscio irradiaba un color blanco deslumbrante, aún más intenso de lo que era habitual, ya que todos los hombres llevaban largas camisas blancas. Por sus concurridas calles se extendía el humo desprendido por las brasas de carbón que ardían en pequeños quemadores, pero sobre todo los dulzones y densos efluvios del *unzi*, una mezcla aromática compuesta de azúcar, perfume y especias. Por la tarde acudían algunos amigos a nuestra casa. Comíamos otra vez, degustábamos buenos platos y luego se mascaba *khat* y nos reíamos mucho (en aquella época abundaban las chanzas sobre el presidente de Somalia); a la mañana siguiente, cuando tras una larga y divertida noche nos despertaban las llamadas de los muecines, la vida retomaba su antiguo y conocido rumbo.

Para nosotras, las niñas, eso significaba que debíamos aguardar un año antes de poder disfrutar otra vez de un día de libertad. Y es que, durante el *id,* mi madre no se preocupaba de qué hacíamos ni de con quién charlábamos.

Despedidas, marchas

Cuando la abuela nos anunció que necesitaba un cambio de aires no dábamos crédito a nuestros oídos. Naturalmente que en los diez años anteriores nos hubiera gustado enviarla un tiempo al desierto, de vacaciones, para que nos dejara respirar, para no tener que estar siempre en guardia frente a ella. Pero de ahí a vivir sin la abuela... Eso sencillamente ni se nos ocurría. Nunca hubiera creído que pudiera empaquetar sus *dirrahs* rojos, su reproductor portátil y sus casetes coránicos y despedirse de todos nosotros. Y, sin embargo, sucedió.

Llegó el día en que ya nadie yacía a la sombra del granado, nadie conjuraba la ruina de nuestra familia cuando se acababa el carbón, nadie entonaba cantos burlescos sobre otros clanes al calor del fuego. Y fue un día triste. Pues, al fin y al cabo, la abuela había sido tanto un perro guardián como un espíritu protector. Antes, cuando no había nadie en casa, cuando todos nos marchábamos, la abuela se quedaba sola bajo su árbol, con el reproductor pegado al oído. Ella siempre estaba allí, en nuestro patio, pero también en nuestros pensamientos.

Había tomado una decisión y nadie podía hacerla cambiar de opinión. Es posible que volviera a cautivarla la antigua costumbre nómada de errar de un lado a otro. Tal vez sintió que apenas le quedaba tiempo para ver mundo. Al fin y al cabo, no se había recuperado del todo tras su segundo encuentro con el *djinn*. De pronto pensó que llevaba demasiado tiempo con nosotros. Nos dijo que debía ir a Nairobi, a ayudar a su prima, que tenía ocho hijas. Y un día subió al autobús y se marchó. A Kenia.

Fue a Nairobi, a casa de su prima, pero pronto la ciudad se le antojó demasiado europea y demasiado fría. Viajó entonces hasta Isiolo, en el norte de Kenia, al pie de las montañas. Había oído hablar tanto de esa ciudad que sentía curiosidad. En los años veinte, tras una rebelión contra los ingleses, los colonialistas habían expulsado a muchos somalíes del norte y les habían deportado a Isiolo. Se decía que éstos habían conservado su antiguo modo de vida, que allí había muchos camellos y todos los días tenían leche de camella fresca. A la abuela le encantaba la leche de camella fresca. En Isiolo debió de sentirse como en casa, seguramente más que en Mogadiscio, a pesar de que no conocía a nadie. Así pues, se instaló en la ciudad, y allí murió dos años después de haber subido a aquel autobús con su maleta en la mano.

En realidad hubiera debido de acabar sus días a nuestro lado, en nuestra casa. Pero no fue así, y nunca volví a verla. Aunque tengo que reconocer que en cuanto se marchó, al día siguiente, nos precipitamos sobre su árbol. ¡Prácticamente lo saqueamos! No dejamos ni un solo fruto. Colgados de las ramas alborotamos como monos y arrancamos cuantos frutos había, incluso los que estaban verdes. ¡Teníamos granadas para todos!

Aquel año fue una época de grandes cambios para mí. A los once años ya tenía edad para ir a la escuela secundaria. Entretanto había cogido gusto al estudio, con lo cual colmaba las expectativas de mamá. Y la Secondary School inglesa a la que entonces asistía se convirtió en una suerte de segundo hogar. Además, abandoné la madraza.

Hubiera podido permanecer en la escuela coránica; algunos niños que no estudiaban en ningún otro colegio así lo hacían. Pero, en ese caso, sólo habría podido llegar a ser predicadora de calle, pues no había otra salida. Sería una de aquellas mujeres que iban de casa en casa y organizaban reuniones con las esposas del barrio. Allí predicaban y explicaban, con ayuda de elocuentes ejemplos, cómo se debía vivir. Escuchaban cuanto les decían las mujeres y respondían a sus dudas, por ejemplo por qué debían cubrirse el cabello en público, por qué no podían montar en bicicleta o por qué debían cuidar a sus esposos como si se tratara de niños. Y para cada pregunta aquellas predicadoras del Corán hallaban una respuesta adecuada. Pues bien, yo no deseaba desempeñar semejante tarea. A partir de entonces, toda mi ambición se volcó en la escuela.

Por aquella época –la abuela se había marchado poco tiempo antes–, me desperté una mañana y vi que estaba cubierta de sangre. ¡La sábana estaba completamente manchada! Recuerdo que era miércoles y que la funda de la cama era de color rosa pálido. Gracias a Dios que había dormido sola aquella noche. No quería ni imaginarme cuán terrible hubiera sido si Fatma hubiera estado a mi lado. Y, por fortuna, mi madre estaba de viaje. Pero ¿qué podía hacer? La sábana sucia, yo bañada en sangre, y además debía marcharme a la escuela enseguida. Los demás aún dormían. Al menos, el colchón apenas se había manchado. Quité la sábana, extendí una limpia, corrí a la cocina, encontré una bolsa de papel donde introduje la tela y las bragas manchadas, y me la llevé al colegio.

Nadie me había preparado para aquella situación, ni siquiera Yurop ni Fatma. En clase nos habían hablado del cuerpo humano. Pero no tenía ni idea de lo que me esperaba ni cuándo sucedería. Para colmo, no tenía dinero. No podía comprar sábanas nuevas. Ni compresas. Recorrí el camino del colegio desesperada y confusa. En mi uniforme blanco las manchas se notarían enseguida. Y ¿cómo iba a saber cuánta sangre saldría? Al llegar a la escuela me encerré en los lavabos con mi bolsa de papel tan discretamente como pude. En ese instante se me ocurrió que podía hacerme una compresa yo misma. Y con toda mi fuerza rasgué un trozo bastante grande de la sábana, lo doblé y lo coloqué en las bragas; después me deshice del resto de trapos lanzándolos al retrete y dejando correr el agua hasta que no quedó nada. Luego me fui a clase.

En Somalia el clima es cálido. Hace calor. Toda la mañana anduve con aquel pedazo de tela entre las piernas que, al caminar, me rozaba los muslos. Pasé un día espantoso. Continuamente sentía mareos. Mi mayor preocupación era que alguien llegara a descubrir lo que me sucedía, que alguno de mis compañeros de clase o mis hermanas pudieran enterarse. Cuando llegué a casa fui la primera en entrar en la tienda y rápidamente corté un gran pedazo del rollo de algodón. Así pues, había pasado lo peor. Nadie había notado nada. Al cabo de tres días aquello parecía haber terminado.

Pero no, no había concluido. En la escuela nos habían dicho que a partir de entonces aquello se repetiría todos los meses. Así pues, pobre de mí, me aguardaba la misma catástrofe dentro de cuatro semanas. Y, efectivamente, volvió a ocurrir: ¡mi cama llena de sangre! Pero esta vez fui más lista, estaba preparada, y una vez más pude mantenerlo en secreto. Mis hermanas no advirtieron nada, mi madre no notó nada, nadie. ¡Era todo un triunfo! Ni siquiera pude hablarles de ello a mis amigas del colegio. La noticia se hubiera extendido como la pólvora, y si los chicos se enteraban estaba perdida. En el patio me habrían señalado con el dedo vociferando: «Mira, ahí está la de la sangre».

No, eso es causa de una extraordinaria vergüenza. Una siente pudor ante los profesores y ante las amigas y también ante su propia familia. Cuando entrabas en la pubertad comenzaba la vida privada. De niñas, mis hermanas y yo nos bañábamos juntas. Pero al entrar en la adolescencia dejamos de hacerlo. En cuanto comenzaban a despuntar los senos una tras otra se fueron retirando. Además, ya no se nos permitía ver a nuestra madre desnuda. A mis hermanas menores, en cambio, les resultó más fácil. No tuvieron que pasar por los tormentos que yo sufrí, y seguramente también Yurop y Fatma. Las mayores hablamos con ellas antes de que fuera demasiado tarde. Después de tres años en Kenia éramos más desinhibidas. Precisamente eso, la naturalidad, era algo que se podía aprender en Kenia. Ésta fue una de las grandes ventajas de nuestra huida de Mogadiscio. Cuando vivíamos en Somalia nuestra espontaneidad era muy limitada.

También conocí algo igualmente desconocido: la libertad. No era la misma libertad que experimenté en Europa. Tan sólo se trataba de la maravillosa sensación de ser menos observada, de estar menos controlada y de no ser castigada continuamente. La libertad que conocí en los años siguientes consistía en poder participar en los partidos de fútbol que disputaban los chicos, y en compartir sus risas y sus juegos cuando me permitían unirme a ellos. Y todo ello mientras estudiaba en la Secondary School. Allí jugué a menudo al fútbol. Estaba prohibido, pero a mí me entusiasmaba ese deporte. Salía al campo y allí estaba yo, la única niña, corriendo tras el balón junto con veinte chicos. A ellos no les importaba, siempre y cuando no fuera su hermana. Y ya me guardaba bien de que mis hermanos no me descubrieran.

¿Qué deseaba yo? Quería dar rienda suelta a mi energía. Divertirme y aprender. Es decir, practicar cuanto deporte pudiera y aplicarme en los estudios para poder ir a la universidad. Hice ambas cosas. Era una buena estudiante. Aunque, a decir verdad, cuando llevaba unas horas encerrada en el aula me asaltaba el deseo de salir. Bien al área deportiva, o bien más lejos, a los espacios naturales, como hacía a veces. Pertenecía a un grupo que estudiaba la vida salvaje. Nuestro principal cometido era observar a los animales en libertad. No obstante, también recaudábamos fondos por las tiendas de Mogadiscio solicitando donativos convenientes para el ministerio que se ocupaba de los animales salvajes. Que yo sepa, este ministerio nunca se distinguió por su actividad; sin embargo, nosotros éramos muy emprendedores. Uno de mis compañeros consiguió un todoterreno con conductor; podíamos viajar, a veces incluso hasta la frontera con Etiopía, y estudiar en los parques nacionales cómo vivían los animales, su medio, o si había huellas de cazadores furtivos. Así fue como llegué a ver muchos de los animales con los que nos topamos después, en Kenia: leopardos, cebras, elefantes, rinocerontes, hienas y gacelas. Pero me temo que hoy en día apenas quedan elefantes en Somalia, pues cuando se desencadenó la guerra, algunas milicias financiaron su lucha mediante la exportación de marfil.

Allí, en la selva, tenía total libertad. Sin embargo, para liberar mi energía no había nada mejor que el campo de deportes. Y me hacía tanta falta... Al llegar a la pubertad en casa me aplicaban normas aún más estrictas. Además, desde que se había marchado la abuela, mamá había redoblado su atención. Necesitaba pues una buena razón si quería sentarme tranquilamente a la puerta de casa. La vigilancia era tal que ni siquiera podía charlar con un compañero de clase frente a nuestra tienda. Un día me sorprendió uno de mis primos y enseguida vociferó desde lejos:

–¿Qué quiere ese tipo?

–Estamos hablando sobre el colegio –repliqué.

–Pues no os quedéis en la puerta. Os puede ver cualquiera que pase por delante.

Por supuesto, las jóvenes debíamos ser muy cautas mientras estuviéramos solteras. Si le hubiera llegado a mi madre el más leve rumor sobre mí, habría examinado mis genitales circuncidados y, de hecho, inexistentes; examen que se consideraba normal, pues estaba en su derecho. Y hubiera sido imposible ocultar que habías tenido relaciones sexuales. Bastaba que alguna tía aventurara tal sospecha para que cualquier madre somalí examinara a su hija núbil. Se hacía en presencia de otra mujer y, si se confirmaba la sospecha, atormentaban a la muchacha hasta que revelaba el nombre del individuo con el que había estado con el fin de poder celebrar el matrimonio enseguida. Pero yo estaba a salvo de semejante proceder. Mi madre confiaba plenamente en mí. Yo sólo practicaba deporte.

Y, por cierto, siempre con éxito. Pronto me distinguí por ganar todas las competiciones. Cuando teníamos invitados les mostraba mis diplomas deportivos como otros enseñan sus álbumes fotográficos. Los guardaba en una carpeta, pues no quería colgarlos en la pared. No tenía una habitación que pudiera mantener cerrada. La puerta siempre estaba abierta. Cualquiera hubiera podido romper mis títulos y plegarlos para hacer aviones de papel. Me sentía tan orgullosa de ellos que los guardé bajo llave. Y todos los años, en los grandes campeonatos escolares, añadía tres o cuatro más.

Comencé con las carreras de sacos. Siempre ganaba. A veces, los campos adonde nos llevaban eran traicioneros, llenos de hoyos, cardos y ortigas. Pero ganaba, y lo hacía porque no me lanzaba a brincar a ciegas, sino que prestaba atención al terreno que tenía delante. En las carreras con huevos tampoco tenía rival. Colocaba el huevo sobre la cuchara, echaba a correr ¡y ganaba! E igualmente sucedió después con los juegos de pelota. Mi especialidad era el baloncesto. Más tarde, en las carreras de fondo, alcanzaba la meta en el grupo de cabeza, junto con los mejores atletas. Y también era imbatible en salto de altura. En las ceremonias de entrega de premios, además del diploma, me obsequiaban con un vaso de té, un plato, un pañuelo o un bolígrafo. Y sin embargo, en aquella época –tenía catorce o quince años– ¡estaba bastante gruesa!

Según los parámetros somalíes, ahora estoy muy delgada. Antes era una muchacha fornida. Me entrenaba a diario, pero estaba gorda. Y no porque comiera demasiado. Estaba gorda porque era feliz. Cuando uno es dichoso, engorda. Y cuanto más feliz era yo, más cuidado debía tener para no engullir con exceso. De hecho, si fuera feliz volvería a ganar peso rápidamente.

En Somalia era feliz. No había nada que me inquietara. Mi mente estaba libre de preocupaciones y mi corazón lleno de formidables expectativas. En casa la vida era tan alegre como siempre; todo cuanto podía desear parecía estar a mi disposición. El camino de mi vida estaba trazado y discurría cual sendero iluminado vivamente por el sol, siempre adelante, en línea recta hasta el horizonte. Sin giros, sin desagradables sorpresas, sin peligros. Lo único que hubiera podido perturbar mi felicidad habría sido un hombre.

Y eso es lo que me sucedió cuando tenía dieciséis años. Un fin de semana se presentó en casa un hombre que quería casarse conmigo. A mi modo de entender, eso era lo peor que podía sucederme.

Permaneció tres días con nosotros. Al parecer, era un pariente lejano de mi familia, pero eso podía aplicarse a la mitad de la población de Somalia. Yo le atendí como a un buen amigo, tal como tratábamos a todos nuestros huéspedes. Quienquiera que nos visitara era bienvenido; se le hacía pasar y, tras los saludos y el té, se sentaba con la familia y charlábamos. Nuestra casa estaba siempre llena de jóvenes: mis dos hermanos mayores, Mohamed y Elmi, mis primos, acompañados de sus amigos y los vecinos. Y para mí eran como hermanos.

Aquel hombre era mayor que yo, era culto, tenía un buen empleo y vivía en Dubai. Había venido a Mogadiscio de vacaciones. Durante los dos primeros días sólo conversó con Yurop y Fatma. Pero la tarde del tercer día estábamos viendo una película india en la televisión cuando entró en la sala. Estos filmes son muy populares en Somalia; su argumento suele girar en torno al amor, a las desdichas, terribles desventuras e interminables tribulaciones que padecen los amantes, generalmente enmarcado todo ello en historias cotidianas insustanciales. Así pues, estábamos sentados frente al televisor, acomodados sobre los almohadones que había por toda la sala y, excepcionalmente, en silencio porque el filme nos tenía expectantes, cuando él se unió al grupo. Cuando acabó la película, salimos a disfrutar de la cálida tarde bajo nuestro árbol de reunión. Nuestro invitado tomó un taburete, se colocó a mi lado y me dijo que deseaba casarse conmigo. Así, sin más.

–Ya sé que aún eres joven, Nura –susurró en tono confidencial–, pero me gustas, y quisiera pedirle tu mano a tus padres y casarme contigo.

No podía haber escogido peor momento para formular su petición, justo cuando acabamos de ver aquel filme. Pero es que, además, el matrimonio quedaba fuera de mi mundo. Le grité como si me hubiera dicho que era una prostituta. Estaba tan furiosa que hubiera sido capaz de pegarle. Rompí a llorar y le insulté. Fue una escena terrible. El pobre no comprendía mi reacción. Se levantó y se refugió en casa antes de que Yurop y mis hermanos se dieran cuenta de lo ocurrido. Chillando, corrí hacia mi madre.

–¿Me habéis enviado vosotros a ese hombre?

Le conté lo que había sucedido. Mamá esbozó una sonrisa.

–Bueno, parece que te encuentra simpática… –rió–. ¿Qué sucede? ¿Acaso no te gusta?

Los ojos se me llenaron de lágrimas.

Estaba desconcertada. No comprendía cómo podía saber aquel hombre que yo era la mujer adecuada para él. Me preguntaba qué había visto en mí. No destacaba por mi belleza y, como ya he dicho, tampoco por mi figura. Pero lo cierto era que irradiaba alegría. Iba por la calle luciendo mi resplandeciente sonrisa, como si gritara a quien se cruzaba conmigo: «¡Bienvenido! Me alegro de que estés aquí». Mi actitud no tenía segundas intenciones. Sonreía porque me alegraba de encontrarme con aquellas personas. Por supuesto, siempre habría quien interpretara mi expresión de júbilo como una especial predilección por él. Pero quien pensaba eso cometía un gran error.

En aquel entonces ni siquiera pensaba en el amor. Y tampoco había experimentado ese sentimiento. Primero, porque estaba prohibido y ¿para qué vas a enamorarte si el único resultado es un disgusto monumental? En segundo lugar, porque apenas podías hablar con un chico, mucho menos conocer a un hombre, reunirte con él en algún lugar y llegar a conocerle. Y tercero, porque en Somalia la única forma en que se admite el amor pasa por el matrimonio y, en esos momentos, sólo pensaba en la escuela, las competiciones, la universidad, el trabajo; y quizás algún día…

Unas semanas más tarde recibí una carta suya, desde Dubai. Me decía que su proposición era seria, que quería que fuera la madre de sus hijos. No obstante, dejaba entrever que le había extrañado que reaccionara de aquel modo. Al fin y al cabo, como era un hombre educado, había hablado primero conmigo antes de dirigirse a mis padres… Leí la carta y me deshice de ella enseguida. No le respondí y no volví a hablar con él a lo largo de mi estancia en Somalia.

Dos años después me lo encontré en Kenia. En casa de una tía mía. Al principio no me reconoció, pues yo había adelgazado. Me miró perplejo y ambos reímos. «Recuerdas cuando…», comenzó a decir; y esta vez no puse reparos a salir con él. Naturalmente acompañados de unos primos. Luego, al llegar a casa, pidió de nuevo mi mano. Por aquella época ya estaba casado, pero un hombre puede tener cuatro esposas. Con la mayor educación, rechacé su proposición. Aún no estaba dispuesta a pensar en el matrimonio. Ni siquiera en el amor.

Bailes

A los dieciséis años ya sospechas que lo que han hecho con tu cuerpo repercute en tus ideas y sentimientos. Al circuncidarte no sólo te mutilan los genitales, también te seccionan una parte de cerebro. Es decir, te extraen la idea de tener un novio, acaso un amante, un esposo... Aún me acordaba de los terribles dolores que había sufrido. Y sentía un miedo atroz. Miedo que se cifraba, por un lado, en el pánico que sembraban mis padres, mis hermanos y el resto de adultos en cuanto se abordaba, siquiera de forma tangencial, el tema del sexo; y por otro, en el terror que albergaba en mi interior desde que me practicaron «aquello». En el fondo, esa terrible angustia me impedía concebir el amor como algo agradable. Dejaría que los hombres me invitaran a salir, tal vez que bailaran conmigo. Pero nada más. No estaba dispuesta a permitir que desempeñaran papel alguno en mi vida durante largo, larguísimo tiempo.

No, a mí me preocupaban otras cosas. Por ejemplo, que en mi casa fuera prácticamente imposible leer. Tenía quince años cuando resolví poner fin a esa situación.

Lo usual era oír: «Tráenos esto, tráenos aquello». Alguien entraba de improviso, y no podías decir: «Lo siento, estoy leyendo, no me molestes...». No, una se levantaba de un salto y cumplía el deseo del otro haciendo lo que le había pedido. Además, desperdiciaba buena parte de mi precioso tiempo escuchando las historias que me contaba una tía a la que debía hacer compañía. Pero eso era una nimiedad comparado con lo que me esperaba cuando llegaban los nómadas a nuestra tienda. Entonces sólo cabía ponerse a salvo.

Durante años las niñas ayudamos en la tienda, lo cual, en principio, era una buena idea pues aprendíamos a manejar el dinero y a tratar a los clientes con cortesía. Pero de nada servían nuestros conocimientos cuando se presentaban los nómadas. Éstos solían venir de vez en cuando a la ciudad para hacer compras. Ya fuera de día o de noche, entraban con sus cuchillos y sus lanzas, desfilando por el patio si no había nadie en la tienda, registrando todos los rincones, abriendo las puertas, espiando por la cocina, curioseando en las cazuelas, en definitiva, comportándose como si estuvieran en su casa. Ni siquiera después de medianoche, cuando todos dormíamos, guardaban silencio. Acampaban en el patio hasta la mañana siguiente y conversaban a voz en grito.

Aquellas gentes no conocían la palabra «discreción». Sin embargo, lo que más me irritaba era que resultaba imposible negociar con ellos en términos razonables. Si yo decía treinta chelines, ellos replicaban veinte. Enseguida comenzaban a regatear y no cedían hasta que me ablandaba. Su estrategia consistía en repetir testarudamente una y otra vez lo mismo, sin importarles lo que el otro hubiera dicho antes. Los nómadas están acostumbrados a imponer su palabra y no dejan hablar a los demás. Cada vez que entraban en la tienda me escabullía en cuanto podía para llamar a mi padre. Él conocía a aquellas gentes. Sabía cómo tratarlas.

Por fortuna, a veces mi padre estaba en casa. En otras ocasiones debía aguardar a que regresara horas más tarde. Entonces, los nómadas se acomodaban bajo nuestro árbol de reunión y hablaban acaloradamente mientras se limpiaban los dientes con palitos. Cuando mi padre venía a la tienda o los encontraba en el patio se escenificaba un curioso espectáculo: en cuanto los divisaba, decía no caber en sí por tamaño honor, manifestaba su júbilo por acoger a tan honorables visitantes, repartía palmadas y daba órdenes sin cesar: «Rápido, rápido. ¡Agua para nuestros invitados! Deben de estar cansados, vienen de muy lejos. Nura, prepárales té; enseguida». Y funcionaba. Cuando se les trataba de ese modo se volvían más razonables. Mi padre se sentaba junto a ellos y les sondeaba: «¿Cómo os va con los camellos? ¿Cuántas crías habéis tenido este año? ¿Han dado buena leche vuestras cabras? ¿Habéis tenido suficientes pastos?». Y sólo después de aquella interminable cháchara pasaba a los negocios.

Generalmente, los nómadas reunían tal cantidad de productos –arroz, azúcar, harina de maíz, sal y aceite– que tenían que alquilar el todoterreno de mi padre. Pero cuando llegaba la hora de pagar comenzaban una vez más a regatear. No, decían, no tenían tanto dinero. Mi padre, añadían, era un hombre rico y ellos eran gente pobre que subsistía bajo el sol abrasador en el polvoriento desierto; Dios no les había colmado de bendiciones como a su gran bienhechor, el insigne comerciante Abdi Habib de Mogadiscio. Naturalmente, cuando fuera a visitarles a su campamento le agasajarían con leche de camella y carne de cabra y con cuanto tuvieran ¡por pura hospitalidad!

Mi padre les dejaba hablar, escuchando pacientemente pero sin ceder un ápice. A la par que esbozaba una sonrisa casi irónica, inquiría: «¿Cuántos camellos tenéis?». Los negocios son los negocios y debían pagarle. Al final, los nómadas claudicaban. Por último, mi padre les acompañaba hasta sus rebaños, y luego se despedían como buenos amigos.

Pues bien, viviendo en semejantes circunstancias, yo veía peligrar mi futuro. Aquellas incursiones, seguidas del acostumbrado caos, eran frecuentes. Resolví ingresar en el internado. Podía ir al de mi escuela y, además, la cuestión económica estaba resuelta pues mi familia tenía suficiente dinero; cuando se lo sugerí a mi madre no puso objeción alguna. Y así fue como durante los dos años siguientes sólo pasé en casa los fines de semana y el resto del tiempo viví en el colegio, a cierta distancia, en las afueras de la ciudad.

Aquello era fantástico. ¡Ya nadie me daba órdenes! ¡Y sin más compañía que mis compañeros y mis profesores! Las clases eran mixtas, chicos y chicas estudiábamos juntos, aunque, como era natural, los chicos residían en un ala aparte. ¡Cuán libre me sentí allí! ¡Y de cuántas libertades disfruté! Libertades que mi madre no sospechaba y de las que nunca se enteró.

Y es que a veces las niñas nos escapábamos. Por las noches. Para ir a las discotecas de Mogadiscio.

La primera vez estaba casi muerta de miedo. Mis compañeras habían organizado cuidadosamente la salida; eran mayores que yo, niñas del curso superior, y tenían amplia experiencia en aquellas escapadas nocturnas. Hacia las diez de la noche, cuando en el edificio reinaba la calma nocturna, nos deslizamos escaleras abajo. Los conserjes vigilaban la entrada, así que salimos por detrás, cruzando el patio. En la oscura calle aguardaban ya en sus automóviles los hermanos de aquellas amigas cuyos padres eran menos estrictos que los míos. El único obstáculo era la elevada alambrada que circundaba el terreno. Pero aquello tampoco fue impedimento alguno. Una de mis compañeras había traído unos alicates. Con las manos sudorosas, cortó el alambre; luego subimos a los coches y, en marcha, ¡rumbo a la ciudad!

El corazón me latía atropelladamente. Sólo tenía una idea en la cabeza: que pudiera verme alguien, encontrarme con algún conocido. Al llegar a la discoteca, bajé del automóvil, observé a la gente congregada en la entrada y, por precaución, di una vuelta por los alrededores: nada, ni un rostro conocido. Pero ¿y dentro? Quizá me encontrara con alguno de mis profesores o con un amigo de Mohamed. Si mi madre se hubiera enterado quién sabe cómo habría reaccionado. Pero al entrar en aquella sala fue tal mi estupefacción que, por unos instantes, me olvidé del miedo. Jamás había visto nada igual. La gente se movía con libertad, hablaban relajadamente entre ellos y vestían ropas atrevidas; en aquel ambiente ruidoso y centelleante todo parecía ser más sencillo que fuera, de donde yo venía. ¡Jóvenes completamente desconocidos se me acercaban sonriendo y me sacaban a bailar! Y no me hice de rogar mucho tiempo; bailé en el extremo final de la pista, donde nadie podía verme, atenazada por los remordimientos de conciencia y por la angustia, pero en el séptimo cielo.

Durante las siguientes semanas me pasé muchas noches bailando, a menudo sola ante los enormes espejos que rodeaban la pista, bañada en sudor, hasta la cuatro de la mañana. Nunca tenía bastante, me hubiera pasado la vida entera danzando. En cierta ocasión se me quedó el pie enganchado en la valla, pues me asusté cuando alguien gritó que se acercaba el conserje. Fue una falsa alarma, pero la herida me sangraba y la sandalia se tiñó de rojo. No me importó. Bailé toda la noche con el pie lastimado y la sandalia manchada. Hubiera hecho cualquier cosa, hubiera arrostrado cualquier peligro, hubiera arriesgado mi vida y mi felicidad con tal de poder escaparme a la discoteca. Al amanecer regresábamos al colegio por el mismo camino. Cuando los muecines llamaban a la oración, y por breves instantes la ciudad quedaba sumida en el silencio, yo acababa de acostarme.

El previsible final de mis escapadas no se hizo esperar. Un día, pocos meses antes del examen parcial, una compañera que no quería participar en nuestras salidas nos delató. ¡Dios mío, vaya tragedia! Una completa catástrofe. Mi madre, poco amante de las bromas cuando se trataba de la educación y del colegio, estaba fuera de sí. Cogió mi uniforme y lo lanzó al fogón. «¿Así que has ido a la discoteca?», inquirió. Para ella era un sacrilegio, algo así como si me hubiera prostituido en el mercado de *khat*. No me permitió salir de casa durante una semana. «Si es así como eres –me gritaba–, entonces no irás más a la escuela. Te quedarás en casa y harás de criada, así no tendré que pagar a una asistenta.»

Lloré y supliqué y prometí que en adelante me comportaría mejor, pero ella seguía renegando. Y sin embargo, no se lo contó a mi padre. Tampoco me obligó a casarme, cuando, de hecho, hubiera podido hacerlo. Hubiera podido decir: «¿Vas a la discoteca en busca de hombres? Pues bien, pronto tendrás uno». Al cabo de un tiempo mamá cedió. Había dejado el internado por ligereza pero me volvieron a admitir en mi antigua escuela como alumna externa. Cubierta la cabeza con un pañuelo, como una niña formal, iba por la mañana al colegio en autobús, regresaba por la tarde y obedecía a rajatabla; hasta que, al poco tiempo, sucedió algo imprevisto. Una desagradable sorpresa para mi atareada madre y para mí, que me vi confinada en casa un mes entero.

Uno de los conductores que nos traía *khat* de Kenia no regresó. Posiblemente quería comerciar por su cuenta valiéndose de nuestro todoterreno. Sea como fuere, se equivocó. Mi madre hizo que la llevara uno de los numerosos camioneros que viajaban entre Mogadiscio y Kenia y se lanzó en su persecución personalmente, una semana después de haber dado a luz a su séptimo hijo. El sexto había sido un varón, Ahmed, luego llegó otra niña, a la que llamaron Ayan; y a mí me correspondió cuidar de los bebés mientras ella trataba de cazar al ladrón. Aquella situación no me convenía en absoluto, pero entendía a mamá. Ella sabía que los pequeños estarían mejor bajo mi protección que con Fatma o Yurop.

De nada hubiera servido llamar a la policía. Estábamos en África. O solucionaba el asunto por sus propios medios o se olvidaba del robo. No obstante, los primeros días no me atrevía siquiera a tocar al bebé, tan pequeño era. Más orgullosa me sentí al entregárselo a mi madre sano y salvo cuando al cabo de más de un mes apareció de nuevo en la calle del Fuego, con el Toyota, un nuevo conductor y la superficie de carga repleta de *khat*. Efectivamente, lo había conseguido. Con feroz satisfacción nos contó que en Mandera, ciudad situada en la frontera con Kenia, había conocido a unos hombres que pertenecían a su propio clan y juntos habían localizado a aquel bribón. En una pequeña localidad enclavada en la zona donde se cultivaba *khat* descubrieron, tras semanas de búsquedas y pesquisas, nuestro todoterreno en el patio de un pequeño hotel. Aquel individuo aún llevaba encima el dinero con el que debía pagar la mercancía. Mi madre se frotó las manos. Nadie podía engañarla tan fácilmente.

En cuanto a mí, poco tiempo después, pese a los obstáculos y a mis nervios, aprobé el examen parcial de la Secondary School. De los cuatro momentos más bellos de mi vida, éste ocupa el primer lugar.

Muchos no me habían creído capaz de lograrlo. Durante años me había inscrito en todo tipo de actividades: en el grupo de teatro, en la asociación de vida salvaje, en los equipos de baloncesto y de voleibol compitiendo en buena parte de los campos deportivos del país. Mientras los demás se afanaban con las tareas escolares yo participaba en carreras de *cross*, cruzando la meta con el pelotón de cabeza, sola entre aquellos bulliciosos chicos. Así y todo, hice un examen brillante. Dos años más de escuela y podría estudiar en la universidad. ¿Economía? No, mejor Derecho. Me gustaba interceder por los demás. Soñaba con ayudar a la gente y luchar por la justicia; y resolví consagrar mi vida a tal fin.

Estaba loca de alegría.

Dos semanas después, cerraron todas las escuelas de la ciudad. La guerra civil que desde hacía años asolaba el norte del país había llegado a Mogadiscio.

El final de un sueño

Hay un proverbio que dice: «Con mi hermano contra el resto de la familia. Con mi familia contra mi clan. Con mi clan contra los demás clanes. Y todos los clanes juntos contra el resto del mundo». Y eso es lo que ocurrió en Somalia. ¿Acaso era cierto que la guerra habría de estallar tarde o temprano? Eso creían los somalíes, y quizás aún continúan creyéndolo. Sin embargo, el país había funcionado sin gobierno ni policía gracias a que, en última instancia, siempre se había impuesto la solidaridad.

Somalia es la gran excepción de África. Está poblado solamente por somalíes. Los restantes Estados africanos están formados por numerosos pueblos; Etiopía, nuestro país vecino, por citar un ejemplo, cobija a más de ochenta. Pero los somalíes somos un solo pueblo. Hablamos todos el mismo idioma. Descendemos de un linaje común, cual árbol que tiene muchas ramas pero una sola raíz. Y en el fondo, sentimos que somos un pueblo. Las disputas forman parte de nuestro carácter, no nos incomodan. En Mogadiscio conviven pacíficamente somalíes de todo el país. ¿Por qué se quebró la armonía? ¿Cómo pudo derivar hacia los asesinatos indiscriminados, las violaciones en plena calle? Quizá porque en política cada cual reconocía solamente a su propio clan. Porque los políticos sólo trataban de favorecer a cierto clan y perjudicar a otros. ¿Fueron los clanes los responsables del estallido de la guerra?

Los casetes con cantos burlescos sobre nuestro presidente, Siad Barre, habían aparecido años antes de que el conflicto alcanzara a Mogadiscio. Esas canciones eran ofensivas, pero se vendían en todas partes. Se le reprochaba que se condujera como un europeo, entre otras cosas porque abogaba por la igualdad de derechos entre hombres y mujeres. Según decía, si una mujer era asesinada, no deberían pagarse cincuenta camellos a su familia sino cien, como en el caso de los hombres. Muchos se mofaban de tal propuesta diciendo que Siad Barre tendría que ordenar a las mujeres que vistieran pantalones.

Los más descontentos eran los somalíes del norte, de donde procedía mi familia. Mientras el sur estaba expuesto a múltiples influencias, en el otro extremo del país se aferraban con tenacidad a antiguas tradiciones y sus habitantes se sentían dominados y traicionados por los políticos de Mogadiscio. De ahí que estallara la guerra civil; los *lali*, mi clan, sufrieron mucho porque el Estado les golpeó con todo su poder. En Hargeysa, las balas, las bombas y el hambre cosecharon numerosas víctimas. Por el momento, para nosotros la guerra sólo tenía lugar en los periódicos y en la televisión. No obstante, al cabo de un tiempo Mogadiscio tuvo que acoger a los refugiados que huían del norte.

Al principio conservamos el sentido del humor. En Mogadiscio se decía que los refugiados venían como perdigones dentro de un cartucho. Pero los habitantes del norte son conocidos por sus inteligentes réplicas y contestaban a sus compatriotas del sur: «Los cartuchos en los que hemos viajado os estallarán entre las manos. Las balas que han provocado nuestra huida llegarán también a vuestras casas. Y os agujerearán el pecho». Éste era el tema de conversación de la gente que se congregaba en las plazas o se reunía en las casas de té.

En 1990 teníamos la sensación de que se avecinaba una gran desgracia. Y al poco tiempo se extendió como un reguero de pólvora la noticia de que los somalíes luchaban entre ellos. No sólo los soldados y las milicias de clanes que batallaban por el país, sino los propios habitantes de Mogadiscio, que luchaban en las calles de la ciudad. Las controversias verbales eran más acaloradas, las ofensas más hirientes, los ataques más cruentos. La población se escindió en clanes y, dado el temperamento de los somalíes, no es de extrañar que estallara el odio. La ciudad entera se dividió en bandos enemigos. La situación llegó a tal extremo que la mera pertenencia a un clan distinto bastaba para asesinar a familias enteras. De repente todo era posible. Hombres armados iban de casa en casa: quien perteneciera a otro clan debía esperar lo peor. Al principio sólo saqueaban las viviendas; más tarde disparaban a los que encontraban en ellas.

Averiguar el clan de los demás no resultaba difícil. Todos lo sabían. Nos conocíamos bien; mientras reinó la paz no se consideraba un secreto. Pero lo que antes era normal, esto es, que niños de clanes diferentes jugaran juntos, que miembros de diversos clanes se reunieran por las noches en la calle, en esos momentos dejó de serlo. El odio empezó a dominarlo todo. Y éste llegó a tal punto que los cónyuges de distinta filiación tribal se amenazaban mutuamente. Si yo me hubiera llegado a casar con un hombre de otro clan... La venganza de sangre era la norma: si asesinas a uno de mi clan, mataré a otro del tuyo. Ya no se podía confiar en nadie, ni siquiera en el vecino que vivía pared con pared contigo.

También a nuestro hogar llegaron hombres armados. Un día se presentaron en la tienda. Y no portaban cuchillos y lanzas como los nómadas, sino armas. Nos robaron el dinero de la caja y se llevaron cuanto fueron capaces de cargar, sin que pudiéramos hacer nada por impedirlo. Sabíamos lo que sucedería si intentábamos defendernos. Mi madre no volvió a abrir el comercio.

Y los siguientes que vinieron saquearon la casa.

Los habíamos visto asomar por la calle del Fuego. «Escondeos bajo el tejado», nos dijo mi padre. A través de una abertura en el techo nos deslizamos en el espacio que mediaba entre la cubierta de cemento y el tejado de chapa ondulada, nos tumbamos boca abajo, conteniendo la respiración, escuchando cómo golpeaban a nuestros padres; y allí resistimos hasta que mi padre nos llamó. Aquellos hombres se habían llevado todas las joyas de mamá, los grandes anillos de oro que tanto quería y los objetos de valor, pero no habían encontrado el dinero. Mi padre lo había enterrado, toda su fortuna y la de mi madre cambiada en dólares.

Mis padres salvaron la vida. Y mientras no nos faltaran podíamos considerarnos afortunados.

Por aquellos días debía permanecer en casa, ociosa como el resto de mi familia, como nuestros vecinos, como todos aquellos que no deseaban matar ni que les mataran. Estábamos condenados a la inacción y la invisibilidad. Y esperábamos. Aguardábamos a que la guerra terminara. Al principio pensábamos, estábamos convencidos, que concluiría al cabo de unas semanas. Pero los tiroteos persistían. Hacia las siete de la tarde se oían los primeros disparos; durante la noche salían, como las voces de los muecines, de todas partes y, al igual que aquéllas, cuando despuntaba el día, poco a poco, disminuían las salvas y detonaciones, hasta que al salir el sol no llegaba más que el eco lejano de algunos tiros aislados. Frecuentemente, los proyectiles volaban sobre el cielo de Mogadiscio, pasando por encima de nuestra casa, aterrizando sobre la calle del Fuego y ahuyentando a los perros vagabundos.

Ya no era posible llevar una vida normal. No circulaban autobuses. El mercado estaba cerrado. Los automóviles eran acribillados en plena calle. Por las noches los vecinos se ocultaban bajo la cama, o dormían, encajonados como en una tumba, en pequeñas zanjas que habían excavado en el patio para no ser alcanzados por una bala perdida durante los furibundos tiroteos nocturnos. Nunca hubiéramos imaginado que pudiera suceder algo así. Mujeres embarazadas eran violadas por varios hombres y a plena luz del día, para humillar aún más a su clan. Todos debían presenciar la deshonra de su clan. Era puro odio. Nadie hubiera creído que Mogadiscio sufriría algún día semejantes desmanes.

Y nadie se atrevía a salir a la calle. Por fortuna, nosotros teníamos alimentos, productos de la tienda que no habían caído en manos de los saqueadores. Otros habían hecho acopio de víveres. Comían lo que tenían. Y cuando se agotaban las provisiones ya no había más. A Mogadiscio no llegaba nada. La guerra continuaba. Algunos se alimentaban de desperdicios para no morir de hambre. Por supuesto, al principio estábamos ansiosos por tener información sobre los combates. Deseábamos saber qué sucedía en las calles de Mogadiscio. Pero poco a poco fuimos perdiendo interés. Pues aquel que se aventuraba a salir y regresaba sano y salvo sólo podía contar nuevos horrores. Que habían saqueado a tal familia, que habían violado a aquella niña, asesinado a una madre y un padre. Atrocidades que también sufrían las familias de mis amigas.

No siempre se rompía la amistad cuando se pertenecía a clanes distintos. Mi padre había ayudado a algunos compañeros que habían perdido cuanto poseían a marcharse del país. Pues sólo quien tenía dinero podía huir. Quien nada tenía, se ocultaba en su casa y sobrevivía comiendo inmundicias. Con el tiempo, la mayoría de mis amigas huyeron. Y muchos de los que huyeron se volvieron a encontrar en Nairobi. Los originarios del norte con sus sarcásticas profecías, los del sur con sus ocurrentes chanzas y aquellos que poco antes se habían disparado por las calles de Mogadiscio: casi todos se hallaban allí como víctimas de la misma guerra. Las balas de fusil les habían convertido, una vez más, en un mismo pueblo. Un pueblo de emigrantes y refugiados al que muy pronto se uniría mi familia.

Mi padre había sido tan previsor como para aprovisionarse de gran cantidad de carburante y esconder el abultado fajo de dólares en que había trocado nuestra fortuna. Sin embargo, al cabo de un año, seguíamos aferrándonos a la esperanza de que al mes siguiente nos despertaríamos con la noticia de que el conflicto había terminado, a pesar de que con el tiempo te acostumbras a los tiroteos. Te insensibilizas. Pero sólo en apariencia. Bastaba que Mohamed se aventurara a salir de casa para que nos temiéramos lo peor. Y cuando veíamos que alguien entraba por el patio nos estremecíamos. Debíamos admitir que no se vislumbraba el final de aquella locura. Así pues, mi padre resolvió que debíamos comenzar una nueva vida en Kenia.

Y entonces tuvo que luchar. Contra la oposición de mi madre y sobre todo contra la obcecación de mis hermanos Mohamed y Elmi.

Mi madre se resistía a huir. No podía aceptar que la maravillosa vida de Mogadiscio había terminado.

–Debemos quedarnos –insistía–. La matanza acabará tarde o temprano, y entonces viviremos tan felices como antes. Al fin y al cabo, en el norte han conseguido poner fin a la guerra.

–¿Y a qué precio? –objetaba mi padre conteniéndose a duras penas–. Burao y Hargeysa han sido bombardeadas. Cincuenta mil muertos; trescientos mil refugiados que ahora se hallan en Etiopía. En un país que acaba de dejar atrás una guerra civil. ¿Y sabes cuánto duró? ¡Treinta años! Aún estamos a tiempo de marcharnos. Cuando se restablezca la calma volveremos.

Finalmente, mi madre cedió. A partir de entonces se tranquilizó, mostrándose tan silenciosa como siempre que sentía una profunda aflicción.

Mis hermanos persistían en su intransigencia. Estaban convencidos de que aquella pesadilla concluiría muy pronto. Y, sobre todo, se negaban a claudicar sin disparar ni un solo tiro. Por supuesto sabían que era peligroso permanecer en Mogadiscio. Pero tenían fusiles y se creían fuertes. Con un arma podrían salir a comprar a cualquier lugar y se harían respetar. Si adoptaban los métodos mafiosos que imperaban en la ciudad, decían, podrían sobrevivir. Mi padre sacudió la cabeza.

–No –dijo–. Debemos marcharnos de aquí. Tengo hijos y quiero que puedan volver a llevar una vida normal. Cada nuevo día es más triste que el anterior, pues tenemos que contemplar cómo se mata nuestro pueblo. Debemos empezar una nueva vida en Kenia antes de que esta locura nos arrastre a todos.

Mi padre era un hombre apegado a su familia. Quería a todos sus hijos por igual, independientemente de quién fuera nuestro progenitor. Y deseaba que siguiéramos juntos. Pero empezaba a perder la paciencia.

–¿Queréis que se nos rompa el corazón cuando nos enteremos de que habéis sido asesinados? –les decía, tratando de convencerles–. ¿Queréis obligarme a regresar y tomar un fusil para vengar vuestra muerte?

Mi padre se enfurecía con mis hermanos. Pero Mohamed y Elmi no atendían a razones.

–Pues entonces haced lo que queráis –fue lo último que les dijo después de interminables discusiones–. Si mañana os disparan un tiro en el pie u os vuelan la cabeza quizá demostréis más sensatez.

Yo compartía la opinión de mi padre. ¿Qué nos quedaba allí? Mi Mogadiscio ya no existía. Mis conocidos se habían atrincherado en sus casas o habían huido. Mi futuro estaba en el aire. Después de haber aprobado el examen ni siquiera me habían expedido el certificado. No me atrevía a pensar en mis estudios universitarios. Rememoraba con melancolía las buenas épocas de mi vida. ¿Cuál había sido la mejor? ¿Mis primeros años o la última etapa de paz con todas sus excitantes aventuras y triunfos? ¿Acaso la infancia? Entonces no tenía la sensación de que cada día que pasaba se perdía irrevocablemente. Siempre surgía algo que suscitaba mi curiosidad, que era excitante y muy prometedor. La vida era tan sencilla en aquella época: jugaba, trepaba a los árboles, estudiaba en la madraza y, por las noches, mis hermanos y yo nos sentábamos en el patio y escuchábamos las historias que contaba la abuela. La puerta trasera nunca se cerraba; cuando era pequeña podía escaparme y lanzarme a explorar la ciudad. Nadie se alarmaba. Correteaba por las calles contemplando ensimismada y fascinada a la gente y curioseando todo cuanto llamaba mi atención. No había chantajistas, los abusos sexuales eran desconocidos; los raptos de niños, inexistentes. Todos me conocían, sabían a qué familia pertenecía; si me alejaba demasiado siempre tropezaba con alguien que me cogía de la mano y me llevaba de vuelta a casa.

¿O acaso la época más feliz había sido los últimos años de paz? Por aquel entonces estudiaba, participaba en competiciones deportivas, vencía, viajaba en ocasiones con el equipo de baloncesto y, además, estaban las correrías nocturnas por Mogadiscio acompañada de mis amigas, los *picnics* en la playa con mi familia, los bailes hasta el amanecer; todos los días traían algo nuevo, y no había nada que no me creyera capaz de hacer. Cada minuto era muy valioso, cada minuto era hermoso, cada minuto era vida. Siempre estaba dispuesta a emprender algo nuevo, y toda nueva experiencia confirmaba mi creencia de que la vida era maravillosa.

No podía decidirme. En ambas épocas había sido muy feliz.

La idea de que todo ello hubiera terminado me asustaba tanto como a los demás. Pero mi padre tenía razón. De todos modos, tampoco podía quedarme sola con mis hermanos. Durante un tiempo viví día y noche con esa nueva angustia en mi interior. Finalmente sentí una cierta alegría anticipada. Conocía Nairobi, pues dos años antes, cuando tenía catorce, había ido a visitar a mi tía Halina. La misma que había recibido tiempo atrás a mi abuela. Y la ciudad me había entusiasmado.

Nairobi, 1989. ¡Sola con mi tía y sus hijas! Dos de ellas habían contraído matrimonio y tenían descendencia, también niñas. En la casa únicamente vivían mujeres, pues el esposo de mi tía había fallecido. Allí respiré por vez primera el aire de la libertad. ¡Sin una madre que blandiera su vara sobre mí, sin una abuela que me examinara con ojos de lince! Tía Halina apenas se ocupaba de sus polluelos; sólo le importaba que estuvieran en el nido cuando llegaba la hora de acostarse. Las niñas mayores cuidaban de las más pequeñas mientras mi tía trabajaba. No tenían padre, ni tíos, ni hermanos; en definitiva, vivían sin hombres y sin órdenes.

Cierto que merodeaban algunos jóvenes que intentaban conquistar a mis primas. A veces nos paseaban por Nairobi en sus automóviles. Y yo no podía dar crédito a lo que veía. ¡Había gente de todo el mundo! Senegalesas vestidas con colores llamativos que caminaban lenta y majestuosamente, impetuosos nigerianos, taciturnos etíopes, y blancos procedentes de todos los rincones de Europa y América. ¡Y además los rascacielos! Edificios que rozaban las nubes como el Kenyatta Conference Center, cuando en Mogadiscio el más alto tenía unas ocho plantas. Y las calles: asfaltadas y sin un solo bache. Sin embargo, hoy en día no se puede ni caminar por ellas.

Las mujeres vestían pantalones o minifalda ¡a plena luz del día! Sin ocultarlos bajo el *dirrah*. En Somalia cuidábamos nuestro atuendo, pues adoramos la belleza. Pero en mi país no podíamos llevar blusas sin mangas, por ejemplo. En las discotecas sólo se veían *dirrahs* o trajes discretos. Más tarde, mis amigas y yo solíamos llevar un *dirrah* sobre nuestros vestidos occidentales, luego nos lo quitábamos en el coche, nos maquillábamos y entrábamos en la discoteca como chicas modernas. En Nairobi no era necesario andarse con tales artimañas. No obstante, lo que más me fascinaba era el clima. En Mogadiscio nunca había sentido frío. Allí, en cambio, cuando se ocultaba el sol tenías que ponerte un jersey. Y yo pensaba: «Quizás el frío va bien para mi piel tan quemada por el sol». Ahora bien, me parecía absolutamente incomprensible que aquella gente respetara tanto a la policía.

La casa de tía Halina se me antojaba el súmmum de la libertad. ¡Ni siquiera tenían vara! En cuanto nos quedábamos solas nos paseábamos en ropa interior. Aunque también reinaba el caos. A la hora de repartir las tareas domésticas siempre había discusiones. «Yo cociné ayer –chillaban tres al mismo tiempo–. ¿Acaso soy vuestra criada?» Como tales gritos y riñas no conducían a nada, tía Halina salía a comprar cuanto necesitábamos, nos lo arrojaba a los pies al llegar y decía: «Aquí tenéis. Y poned buen cuidado en lo que hacéis con ello. ¡Por mí, podéis moriros de hambre!».

Cuando teníamos dinero preferíamos salir a comer fuera. A mis primas les encantaba la cocina etíope, y en Nairobi había restaurantes etíopes en cada esquina. Aquellas cenas eran muy divertidas, no parábamos de reírnos.

Así pues, ¿íbamos a emprender una nueva vida en Nairobi? Por mi parte, podíamos abandonar nuestro antiguo hogar sin mirar atrás.

La huida

A las cuatro de la madrugada, cuando aún no había amanecido, crucé por última vez la calle del Fuego. A esa hora los combatientes estaban cansados y las refriegas nocturnas languidecían en toda la ciudad. Mi padre estaba sentado al volante; a su lado, mi madre con los dos pequeños y el bebé en su regazo. En la parte trasera, tumbados como sacos de *khat*, Yurop, Fatma, dos tías, tres primas y yo. Más que sentados, íbamos arracimados unos encima de otros. Éramos doce personas, a las que se unirían otras ocho en cuanto llegáramos a la Kismayu Highway, al sur de la ciudad. Pues mis dos primos y dos tíos con sus cuatro hijas atravesarían Mogadiscio a pie, al amparo de la oscuridad. Ésa era nuestra única posibilidad. Si hubiéramos ido con el todoterreno sobrecargado, abarrotado con veinte pasajeros, no habríamos podido pasar. Los francotiradores se hubieran percatado de que huíamos del país. Y quien huye lleva dinero consigo.

Nos habíamos despedido a toda prisa de Mohamed y Elmi. Desde el último altercado, mi padre y ellos no se hablaban y a mi madre le disgustaban las despedidas largas. Creía que si se derraman muchas lágrimas el adiós es definitivo.

Abracé a mis hermanos sin decir una palabra.

En un segundo vehículo aguardaba la patrulla de hombres armados que habría de acompañar a los caminantes que atravesarían la ciudad a pie.

Sin escolta no hubiéramos podido intentarlo. De ese modo, al menos podíamos responder a los disparos de aquellos locos que atacaban a cuantos pasaban. No obstante, tampoco podíamos confiar plenamente en nuestros protectores. Al fin y al cabo, aquellos hombres que esperaban en el coche con sus armas automáticas nos hubieran acribillado a balazos si no les hubiéramos contratado. Eran milicianos de clanes que vivían a costa de la vida y sacrificios de sus compatriotas. Habían creado auténticas organizaciones de refugiados y disponían incluso de barcos para trasladarlos, bordeando la costa, hasta Yemen o Malindi, en Kenia, en la desembocadura del Galana. Si tenían suerte, los buques alcanzaban su destino. Pero muchos se hundían, y los refugiados morían ahogados. Al parecer, la exportación de seres humanos desde un país que se había convertido en un infierno era un buen negocio.

Nuestra patrulla había recibido buen pago por sus servicios; mi padre había seleccionado cuidadosamente a cada uno de sus miembros. Debían pertenecer al clan que controlaba la ciudad, o al menos los distritos que teníamos que atravesar. No importaba que no pertenecieran a nuestro clan. Eran mercenarios y actuaban por dinero. Como los combatientes de cada tribu se conocían, si íbamos escoltados por los hombres adecuados se reducía el riesgo de que fuéramos tiroteados.

Nos separamos. Los que iban a pie siguieron al vehículo de los milicianos y desaparecieron en la oscuridad. Los demás subimos al Toyota. Era un Landcruiser que habíamos comprado recientemente; aún hoy, después de once años plagados de acontecimientos, mi madre sigue conduciéndolo. Nos trajo mucha suerte; gracias a él, y por supuesto con ayuda de Dios, salvamos la vida. Mi padre lo cuidaba como si se tratara de un hijo; si alguna vez creáramos un museo de la familia Abdi, el Toyota ocuparía el lugar de honor. Ese vehículo podría contar tantas cosas... Es cierto que era demasiado pequeño para veinte personas; ahora bien, lo habíamos adquirido para transportar *khat*, no para la huida en masa. Por eso no pudimos llevarnos más que una maleta. El resto quedó atrás: mi carpeta con los diplomas deportivos, los álbumes de fotos, los libros, todo lo que nos habían dejado los saqueadores. Incluso renunciamos a las provisiones. Debíamos pensar en ponernos a salvo a toda costa.

Pero no nos fuimos con los bolsillos vacíos. La última noche, mi madre descosió la cintura de los *buktas*, unos pantalones que llegan hasta los tobillos; sacó un impresionante fajo de billetes de cien dólares y, tras enrollarlos cuidadosamente, escondió una decena de ellos en cada prenda antes de volver a coserlas. Todas nosotras, Yurop, Fatma y yo, quizá también los demás, llevábamos un invisible cinturón de dólares. Éramos la caja fuerte de nuestra familia. Naturalmente, no podríamos desvestirnos hasta que terminara el viaje. Pero de todos modos tampoco teníamos con qué cambiarnos.

Llegamos a la salida convenida de la Kismayu Highway y esperamos. No se oían disparos. Detrás de nosotros se alzaba Mogadiscio bajo un cielo estrellado que alboreaba, como si fuera una ciudad en paz; al verla sentí deseos de regresar. Apenas hablábamos. Sólo tenía ganas de llorar. Cuando por fin apareció el otro grupo estaba amaneciendo. Habían logrado atravesar la ciudad pasando cerca del monumento a Abdi Hassan, el libertador de Somalia, el mercado de *khat*, el Parlamento y el estadio, en el que mi padre, muy aficionado al fútbol, había visto algunos partidos internacionales. Pagamos a los milicianos el resto de la suma pactada, y luego, avanzada la mañana, proseguimos hacia el sur. Nuestro siguiente objetivo era Kismayu, ciudad portuaria en la que, según decían, reinaba una cierta calma.

Pronto comprendimos que nos aguardaba un viaje agotador. Dieciséis personas se amontonaban ahora en la parte trasera del Toyota, unas encima de otras. El vehículo casi rozaba la calzada. En los laterales había un armazón metálico que servía para instalar la cubierta de lona, y sobre él iban algunos de los más jóvenes, agarrándose a las barras de la estructura. Los tubos se les clavaban en la carne; y en cada parada teníamos que ayudarles a bajar, pues, a causa del dolor, no podían moverse.

Avanzábamos por la autopista rumbo a Kismayu bajo un calor abrasador, a una velocidad endiabladamente lenta. Pasábamos por aldeas en las que nos proveíamos de comida y bebida. Pero ésta era sólo la primera etapa de nuestro viaje. Kismayu no estaba en la ruta directa a Kenia. Mi padre había decidido ir allí para obtener información sobre el camino más adecuado: qué itinerario le aconsejarían, si había gasolineras, si se habían producido asaltos, qué carreteras eran atacadas con más frecuencia. Permanecimos en Kimayu un mes entero, alojados en casa de unos parientes, ya que mi padre no quería lanzarse a ciegas arrastrando a toda su familia y acaso también con la secreta esperanza de que en el último momento llegaran buenas noticias de Mogadiscio. No llegaron. Pero mi padre entretanto se había convencido de podíamos emprender la huida. Nos pusimos en marcha de nuevo. Y esta vez para volver la espalda definitivamente a Somalia.

Por las noches aparcábamos el vehículo en el arcén, extendíamos ropa en el suelo, y, estrechándonos unos contra otros, intentábamos conciliar el sueño, con mi madre y los pequeños en medio de aquel montón de cuerpos cansados. Cuando nos acostábamos procurábamos no pensar en las hienas y los animales salvajes, pero aullaban durante toda la noche. Tumbados en la oscuridad, oíamos los sonidos que emitían: la confiada risa de la hiena, los barritos de los elefantes y, ocasionalmente, el rugido de un león. Como medida de precaución, mi padre dejaba un rato los faros encendidos para espantar a las fieras pero también para estar preparado en caso de que se acercara alguien por la carretera. Generalmente los hombres, mi padre y mi tío, se sentaban a mascar *khat,* descansando tras aquella agotadora jornada y, cuando las mujeres y los niños dormían, uno de ellos velaba y hacía guardia. A veces me quedaba despierta, prestando atención a los ruidos, preguntándome qué animal sería el que acababa de aullar. En el silencio nocturno oía sonidos desconocidos para mí. Voces de animales que nunca había visto porque, posiblemente, dormían durante el día. Las tierras parecían desoladas, sin vida.

Al principio pasábamos por alguna aldea casi cada hora. En ocasiones nos deteníamos brevemente para comer y beber. Por lo general, los angostos y oscuros establecimientos de los pueblos sólo dispensaban té negro azucarado y refrescos de cola tibios. Para aquellas gentes, aisladas en esos parajes solitarios, que aparecieran de pronto veinte personas salidas de la nada era como un asalto. Mi padre hablaba con ellos, pero decían no saber nada; apenas se enteraban de lo que acontecía más allá de sus cabañas.

Cruzamos comarcas en las que no parecía haber vida alguna. Ni seres humanos, ni animales salvajes. Planicies secas, sin un solo árbol a la redonda. Y arena, nada más que arena a ambos lados de la carretera. Luego de nuevo piedras, sólo piedras. De vez en cuando sobresalía alguna colina grisácea, desnuda, como guijarros amontonados. En aquella tierra reinaba un silencio sepulcral. A veces se levantaba un ligero viento que hacía más soportable el calor. Ese paisaje desolado, pétreo, nos cautivaba a tal punto que, durante unos instantes, nos olvidábamos del agotamiento, de la sed y hasta de nuestros doloridos cuerpos.

A medida que avanzábamos disfrutábamos más del viaje. Éramos tantos que era inevitable que acabáramos animándonos unos a otros. No sabíamos qué nos depararían las próximas horas, pero a ninguno de los que nos arracimábamos atrás nos inquietaba. Los niños confiábamos en que nuestros padres habrían previsto todo cuidadosamente: las latas de gasoil que llevábamos sobre el techo de la cabina bastarían y el bidón de agua potable alcanzaría para todos en circunstancias adversas. Íbamos rumbo a una nueva vida y todo nos resultaba novedoso. Soportábamos hasta las más penosas fatigas sin quejarnos. A veces sufríamos una sed terrible pues debíamos ahorrar agua para el motor. Primero estaba el todoterreno, después nosotros. En cierta ocasión estuvimos parados en medio del desierto durante dos días porque había que cambiar una rueda y tuvimos que esperar hasta que pasó un todoterreno del mismo modelo cuyo conductor nos vendió una. En el abarrotado Toyota no había ni un resquicio libre para llevar ruedas de repuesto. Y entonces, mientras los hombres cambiaban el neumático, descubrí el fusil.

Me habían mandado a buscar la llave inglesa que guardaban bajo el asiento del conductor; lo levanté, y allí estaba. Mi madre estaba sentada al lado; atemorizada, me imploró que no se lo contara a los demás. Era un fusil grande. El arma con que mi padre habría tenido que luchar si hubieran matado a alguno de sus hijos. Y con él se defendería ahora si nos atacaban. Tomé la herramienta, bajé el asiento y no revelé el secreto a nadie.

El desierto parecía no tener fin. Cada vez que nos deteníamos acribillaba a mi madre a preguntas: «¿Cuándo llegaremos a Nairobi? ¿Cuánto durará el viaje?». Pero luego me sentía tan cansada que me era indiferente adónde fuéramos a parar. El calor era sofocante; para preservar los neumáticos interrumpíamos el viaje con frecuencia. Las ruedas casi echaban fuego sobre el humeante asfalto. Mi padre sugirió que sólo viajáramos de noche y durante las primeras horas de la mañana. Por el día intentábamos dormir bajo algún árbol o, si no se veía ninguno cerca, al amparo de la escasa sombra que proyectaba el todoterreno. Pero nos levantábamos tan agotados como antes, así que volvimos a preparar nuestros lechos por la noche, sobre la gravilla del arcén.

Aquellos campamentos nocturnos reflejaban nuestra situación. Éramos una maraña de cuerpos sudorosos, tapados con ropas sucias y *dirrahs* desplegados; una viva imagen de los refugiados, quienes sólo saben que ya no pueden volver. Abandonados a su suerte, no tienen ni idea de qué les deparará el día siguiente, ni cuánto durará esa vida errante. ¿Cuándo nos habíamos aseado por última vez? El agua era un bien muy preciado. Por las mañanas sólo podíamos emplear un chorrito para lavarnos la cara y enjuagarnos la boca. Y tampoco teníamos tiempo para rezar. Dios perdonaría nuestra falta. A pesar de todo ello, cuando rememoro aquellas noches al raso, en medio del desierto, siento el intenso anhelo de repetir la experiencia una vez más.

Ocho días más tarde llegamos a Mandera, ciudad situada en la frontera desde la que parte la carretera principal hacia Nairobi. En los buenos viejos tiempos el «tren expreso» del *khat* que comandaba mi madre había recorrido el trayecto Mandera-Mogadiscio en menos de dos jornadas. Si alguien conocía el terreno, ésa era ella. Primero fuimos a ver a sus viejos conocidos, *lali* como nosotros, que cuando mamá había ido a las zonas de cultivo del *khat* para cazar por su propia cuenta a aquel ladrón se habían comportado como buenos amigos. «Ahora debemos mantenernos más unidos que nunca», dijeron, y nos agasajaron con un verdadero banquete somalí antes de conducirnos hasta la gente que desmontaba matrículas keniatas de automóviles desguazados para vendérselas a refugiados somalíes. Con la nueva placa en el todoterreno nos figurábamos que éramos ya medio keniatas.

En Mandera tuvimos que esperar a que saliera algún convoy de camiones custodiado por militares en dirección a Nairobi. Por fortuna llegaban casi a diario, pues tenían que proporcionar alimentos regularmente a las ciudades fronterizas. Los empresarios no se hubieran atrevido a enviar tales transportes sin escolta, ya que el noreste de Kenia no sólo era una planicie árida, abrasada por el calor, sino una zona insegura debido a los bandidos. Nadie se aventuraba solo por la carretera porque las bandas que vigilaban las rutas abrían fuego contra cualquier vehículo aislado. Si tenías suerte se conformaban con desvalijarte. Aunque, generalmente, robaban el camión y abandonaban a muertos y heridos en la polvorienta carretera. Por este motivo, el gobierno keniata había enviado soldados encargados de custodiar los camiones desde Isiolo hasta la frontera y luego el camino de regreso.

Por fin llegó el momento de partir. Arrancaron los ruidosos motores, los soldados saltaron sobre los asientos laterales asomando los cañones de sus fusiles por las ventanillas y una larga columna de rugientes camiones se puso en marcha, con nuestro bravo Toyota en medio, envuelto en una gigantesca nube de polvo. Una vasta y árida planicie que centelleaba al sol se extendía ante nosotros. Allí vivían nómadas somalíes y keniatas, pero no nos topamos con ninguno, aunque apenas podíamos ver nada a causa del polvo. Comenzaba la etapa más arriesgada de nuestro viaje. Cuando pasábamos por alguna aldea o divisábamos una choza en la que una anciana estaba preparando té en latas abolladas, hacíamos un alto. Si no había un lugar sombreado algunos conductores se tumbaban debajo de sus camiones, sobre esteras; otros levantaban el capó para revisar el depósito de agua y lo cerraban con ayuda de una cuerda en caso de que no encajara bien. Poco después ponían otra vez los motores en marcha y proseguíamos nuestra lenta marcha. Mientras tanto, dormitábamos en el Toyota, medio aturdidos por el calor.

Al atardecer, cuando se dejaban ver los primeros animales, nos animábamos. Grandes aves zancudas cruzaban el cielo; los leones alzaban la cabeza y se alejaban lentamente; de vez en cuando nos adelantaba un avestruz estirando su largo cuello. Y cuando la planicie ardía de calor y los animales contrastaban vivamente a la luz del ocaso daba comienzo la caza. ¡Nunca habíamos visto nada igual en Somalia! De pronto, los primeros camiones viraron y se dirigieron hacia un círculo de gacelas. Ante nosotros teníamos carne de gacela, algo que no hubiéramos imaginado ni en sueños. Y nos lanzamos en su persecución, campo a través. Todo tenía un tono rojizo, la polvorienta tierra, los animales, la llanura entera. Luego sonaron disparos. Los soldados no parecían buenos tiradores, pero al menos dispararon al mismo tiempo. Cuando cayó abatida una gacela, los conductores frenaron entre grandes remolinos de polvo, y uno de mis tíos se abalanzó sobre el animal para degollarlo antes de que muriera. Esto carece de importancia para los cristianos, pueden comer carne que no ha sido debidamente sacrificada, pero nosotros no.

Aquello insufló vida a nuestro pequeño grupo. Mi padre, que estaba de muy buen humor, ayudó a los soldados a recoger ramas secas mientras los demás extendíamos las esteras y colchonetas que los conductores nos alcanzaban desde sus camiones. Aquellos hombres llevaban consigo cuanto podían, incluso jarras y tinajas para lavarse las manos. Aprovechando la postrera luz del día montamos un auténtico campamento. Los soldados despellejaron la gacela, la atravesaron con un palo y se turnaron para girarla lentamente sobre el fuego mientras se asaba. Poco después, nos sentamos en torno a la hoguera y comimos al modo africano. Y así transcurrieron tres días más.

¡Jamás olvidaré aquellos colores! Cuando acampamos en la meseta después de haber cazado la gacela, el sol se perfilaba en el horizonte como un disco rojo que teñía la tierra de un tono anaranjado; un ligero viento levantaba aquí y allá remolinos de polvo que pendían en el aire como un fino velo rojizo y luego se dispersaban; poco después estaba completamente oscuro. La noche era de un color negro azabache. Después de la cena, apagábamos el fuego; los soldados se acercaban a nuestro grupo y nos pedían que habláramos en voz baja y sobre todo que no nos riéramos de forma tan estridente por miedo a los bandidos. Tumbados bajo el cielo estrellado, los hombres mascaban en silencio su *khat*, pero las niñas y las mujeres, a pesar del cansancio, no pensábamos en dormir. Seguíamos charlando en voz queda hasta bien entrada la noche. Todos temíamos a los bandidos, incluso los soldados. Y además, quién sabe qué gentes podrían merodear por allí, con quién te tropezarías en la oscuridad. Según decían, los bandidos utilizaban otro tipo de armas. No llevaban fusiles como los de nuestros soldados sino kalaschnikovs, y siempre estaban prestos a disparar. Como cualquier ser humano, los soldados tenían miedo, quizá fueran menos valientes que nosotros. A la mañana siguiente, muy temprano, con las primeras luces del alba, nos pusimos otra vez en marcha.

Al cuarto día nos aproximamos a Isiolo. La pequeña ciudad situada junto a las montañas en la que mi abuela había decidido llevar otra vez una vida sencilla, tranquila, entre personas que pensaban y hablaban como las gentes con las que se había criado en el norte del país, en los años treinta. Y detrás de Isiolo estaban las fecundas tierras que habían suministrado a mis padres el *khat* que vendían en Mogadiscio. Entre las primeras colinas y el monte Kenia, cuya cima despuntaba a lo lejos, se extendían las frías tierras montañosas con grandes plantaciones en torno a la ciudad de Meru. Mi padre nos había contado que sus compañeros de negocios eran granjeros británicos. Me preguntaba quién abastecería ahora de *khat* a los que se habían quedado en Mogadiscio, pues sin él hasta una guerra civil estaría abocada al fracaso en Somalia; sencillamente hubiera resultado inútil, pues los combatientes sólo pensarían en el *khat*.

Nos separamos del convoy. A partir de allí ya no había peligro, comenzaba un mundo distinto. La tierra era montañosa y verde, nubes grisáceas se acumulaban en el cielo; de pronto comenzó a llover intensamente. El todoterreno apenas respondía al volante sobre el pavimento mojado. Alguien propuso que esperáramos en la aldea más próxima hasta que la carretera estuviera seca. Pero era inútil, había comenzado la estación de las lluvias. Apenas había dejado de llover cuando a los cinco minutos arreciaba la lluvia de nuevo. Y ¿qué íbamos a hacer? ¿Pudrirnos en aquellas tierras? Seguimos adelante. De pronto el todoterreno derrapó, nos salimos de la carretera, el motor aullaba, las ruedas giraban en el aire: estábamos atascados. Bajamos y nuestros pies se hundieron en el lodo. Los hombres intentaron desenterrar el vehículo empujando, mientras mi madre agitaba las manos y lanzaba imprecaciones; todos estábamos cubiertos de barro y empapados de pies a cabeza, pero no nos importaba. Para los niños aquello era una aventura. En Mogadiscio ni siquiera necesitabas paraguas cuando llovía. Como seguía brillando el sol, las gotas caían sin dejar rastro, como lágrimas en la arena. En cambio allí era completamente diferente.

Los hombres trazaron una suerte de carril con piedras, pero no consiguieron sacar el vehículo del barro hasta el anochecer. Mientras tanto, había cesado de llover. Acababa de ponerse en marcha nuestro Toyota cuando, a la luz del ocaso, vimos una gigantesca sombra detrás de nosotros. Una figura con enormes orejas desplegadas y dos colmillos. El elefante avanzaba por la carretera, nos descubrió y comenzó a perseguirnos. Apretados unos contra otros y desprotegidos, quienes íbamos en la parte trasera estábamos a merced de aquel coloso que se aproximaba caminando pesadamente y resoplando. Era evidente que avanzaba más rápido que nosotros. Nunca he sentido semejante pánico. «Deprisa, papá. ¡Acelera, acelera!», grité a voz en cuello. Y mi padre, naturalmente, aumentó la velocidad, pero no era suficiente. Chillando, nos estrechamos unos contra otros. Y entonces tía Amina comenzó a salmodiar el sura con el que puede conjurarse la desgracia, aun cuando adopte las dimensiones de un elefante. Era el sura para las situaciones desesperadas. Yo no lo había rezado nunca, pero, tras siete años en la madraza, lo había memorizado. Y, en ese momento, lo repetimos al unísono o, mejor dicho, sin orden ni concierto pero gritando tanto como podíamos. Pero el elefante seguía detrás de nosotros, sin dar muestras de abandonar su persecución, de girar o detenerse, y casi nos había dado alcance. Nada podíamos hacer, salvo rezar y chillar. Pronto atacaría con sus colmillos a Yurop y a los que estaban sentados en los laterales, nos enlazaría con su trompa o volcaría el todoterreno. Era suficientemente grande para conseguirlo. Entonces mi padre viró con brusquedad a la izquierda, avanzando campo a través. Y el elefante continuó en línea recta. Había alcanzado tal velocidad que iba propulsado como una bala de cañón, carretera adelante. Nos abrazamos aliviados. El sura había funcionado.

Así pues, también pasamos aquella prueba. Cuando mi corazón comenzó a latir más despacio me acordé de las palabras de mi padre y tuve que darle la razón. Durante el camino nos había repetido una y otra vez: «Sólo Dios sabe por qué nos sucede esto, y únicamente Dios sabe qué nos deparará el porvenir. Pero si seguimos juntos, todo irá bien».

De hecho, tras aquel susto nos fue mejor. Al menos el Toyota rodaba por fin sobre asfalto firme. La pista de grava se había convertido en una auténtica carretera. Y cuanto más nos aproximábamos a la capital keniata, más denso era el tráfico. Veíamos todoterrenos como el nuestro completamente abarrotados de gente, y pequeños camiones que transportaban tal carga de pasajeros que parecían autobuses. Los somalíes no eran los únicos que buscaban refugio en Nairobi. Hacia allí se dirigían también quienes huían de Etiopía, Sudán, Burundi y Ruanda. Todos querían ir a la capital keniata porque allí estaban las dependencias oficiales, la ONU, con sus campañas humanitarias, y, no cabe olvidarlo, la embajada americana. Presentíamos que la policía keniata no nos trataría con delicadeza. Las oleadas de refugiados constituían una pesada carga para aquel país.

Harapientos, cubiertos de mugre, con el pelo enmarañado y al límite de nuestras fuerzas, aunque bien despiertos, llegamos por fin a Nairobi, quince días después de haber salido de Kismayu. No disponíamos de alojamiento, de hecho ni siquiera sabíamos qué camino tomar entre aquella multitud de comerciantes y peatones y el tráfago de automóviles y autobuses, aunque en África eso no tiene importancia: uno se orienta preguntando. La capital keniata es una gran ciudad, cuya extensión, según dicen, es aproximadamente la mitad de Londres, pero a su vez esa gran Nairobi se compone de muchos pequeños Nairobis, y uno de ellos es Eastleigh, el barrio más concurrido y bullicioso, donde viven los somalíes. ¡Era impresionante la actividad que allí se advertía! Ciertamente, los refugiados somalíes no holgazaneaban en Nairobi. Preguntamos a un par de viandantes y pronto encontramos un hotel. Era un albergue para huéspedes fijos.

Para aquellos que no saben cuánto tiempo se quedarán. Por aquel entonces había muchos en tales condiciones. Nos instalamos en dos habitaciones de la planta baja, ambas muy espaciosas, así que cabíamos todos. Y aquella misma tarde mi madre descosió los *buktas* mientras mi padre y mi tío manipulaban las desgastadas ruedas del Toyota como si fueran a cambiarlas.

Sólo reparamos en tan extraño proceder cuando hicieron rodar el primer neumático por la habitación y cerraron la puerta con llave; después de correr las cortinas, mi padre, con una enigmática solemnidad, empezó a ocuparse de la rueda. Dejó salir el aire, separó la llanta, y una avalancha de fajos de dólares cubrió el suelo de la habitación. Repitió luego la misma operación con cada una de las restantes ruedas. Extraía el aire, separaba el neumático de la llanta, y la montaña de billetes verdes crecía cada vez más.

Nos quedamos atónitos. Las ruedas habían sido la verdadera caja de caudales y el todoterreno nuestro banco. Salvo mi madre, nadie lo sabía, nadie tenía ni la más mínima idea. Ante nosotros teníamos el contenido de aquella fantástica maleta que mi padre había escondido en un lugar seguro cuando vivíamos en Mogadiscio. Aún recuerdo aquella maleta repleta de billetes de mil dólares, los fajos atados y dispuestos en capas uno sobre otro. Abrazamos a nuestro padre con un entusiasmo a duras penas contenido, procurando mantener la calma y sin hacer demasiado ruido. Pues bien, seguíamos siendo ricos. Pero ahora vivíamos en una ciudad en la que nuestra fortuna no estaba segura.

Segunda parte

KENIA

Eastleigh, calle Nueve

Al principio nos resultó fácil abrirnos camino. Es cierto que no teníamos que empezar desde cero como los somalíes, sudaneses y etíopes que se hacinaban a millares en el campo de refugiados situado a la entrada de la ciudad, donde vivían en tiendas de campaña y subsistían con su ración semanal de aceite y harina. Prácticamente en cuanto concluyó nuestra huida pudimos retomar nuestra vida tal como la conocíamos. Al igual que en Mogadiscio, para obtener información bastaba con pasar por el mercado de *khat*. Necesitábamos saber dónde vivía la tía Halina, así que, a la mañana siguiente, mis padres se dirigieron por el camino más corto hasta el mercado; poco después regresaron con la dirección.

Mi tía vivía a cinco calles; al ver aquella avalancha de veinte personas que se presentaron en su casa trató de poner al mal tiempo buena cara. La cuestión era que mi familia deseaba salir del albergue cuanto antes, pues, tarde o temprano, aparecería la policía por allí. Si carecías de documentación el asunto se resolvía siempre del mismo modo: gastando dinero. Además decían que la policía de Nairobi era brutal. Una semana después, trabé conocimiento con el cuerpo policial.

Sucedió hacia las siete de la tarde, en un laberinto de callejas estrechas, bulliciosas, sin apenas luz. Me dirigía junto con una de mis ocho primas a casa de mi tía –la cena, que desde nuestra llegada reunía a unas treinta personas, esperaba– cuando divisamos a dos policías. Estaban amonestando a un grupo de seis o siete hombres. Sin perder un instante, seguimos andando, pero uno de los policías gritó: «Deténganse. Muéstrenme su documentación». Mi prima residía desde hacía tiempo en la ciudad y hablaba fluidamente el *swahili;* respondió que éramos estudiantes, así que no necesitábamos documento de identidad. «Si no me muestran su carné irán a comisaría», fue la respuesta.

La situación era delicada. En primer término, yo era una emigrante ilegal, y en segundo lugar... Cuando acabas en una comisaría keniata ya no tienes derechos. Pero ¿qué podíamos hacer? ¿Huir? Nos perseguirían, nos atraparían y recibiríamos una buena paliza. Por tanto no nos quedaba más salida que esperar mientras contemplábamos cómo el otro policía aceptaba el reloj que le entregaba uno de aquellos hombres. De ese modo, el asunto quedaba zanjado para los dos agentes del orden; ahora nos tocaba a nosotras. Mi prima intentó ablandarles llorando desconsoladamente pero ellos, impasibles, nos hacían avanzar, atravesando una calle tras otra. No disponían de vehículo policial; la comisaría podía estar a kilómetros de distancia. Mi prima lloraba y gemía sin parar; propinándome un golpe en la espalda, me susurró: «¿Por qué no lloras? Vamos, empieza». Así pues las lágrimas comenzaron a deslizarse por mis mejillas. Pero sin duda lo mejor era cuando se me quebraba la voz debido al miedo y la angustia que sentía. Si hubiera abierto la boca los policías se hubieran percatado enseguida del engaño: con mi parco *swahili* no hubiera llegado muy lejos.

La comisaría se hallaba, al parecer, al otro extremo de la ciudad; nunca llegamos a saber dónde. Media hora después, los policías estaban hartos de empujar a aquellas dos chiquillas lloronas a las que no podían sacar ni unos míseros cigarrillos ni por supuesto un reloj. Había observado que en Nairobi la gente dejaba en casa sus relojes y joyas. Así pues cambiaron de parecer y nos dejaron marchar, aunque no sin advertirnos que no querían volver a vernos por la calle a aquellas horas. Exultantes, mi prima y yo nos marchamos corriendo. Quién sabe cómo habrían podido localizarnos nuestros padres si nos hubieran llevado detenidas. La policía no les hubiera informado así como así. En comisaría se pierde tu rastro y estás a su merced. Pero en casa nos aguardaba aún otra escena. En cuanto entramos nos asaltaron con recriminaciones, mi madre estaba fuera de sí y, aunque intentábamos explicar lo ocurrido, nuestras palabras se perdían entre gritos desaforados; en definitiva, una reacción idéntica a las que había conocido en mi familia cuando vivíamos en Mogadiscio. A partir de ese instante, nos dijeron, después de la puesta de sol sólo podríamos salir a la calle cuando tuviéramos documentación. Ahora bien, en tanto no hablara *swahili*, de nada me serviría el carné.

De todos modos, obtener el documento de identidad era muy fácil. No en vano, vivíamos en Eastleigh entre somalíes expertos en falsificar cuanto fuera necesario para convertir a los refugiados en ciudadanos keniatas. Mi tío Husein trabajaba en una suerte de oficina especializada en expedir cualquier licencia o certificado que le requirieran. Se ocupaban de todo tipo de comercios y de cualquier clase de negocios. Dado que la policía keniata era tan inoperante como la de nuestro país, los somalíes de Eastleigh se acostumbraron a entregar disimuladamente cien dólares a los agentes del orden cada vez que éstos les abordaban. Y lo mismo hacían con los guardas de seguridad. Para ellos unos y otros eran iguales. En Somalia no existían servicios de seguridad privados, pues hubieran sido tan inútiles como la propia policía. Pero así funcionaban las cosas en Eastleigh, y de ahí que todo, o casi todo, fuera posible.

No podíamos seguir molestando a tía Halina. Su vivienda tenía cuatro habitaciones. Y, después de desayunar, los veinte nos quedábamos en su casa. Había que cocinar para unas treinta personas. Todos echábamos una mano con las tareas domésticas, las compras y los guisos, pero el inquieto temperamento de mi madre ponía a tía Halina al borde del colapso. No había lugar que no estuviera abarrotado de gente, las puertas estaban siempre abiertas y una continua algarabía imperaba en la casa. Así las cosas, nuestra sufrida tía se esforzó en hacer cuanto estaba en sus manos para desembarazarse de nosotros; se ocupó de proporcionarnos cuanto fuera necesario para que tanto ella como nosotros pudiéramos encauzar rápidamente nuestras vidas: buscó casa para la familia; una madraza para Ayan, mi hermana pequeña; una escuela para mi hermano menor, Ahmed; un empleo para Yurop y Fatma, y documentación para toda la familia. De ese modo consiguió que, un mes más tarde, abandonáramos la pensión y nos trasladáramos a una casa de la calle Nueve. No era tan grande ni tan bonita como la que habitábamos en la calle del Fuego, pero estaba bastante cerca de la vivienda de tía Halina.

En realidad teníamos mucha suerte. Poco tiempo después mi madre se hizo con un comercio enorme en nuestra misma calle. El establecimiento disponía de una amplia trastienda donde no sólo se podía alimentar a proveedores hambrientos, sino que podían pernoctar varias personas tras la larga jornada laboral. Gracias a las dos habitaciones traseras mi madre salvó la vida tiempo después.

A partir de entonces casi todos los días estacionaban ante su puerta pesados camiones cubiertos de polvo procedentes de los puertos keniatas del océano Índico o de las plantaciones situadas en las zonas montañosas, y descargaban sacos de maíz, azúcar y arroz, ya que mamá dirigía ahora un almacén de alimentación al por mayor. No reinaba tanta animación como en nuestra antigua tienda ni se retomó la producción de helados caseros, pero el comercio marchaba bien y mamá estaba, una vez más, en su ambiente.

Mi padre, por su parte, abrió un restaurante somalí. Había comprendido rápidamente cómo funcionaban las cosas en Kenia: si no escatimabas dinero y conocías a las personas adecuadas podías obtener cuanto quisieras. En menos de veinticuatro horas consiguió la licencia del servicio de salud, la pegó en la puerta de su nuevo local y, poco después, el olor de la carne de camello asada se extendía desde la cocina hasta las calles aledañas.

Pese a la fuerte competencia de los restaurantes etíopes, su negocio marchaba como la seda. Allí se podía comer bien y barato de la mañana a la noche. El cocinero preparaba auténticos platos somalíes –carne de camello con arroz, o espaguetis con salsa de carne de cordero– y un ejército de camareros volaban de mesa en mesa para atender a los numerosos comensales. Todas las mañanas le traían en autobús carne de camello desde Isiolo, junto con grandes bidones de leche de camella, productos que añoraban los somalíes de todo Nairobi. Cuando desayunaban hígado fresco encebollado en el restaurante de mi padre se sentían como en casa, ya vivieran en Mogadiscio o en Hargeysa, salvo por el frío, que a los somalíes les traía de cabeza. El agua del grifo estaba tan fría que se me antojaba que venía directamente de una gigantesca nevera subterránea.

Es cierto que la vida era más hermosa en Mogadiscio, pues al fin y al cabo la vida en tu ciudad natal siempre es más hermosa. Pero aun así, debíamos estar contentos. ¿Contentos, digo? Para ser sincera, nadábamos en la abundancia. Éramos refugiados y, sin embargo, pronto volvimos a embarcarnos en buenos negocios, los fines de semana nos divertíamos en el Lunapark, comíamos grandes bandejas de *injeras* y pollo con salsa roja picante en restaurantes etíopes, vestíamos pantalones Levis y utilizábamos perfumes auténticos de firmas selectas y no los *«made in Dubai»*. En comparación con la vida que llevaban los demás refugiados, la nuestra era puro lujo.

No reparábamos en gastos, aunque pronto todo se encarecería drásticamente. Cuantos más refugiados llegaban al país, más subían los precios. Y las oleadas de huidos no cesaban. Aquellos que no habían sido arrastrados aún por el delirio homicida de Mogadiscio, tarde o temprano aparecían por Nairobi. Hasta altos cargos del gobierno deambulaban por Eastleigh extendiendo la mano. En Somalia eran gente acaudalada cuyos hijos estudiaban en el extranjero, pero ahora vivían en condiciones lamentables. Recuerdo sobre todo a un conocido político somalí que se volvió loco. Todos los días se sentaba en la acera frente a nuestra casa, en medio del gentío, y ni siquiera rechistaba cuando la gente tropezaba con él. Algunos habían perdido cuanto tenían, incluso la razón.

Muchos abandonaron toda esperanza de regresar, y trataban de huir a Europa o a América. Como no poseían documentación, debían «improvisarla». Contactaban con mi tío Husein, compraban un pasaporte con sus últimos chelines, entraban en la oficina de viajes más cercana y, una semana más tarde, estaban volando hacia el destino elegido. Al principio se dirigían preferentemente a Canadá, después se puso de moda Inglaterra y, por último, Holanda. A Alemania, en cambio, mis compatriotas no deseaban ir. Los periódicos keniatas habían propagado la idea de que emigrar allí era un auténtico suicidio. Sobre todo si eras negro.

Yurop y Fatma trabajaban en una agencia de viajes, así que, dadas las circunstancias, estaban muy atareadas. En cuanto a nosotros, nunca habíamos pensado en emigrar. No sólo porque estábamos más que satisfechos con nuestra nueva vida, sino porque mi padre no nos hubiera dejado marchar. No podía concebir un porvenir fuera de África. Según él, debíamos seguir juntos en Kenia hasta que se restableciera la paz en Somalia; estaba convencido de que entretanto saldríamos adelante sin dificultad. Para convertirnos en ciudadanos keniatas pagó por aquel entonces dos mil dólares por cada uno de nuestros pasaportes. Y no eran falsos. También en Kenia había pasaportes auténticos.

Por lo demás, nuestra casa de la calle Nueve solía estar tan abarrotada de gente como la de la calle del Fuego. A menudo convivían con nosotros personas desconocidas, pues mi madre acogía a refugiados a quienes daba alojamiento hasta que encontraban su propio hogar. Como nuestra casa keniata era más pequeña que la de Mogadiscio, dormíamos cuatro personas en cada habitación y estábamos muy apretados. Pero mamá no se dejaba arredrar por la incomodidad. Jamás le hubiera negado ayuda a quien llamaba a su puerta y, por aquel entonces, eran muchos los que reclamaban auxilio. Que tales huéspedes pudieran sustraernos algo no nos preocupaba en absoluto. Primero, porque los somalíes no roban a sus compatriotas y, segundo, porque en nuestro hogar poco podían hurtar. Habíamos dejado en Mogadiscio cuanto poseíamos; al llegar a Nairobi tuvimos que volver a aprovisionarnos de todo tipo de cosas, desde menaje y ropa hasta muebles de cocina. Las dos primeras semanas dormimos en colchones extendidos sobre el suelo en una casa completamente vacía; aunque, dicho sea en confianza, las niñas hubiéramos podido prescindir de los muebles. ¿Para qué necesitábamos siquiera una vivienda cuando la acuciante curiosidad nos impulsaba a salir desde bien temprano y por las noches, regresáramos a la hora que regresáramos, apenas nos dejaban dormir? Queríamos explorar cada rincón, cada calleja de aquella impresionante ciudad que no se asemejaba en nada a Mogadiscio.

La calle Nueve estaba situada entre dos avenidas que conducían al centro; y allí reinaba el mismo bullicio y animación que en el resto de Eastleigh. Además de una pequeña sala de baile, frecuentada sobre todo por borrachos, en nuestro barrio habían abierto varias cervecerías. A nosotras, descendientes de una buena familia somalí, nada se nos había perdido en una taberna que despachaba líquidos espumosos. No obstante, si alguna vez entrábamos era por un motivo bien distinto: el *nyama choma*, carne de vaca o de cordero asada; un exquisito plato que en Nairobi se sirve acompañado de cerveza. Aquella especialidad keniata era una buena razón para olvidarnos, momentáneamente, de nuestra selecta crianza.

Dos años antes, cuando visité la ciudad por vez primera, Eastleigh era un barrio tranquilo. La invasión de inmigrantes somalíes lo había transformado en un lugar extraordinariamente dinámico, en una ciudad dentro de la ciudad. Algunos abrían sus propios comercios y vendían tejidos o joyas de oro; otros se dedicaban al cambio de divisas ejerciendo su actividad entre cuatro paredes o de forma «ambulante», en las inmediaciones del mercado de *khat*. Pero la actividad comercial no se detenía ahí. Los vendedores exhibían sus mercancías en plena calle, especialmente ropa de segunda mano importada de Europa y América. Los edificios albergaban tiendas; las aceras, mercados. Los somalíes también empezaron a comerciar, y pronto se unieron a los keniatas con sus puestos y tenderetes callejeros. Para decirlo en pocas palabras, por Eastleigh transitaba un gentío increíble. Las calles estaban tan abarrotadas que los vehículos apenas podían transitar; y pese a ello, desde primera hora de la mañana hasta bien entrada la noche, los autobuses urbanos lograban abrirse paso, engullendo con la atronadora música que salía de sus altavoces el alboroto del barrio. Al menos momentáneamente.

Aquello era muy distinto del ambiente que reinaba en la calle del Fuego, donde sólo se veían hombres plácidamente sentados mascando *khat* y conductores de camiones bebiendo té a la sombra de un árbol para protegerse del calor abrasador. Eastleigh, en cambio, bullía de actividad las veinticuatro horas del día. Ahora bien, lo mejor de Nairobi eran las discotecas.

No me resultó difícil adaptarme a mi nueva ciudad. Nairobi cumplía las expectativas que había atisbado dos años antes: irradiaba libertad. Y estaba dispuesta a disfrutar de ella en cuerpo y alma. Por lo que respecta a mi cuerpo he de decir que estaba más delgada. Excesivamente delgada, según mi madre. No es que en Nairobi fuera más infeliz que en Mogadiscio. Pero ya no sentía aquella dicha despreocupada que provoca un agradable vacío en la mente y te hace ganar peso. Ahora experimentaba la desbordante felicidad que le depara a una el descubrimiento de un mundo desconocido. ¡Cuán fácil me había resultado encontrar nuevas amigas! No era extraño, pues en Kenia es fácil entablar conversación. La gente habla sin parar, los vecinos con los vecinos, los transeúntes con otros transeúntes, y en un santiamén conocías a otras diez chicas con las que, comprimidas en un solo coche, podías ir al autocine. Una de mis nuevas amigas era Wangeschi, una keniata con la que poco a poco charlaba más en *swahili* que en inglés.

Aprendí *swahili* a la velocidad del rayo. Es un idioma sencillo que se puede aprender en muy poco tiempo si sientes curiosidad por cuanto te rodea. Yo lo había pillado al vuelo, escuchando a la gente por la calle, en el mercado, en los programas televisivos. Además, cuando una es feliz todo resulta fácil. Por otra parte, tampoco tenía elección: no quería arriesgarme a continuos disgustos con la fastidiosa policía keniata. Y ésta hacía guardia ante cada discoteca.

Los keniatas no sentían mucho aprecio por los refugiados somalíes. Todo el mundo sabía que perdemos fácilmente los estribos, así que en muchas discotecas nos vetaban la entrada. Ante la puerta siempre habían apostados policías a los que debías mostrar tu documento de identidad. Si no hablabas *swahili* ni disponías de suficiente dinero para satisfacer a los agentes se cernía sobre ti la amenaza de la comisaría. Yo aún no tenía documentación keniata, pero hablaba *swahili;* pronto comprendí que los policías complementaban con aquellos pagos su exiguo sueldo y, generalmente, lograba pasar. De ese modo lograba satisfacer mi mayor deseo, o para decirlo con más exactitud, ¡entraba en mi reino de los sueños!

Jamás he visto discotecas como aquéllas. Salas magníficamente decoradas, de enormes dimensiones, con pistas de baile gigantescas y jóvenes de cualquier etnia. La ciudad entera era un descubrimiento, pero sin duda aquellas noches danzando bajo parpadeantes luces fueron mi mayor tesoro. Algunas discotecas estaban al aire libre; se asaba carne en una gran hoguera y se bailaba bajo una techumbre de paja. Me divertí como una loca durante esa época. Salía con ocho o diez amigas, bailábamos y reíamos; nada mejor para calmar mis recuerdos de los muertos que yacían sobre la calle del Fuego. En la pista cambiaban de música cada hora: primero *soul*, luego *reggae*, después ritmos africanos del Congo, y yo danzaba sin parar. Sólo descansaba cuando ponían *blues* y cuando los otros jóvenes se acercaban más y más y rozaban sus cuerpos y extendían sus manos por todas partes. Yo no quería tener novio, así que evitaba las relaciones sentimentales. Por supuesto tenía pretendientes, y no pocos. Me cortejaban muchos jóvenes. Pero la idea de comenzar una relación me era ajena. Quizá porque nunca estaba sola. ¿Permitir que un hombre me acompañara a casa? Imposible. Mi familia hubiera intervenido de inmediato, convidándole a comer y beber, acribillándole a preguntas y, finalmente, enviándole a su casa. Además, por aquel entonces no me interesaban los hombres. Ni intimar. La vida era demasiado emocionante para limitarme.

Aunque he de reconocer que sin hombres no hubiera sido ni la mitad de excitante. Sobre todo si uno de ellos era como aquel auxiliar de vuelo de la Kenyan Airways...

Cierto día caminábamos por Eastleigh en dirección al local que había inaugurado un tío mío, una suerte de club somalí. En el fragor de la calle oí que alguien repetía a gritos: *«¡Aischa, aischa!»*, es decir, «¡Guapa, guapa!». Entonces vi a aquel tipo sentado en su coche que nos seguía con la ventanilla bajada y su mirada clavada en mí. Pensé que era de uno de esos chicos cargantes y estúpidos, y no le presté atención.

Apenas habíamos tomado asiento en el pequeño local de mi tío cuando entró aquel individuo; era un joven impresionante, un dandi somalí, muy bien vestido. Vino a mi encuentro y, plantándose delante de mí, dijo:

–Escucha, escúchame bien. Te he venido siguiendo desde la Décima hasta la Séptima. Te he llamado *«aischa»* porque no sé tu nombre. Y no quisiera que volvieras a tratarme como un perro. Te espero fuera.

Me lo espetó así, tal cual, con un tono autoritario. Quise corresponderle con una réplica igualmente insolente cuando apació mi tío. Ambos se abrazaron; resultó que aquel tipo era mi primo, un pariente lejano, y trabajaba como auxiliar de vuelo en las aerolíneas keniatas. Se llamaba Rashid. Y dejé que me llevara a casa.

Salimos juntos con frecuencia. Rashid era guapo, divertido, y me amaba. Quería que me casara con él. A mí me gustaba estar con él, pero no estaba dispuesta a ceder en cuanto al matrimonio. Para mí el amor pertenecía al futuro, y estaba dispuesta a postergarlo cuanto pudiera. El presente era demasiado hermoso para perturbarlo con un sentimiento tan angustioso. En fin, el caso es que, por el momento, estaba dispuesta a evitarlo a toda costa. Cuando hoy vuelvo a pensar en ello me da la impresión de que el amor se me antojaba entonces como un paraje tenebroso, extraño, sembrado de peligros, en el que no me hubiera adentrado por nada del mundo.

Que Rashid estaba decidido a casarse conmigo contra viento y marea me lo ratificó él mismo tiempo después, en una época muy difícil de mi vida. Estaba acostada en la habitación que ocupaba en un edificio prefabricado de Düsseldorf; no era tarde, pero había trabajado catorce horas. De repente llamaron a la puerta. No reaccioné. Nunca dejaba entrar a nadie. Sólo respondí cuando oí que decían algo en somalí. Era él, mi dandi somalí; y ya no era auxiliar de vuelo sino piloto en la Kenyan Airways. Acababa de aterrizar en Hamburgo, su avión permanecería ocho horas en Alemania pero debía estar de vuelta dentro de cuatro; tenía poco tiempo. Me dijo:

–Sé por lo que estás pasando. ¿Qué te parecería casarte conmigo?

Le despaché con las siguientes palabras:

–Espero que seas feliz en África. Yo quiero intentarlo en Europa.

Antes de vivir en Alemania nunca había oído hablar bien del amor. Por eso me sorprendió cómo hablaban los alemanes del amor.

«No puedes cambiarlo»

En Nairobi vi prostitutas por primera vez en mi vida. Poco después de nuestra llegada, una tarde en que mi prima y yo paseábamos por el centro, oí a alguien decir:

–Mira allí, delante del club, a esas chicas tan guapas vestidas con minifalda. Están esperando a que algún coche se detenga.

Los conductores les hacían señas. Y supe que eran prostitutas.

Naturalmente sabía que existían. *Dillo*, «puta», es uno de los insultos más comunes en Somalia; cuando dos niñas se peleaban, tarde o temprano acababan injuriándose con tal término. Aunque en Somalia uno podía estar seguro de que ninguna de ellas era una *dillo*, puesto que la prostitución se consideraba el mayor de los pecados. Aquellas que la practicaban convertían a sus familias en parias. De ahí que me quedara estupefacta cuando aparecieron por las calles de Nairobi las primeras rameras somalíes. Pero no sólo por eso.

Mis compatriotas empezaron a beber. En Eastleigh se les veía acompañados de keniatas, sentados ante una cerveza. Para nosotros, los que toman alcohol eran almas perdidas, pero en Nairobi abundaban. Y ¿acaso era extraño? Las familias se habían disuelto, los ancianos del clan estaban quién sabía dónde, y nadie intervenía cuando sucedía algo que en Mogadiscio cualquiera hubiera reprobado. Cada cual tenía suficiente con ocuparse de sus propios problemas; nadie paraba mientes en la moral de los demás. «Déjalos que beban», se limitaban a decir.

Las costumbres degeneraban, cierto, pero aún habrían de sobrevenir otros cambios radicales. Acontecimiento inaudito fue que, con el tiempo, se desvanecieran las diferencias entre clanes en Nairobi; los somalíes que huían de su país aprendían a entenderse entre ellos como antes de la guerra civil en su antigua patria. Por supuesto, no ocurrió de la noche a la mañana. Aunque los refugiados llegaban a Eastleigh con las manos vacías, habían traído con ellos su odio y en el exilio seguían volcándolo en sus compatriotas, al menos al principio. Habían trasladado su guerra de Mogadiscio a Nairobi. Sin embargo, después... Se encontraban en los albergues para huéspedes fijos. Allí, la primera habitación estaba ocupada por refugiados de un clan, la segunda con gentes de otro y la tercera con miembros de otro distinto. Por las noches se reunían todos en el patio interior del hostal, mascaban *khat*, jugaban a las cartas y aquellos otros hombres ya no les parecían tan detestables. Los refugiados abrían pequeños comercios, se adaptaban a su nueva vida y se entendían mejor entre ellos. Hasta se celebraban matrimonios entre clanes cuyos miembros no se hubieran acercado antes ni por asomo. Al fin y al cabo todos navegaban en el mismo barco y pronto se formó una suerte de nueva comunidad. Miembros de distintos clanes que hasta entonces se habían perseguido con odio mortal convivían y trabajaban juntos, como si nada hubiera pasado. Y así, mientras en Somalia continuaba la guerra, en Nairobi se restablecía la paz entre mis compatriotas. Era para volverse loco.

Gracias a Dios, mis padres me libraron desde el principio de aquel desprecio, de aquella intolerancia frente a otras personas, otros clanes u otras religiones. «Defiende con orgullo tus orígenes, tu familia –me repetían constantemente tanto mi madre como mi abuela–. Pero demuestra siempre respeto por los demás.» Mis padres nos inculcaron que debíamos aceptar a las personas como son y contemplarlas como amigos, pertenecieran al país o clan que perteneciesen. Jamás se les hubiera ocurrido rechazar a un cristiano por ser tal y no permitirle comer con nosotros. En nuestra casa de la calle Nueve las puertas estaban abiertas de par en par para nuestros vecinos cristianos. Pero no era una actitud muy extendida. La mayoría de los somalíes no la compartía.

Tan agradecida estaba a mis padres por su comportamiento modélico como consternada cuando oí que en breve harían circuncidar a mi hermana menor, Ayan. Todo estaba dispuesto. Mi madre había fijado el día y avisado a una *halaleiso;* con eso, daba el asunto por concluido. No había nada que discutir.

También en Kenia se seguía practicando la circuncisión. Mis ocho primas habían crecido allí y todas habían sido infibuladas. Jamás habíamos conversado sobre ello porque para nosotras los genitales no existían. La circuncisión se consideraba un hecho tan natural como que uno pierda los dientes de leche, y nadie habla de sus primeros incisivos. Por eso di por supuesto que mi amiga keniata, Wangeschi, también había sido circuncidada; pero me equivoqué, como me reveló ella misma en una conversación telefónica que mantuvimos muchos años más tarde, cuando Wangeschi vivía en España y yo me atrevía a hablar sin tapujos de la circuncisión.

Cuando me dijeron que Ayan y varias primas de su misma edad serían infibuladas tres días más tarde, sentí como si me hubieran dado una puñalada en el corazón. Y aquel dolor ya no me abandonó. A lo largo de la vida, uno se pregunta a menudo «¿Por qué? ¿Por qué sucede esto?», y nunca obtiene respuesta. Cuando vivía en Mogadiscio me planteé ese mismo interrogante muchas veces. Cada vez que me enteraba de que una mujer había sufrido lo indecible en la noche de bodas, que una niña había muerto desangrada al circuncidarla... Pero no podía compartir mis dudas con nadie. «¡No te metas en eso!», me hubieran espetado. Y aun así, no podía evitar pensar en ello, haciéndome un montón de preguntas. Si todas las mujeres tenían los mismos problemas, ¿por qué habría de librarme yo? ¿Por qué habría de pasarlo mejor en el día de mi matrimonio? Si para las mujeres el amor a un hombre va unido al sufrimiento, ¿por qué tengo que considerarlo hermoso? Y una y otra vez me preguntaba: ¿Entonces por qué lo hacen? Aunque sabía que nunca obtendría respuesta. Ni siquiera estaba segura de poder cuestionar tales cosas. Pero sabía qué me hubieran dicho de haber preguntado. La única reacción hubiera sido: «¿Qué pretendes? ¿Promover la inmoralidad en nuestra sociedad?».

Pero si algo sabía es que lo que me habían hecho no estaba bien. Obligarle a una a vivir así... El dolor que sentí cuando me circuncidaron fue atroz. Pero tener que vivir así era aún más terrible, más doloroso que cuanto me sucedió aquel aciago día. Cada vez que oía a las mujeres hablar de sus padecimientos, me atormentaba de nuevo aquel dolor. Si al menos hubiera podido hablar con alguien... ¡Qué aliviada me hubiera sentido! Y por eso decidí que era necesario exponer el asunto y contravenir la prohibición. «¿Por qué no lo intentas al menos una vez y hablas con tu madre?», me dije para mis adentros. Aun cuando no pudiera impedir que circuncidaran a mi hermana, quería preguntar siquiera una vez por qué. No tenía mala intención. Por aquel entonces no podía imaginar que algún día emigraríamos a Europa o a América. No quería desligarme de mi cultura, ni por supuesto traicionarla.

Ocurrió un domingo por la mañana. Habíamos desayunado y limpiado la casa. Luego me teñí el cabello con *henna* y me senté en el patio para que se me secara el pelo húmedo al sol. Vi a mi madre y, haciendo acopio de valor, inquirí despreocupadamente:

–Mamá, ¿estás segura de que debes circuncidar a Ayan?

No me dejó decir más. Se levantó como si la hubiera alcanzado un rayo y me contempló con expresión pétrea. No quería ni escucharme. Sólo deseaba zanjar aquella conversación.

–No te atrevas a formularme jamás esa pregunta –dijo–. ¿Acaso es hija tuya? ¿Las has traído tú al mundo? Hago lo que se debe hacer, y no puedes cambiarlo.

Quise replicarle, pero no me lo permitió.

–Ni una palabra más –concluyó.

Y yo callé.

Así pues, no había conseguido nada. Mamá procedería con mi hermana pequeña como conmigo. ¿Con quién más hubiera podido hablar? ¿Con mi padre? Él estaba radicalmente en contra de circuncidar a Ayan, eso lo sabía. Pero los padres no contaban. Debían mantenerse al margen. Tal actitud no viene impuesta por la religión, sino por la cultura somalí. Los padres no se ocupan de los hijos. Éstos son competencia exclusiva de la madre, esfera en la que gobierna con poder absoluto. Mi padre sólo hubiera podido responder con un encogimiento de hombros. ¿Qué podía hacer entonces? ¿Acaso debía acudir a la policía? Tampoco ellos hubieran podido decirle nada a mi madre. En Kenia las madres podían obrar como quisieran respecto a sus hijos. Y tampoco podía aconsejar a Ayan que huyera. Aun cuando hubiera tenido dinero para pagarle un billete de avión y enviarla fuera de la ciudad, Ayan no lo hubiera hecho jamás. Tenía cinco años y quería a mi madre. Así pues no había escapatoria. Mi hermana sería circuncidada. Y entonces, al comprender que la operación era inevitable, sólo pude decirle que apretara los dientes y que yo no había llorado. Como todas las niñas, Ayan estaba impaciente porque llegara el día de su circuncisión.

No quise presenciarlo. Durante dos días no me dejé ver por casa. Cuando volví todo había terminado. Pero no podía dar crédito a mis ojos: ¡ninguna de las niñas estaba llorando! No se quejaban ni gimoteaban de dolor. No yacían sobre esteras extendidas en el suelo, sino que estaban acostadas cómodamente en la cama y ¡estaban de buen humor! No me atreví siquiera a preguntar. Más tarde una tía me contó lo que había sucedido: mi padre se había enojado tanto como yo. Se sentía tan afligido por Ayan que resolvió intervenir; después de mi conversación con mamá, habló con ella a solas y le suplicó que mandara a la *halaleiso* que sólo hiciera la *sunna*. A mí me había despachado enseguida, pero a mi padre le escuchó. ¡Qué alivio experimenté al saber que a Ayan no la habían amordazado ni zurcido de aquel modo! Cuando me acerqué a su cama me sentí como si fuera la abuela.

–No sabes qué suerte has tenido –dije conteniendo las lágrimas–. Debes estar contenta de que no te hayan hecho lo que me hicieron a mí.

Pero Ayan no me entendía. Parecía verdaderamente feliz.

Mi hermana había sido afortunada por partida doble. Primero, porque sólo le habían extirpado una parte del clítoris y, además, con anestesia local; forma menor de circuncisión denominada *sunna*. Y, en segundo término, porque la *halaleiso* se había ceñido a lo que le indicaron. A menudo estas mujeres procedían a su antojo, aunque recibían igual pago por la *sunna* que por la extirpación total de los genitales. Estaban tan acostumbradas a cortar y seccionar que solían realizar la operación completa. Ayan había tenido suerte.

Con mi madre, por lo demás una persona muy comprensiva, no se podía hablar de la circuncisión. Aún hoy el hecho de que sea una práctica desconocida en otros pueblos la deja indiferente. Hace cuatro años dispuso la infibulación de su octava y última hija, Hoddan. Mi madre me lo comunicó por teléfono. Profundamente enojada, le espeté:

–¿Cómo? ¿Aún sigues con eso? –También yo podía perder los estribos. Hubiera sido capaz de hacer pedazos el auricular–. Desde que vivo en Europa creo que la circuncisión es algo horrible –continué–. No puedes ni imaginar los problemas que me ocasiona.

–Ya, ya, Europa –replicó con frialdad–. Nosotros vivimos en África y nos regimos por otras leyes. He traído al mundo a diez hijos. Dos de ellos murieron al nacer. Me han abierto diez veces y me han vuelto a coser otras tantas. Qué me vas a decir a mí de sufrimientos... En fin, cambiemos de tema.

Aunque parezca increíble, restaba importancia a la ablación.

Para ella era algo completamente normal. Si llegara a tener otra hija, me dijo al final de nuestra conversación, también la haría circuncidar.

Que en Nairobi se aferrara a antiguas tradiciones, a su vara y a sus ideas sobre la pureza y la moral, era comprensible. ¿Cómo hubiera podido hacer frente si no a la incertidumbre de su nueva vida? Y pronto sufrimos en carne propia esa inseguridad. Por aquel entonces, mi madre estaba embarazada de Hoddan. De repente, nuestra vida cambió radicalmente debido a un asalto; eran tan frecuentes ese tipo de ataques que cuantos lo habían sufrido lo olvidaban enseguida.

A mi madre no acababa de gustarle Nairobi, algo que nos afectó a todos profundamente. El mero hecho de que careciéramos de casa propia la contrariaba. Además, también estaba la anciana vecina, que proporcionaba cerveza elaborada por ella misma a mi hermano menor, Ahmed, y que, por más que le insistíamos, no dejaba de hacerlo. Asimismo, la vida se había encarecido, la ciudad era turbulenta y bulliciosa, y el *swahili* no le resultaba fácil. Por las tardes, sentada en el patio, sin más compañía que los dos pequeños, recordaba nuestras visitas a los nómadas y las noches bajo el cielo estrellado.

Al igual que la abuela, no sentía ningún apego por Europa y añoraba la libertad y ligereza con que se desenvolvía la vida en Mogadiscio. Pero lo que más la inquietaba era la omnipresente sensación de peligro. Resultaba difícil precisar qué temía más: los atracos o tener que habérselas con la policía. Sabía que en cualquier momento podía suceder cualquier cosa. En Mogadiscio incluso vendían alhajas de oro por las calles y era impensable que un agente tuviera que vigilar la zona. Sin embargo, en Nairobi hasta las casas de modas contaban con guardas de uniforme, armados hasta los dientes, apostados a la entrada. Cuando vivíamos en Somalia mamá iba al teatro engalanada de joyas, pero ahora no se atrevía a lucir ni los más sencillos adornos porque hasta te arrancaban los pendientes de las orejas. No se podía ni andar por la calle comiendo un helado porque cualquier golfillo te lo arrebataba de la mano. Se acercan por detrás, sigilosamente, y luego se esfuman entre la multitud.

Por fortuna, mamá no estaba en la tienda el día en que, hacia las cuatro de la tarde, irrumpieron dos hombres armados con fusiles. Generalmente permanecía en su minúsculo despacho de la mañana a la noche. Para mayor seguridad cerraba con llave, y atendía a los clientes a través de una rejilla. Pero tales precauciones no arredraron a los ladrones. Uno de los hombres encañonó al cajero, el otro apuntó a mi padre, que casualmente estaba allí, y el dependiente les entregó cuanto había en la caja. Mi padre no pudo hacer nada; si hubiera opuesto resistencia habría recibido un tiro en la sien. Los dos asaltantes recogieron el botín y huyeron. De las casas aledañas comenzó a salir gente –en África las noticias vuelan, y los vecinos acuden en cuanto se enteran– que vociferaba y arrojaba piedras a los dos sujetos, pero éstos saltaron a un camión con remolque, dispararon unas cuantas veces al aire para ponerse a cubierto, y desaparecieron. En esta ocasión no hubo muertos.

Más tarde mi padre sufrió otro asalto. Pero no con nuestro fiel Toyota, sino en su pequeño automóvil. Acababa de girar hacia una tranquila calle lateral cuando se topó con unos atracadores que le apuntaban con sus fusiles. No tuvo otra opción que bajar del coche, dejando el motor en marcha, y contemplar impotente cómo se apoderaban de su automóvil y desaparecían girando hacia la avenida.

También de ese ataque salió bien librado. Había tenido suerte. Por lo demás, pronto se olvidó del percance. Mi padre se dejó atrapar de nuevo por el dinámico ambiente de la ciudad. Todas las tardes regresaba a casa con algún audaz plan en mente. Durante un tiempo dejó el restaurante en manos de un tío mío y ayudó a mamá, que estaba embarazada, con la tienda, sin dejar por ello de embarcarse en los negocios más increíbles. ¿Que la gente necesitaba pasaportes? Rápidamente abría una oficina donde falsificaba documentación; ¡y todas las noches había veinte o treinta poseedores de pasaportes keniatas más! ¿Que había que transportar alimentos a los campos de refugiados? Hacía amistades en el Parlamento y obtenía la autorización. Las grandes cantidades de productos que requerían los campos eran expedidas a diario en enormes camiones o en autobuses que se desplazaban de un campamento a otro. ¿Que los somalíes que habían emigrado a Holanda no tenían *khat*? Mi padre se lo suministraba.

Mi padre se sentía a gusto en Nairobi, cierto, aunque, por otro lado... A veces, mientras cenábamos, le asaltaban sombríos pensamientos. Le atormentaba la idea de estar asistiendo al ocaso de la cultura somalí. Estaba bien informado; había oído hablar de las violaciones, se había encontrado con viejos conocidos que le habían pedido dinero más o menos disimuladamente, y se había enterado de que las bandas callejeras somalíes hacían causa común con los bandidos keniatas. Señales todas ellas de decadencia, según él. Pero posiblemente lo que más le afligía era pensar en Mohamed y Elmi. Jamás hablaba de ellos. Pero hacía más de un año que no teníamos noticias suyas y los creíamos muertos. Hasta el día en que Elmi se presentó en nuestra casa de la calle Nueve.

Así pues, mis dos hermanos seguían vivos. Unas semanas después apareció Mohamed, tras de un largo periplo que le llevó por media África oriental. Ambos habían padecido infinitas tribulaciones, pero al menos estaban a salvo, y eso era lo que importaba. Mi padre no quiso ni oír qué les había sucedido, pero los demás les importunamos, primero a Elmi y luego a Mohamed, hasta que conocimos su historia al detalle.

Espoleados por la sempiterna obcecación que caracteriza a mi familia, habían resistido en Mogadiscio un año entero; pronto comprendieron que los envíos internacionales de ayuda humanitaria para paliar la hambruna eran robados por bandas armadas y, finalmente, se dieron por vencidos. Debían marcharse, pero ¿adónde? No sabían dónde vivíamos. Así que convinieron en buscar a la familia por caminos separados. Elmi se dirigió primero a Kismayu; allí nos había buscado inútilmente; luego acabó en el gran campo de refugiados situado a la entrada de Nairobi, donde encontró a un primo que conocía nuestra dirección. Elmi había escapado ileso. Había perdido peso, pero de todos modos siempre había sido un chico tan flacucho que parecía un soldado que acababa de retornar del frente. Mohamed, en cambio, lo pasó peor. Había resultado herido en varios tiroteos y apenas podía moverse. Pese a ello consiguió llegar a nuestra casa después de haber viajado hasta Addis Abeba en camiones y camionetas y de haber cruzado las mesetas y sabanas del sur de Etiopía camino de Mandera. Allí nos telefoneó desde un hospital y mi madre fue a recogerle.

¿Que cómo había logrado dar con nuestra dirección? En África, eso no constituye problema alguno.

La noche de la desgracia

Aunque parezca increíble, al principio disfruté plenamente de mi nueva vida en Nairobi. Ahora bien, no había renunciado a mis ambiciones. Poco después de habernos asentado en la ciudad me inscribí en una escuela en la que se podía estudiar economía empresarial. Acudí con las manos vacías –esto es, sin certificado alguno– y, pese a ello, me permitieron presentarme al examen de ingreso; aprobé y fui admitida. De los cuatro momentos más felices de mi vida éste es el segundo. Me brindaron una oportunidad y no la desperdicié. Es cierto que aquel centro no era la universidad y que no me había matriculado en derecho, un sueño que fue dinamitado por la guerra. Mi formación sería de secretariado internacional en varios idiomas. Pero por fin podría labrarme un porvenir y, aparte de eso, aún me quedaba mucho tiempo para disfrutar de las discotecas, pues el curso no comenzaría hasta cinco meses más tarde.

Iba a clase con Wangeschi. Nos habíamos hecho tan buenas amigas que todas las mañanas pasaba a buscarme y recorríamos el camino hasta la escuela en compañía de un montón de chicas, todas tan parlanchinas y risueñas como nosotras dos.

¿Quién iba a sospechar que, tres meses después, viviría en un internado situado en una ciudad junto al océano Índico que tanto se asemejaba a Mogadiscio? Y es que la escuela trasladó sus dependencias de Nairobi a Mombasa, y allá me mudé. Residía en una suerte de campus; por las noches podía escaparme sin necesidad de alicates ni pretextos; acompañada de un nutrido grupo de chicas, salía a cenar en algún restaurante, a pasear por la playa o, por supuesto, iba a bailar a la discoteca.

Mombasa era una ciudad donde hacía un calor bochornoso, siempre bañada por la resplandeciente luz del sol, y con más zonas ajardinadas que Mogadiscio. En el pasado había sido el centro del comercio de esclavos, de ahí que estuviera poblada por descendientes de árabes y africanas, quienes eran más tolerantes que los somalíes respecto a que una chica paseara por la playa. Yo caminaba por la arena en camiseta y pantalones cortos, y con esa misma ropa me bañaba. Pero los *shorts* me llegaban hasta la rodilla.

En aquella ciudad apareció en escena el galán más singular que he tenido en mi vida. Cierto día que regresaba de la playa –en camiseta y *shorts*, radiante de alegría– me abordó a la entrada del campus. Admitió sin rodeos que me había venido siguiendo desde la playa y me invitó a cenar. Aquel hombre era europeo, inglés para más señas, pero muy mayor. A mí, que sólo tenía diecisiete años, me parecía un viejo de unos sesenta años. Recuerdo que me dijo:

–Me gustas. Me he sentido atraído por ti en cuanto te he visto y no he podido evitar seguirte. En la playa había otras chicas, no sé por qué me fije en ti. Todavía no lo sé.

Yo estaba un tanto desconcertada.

–Usted es mayor que mi padre –fue lo único que acerté a decir.

Papá tendría unos quince años menos.

–El amor es ciego –replicó él.

Como saben, yo no pensaba entonces en el amor, no quería saber nada del amor. Por lo demás, no sólo era viejo, también era muy rico. Era un hombre de negocios que residía la mitad del año en Mombasa y la otra mitad en Inglaterra.

–Me marcho dentro de dos días –dijo–. Mañana por la noche organizo una fiesta de despedida en mi hotel. Estás invitada... ¿Vendrás?

–No –respondí.

No quería que me vieran con un blanco de cabellos canos que posiblemente me presentaría como su novia. Pero le facilité mi dirección. No tenía inconveniente en que me escribiera.

Enseguida recibí una carta suya desde Inglaterra. Una misiva muy bonita. Llena de halagos. Me decía que había sido amor a primera vista. Que no perdía la esperanza. Que quería que viviéramos juntos. Me escribió muchas cartas por el estilo y en cada una añadía doscientas libras esterlinas. «Para tus gastos –decía–. Para que pagues tus estudios.» Continuó escribiéndome durante mucho tiempo, incluso cuando regresé a Nairobi. En su última carta se brindaba a proporcionarme un pasaporte; bastaba con que yo viajara a Inglaterra, él me enviaría el pasaje de avión. Pero rechacé su ofrecimiento. No es que tuviera nada en contra de aquel país. Pero ¿cuál hubiera sido mi papel allí? ¿El de su amante? ¿El de su esposa? No volví a tener noticias suyas.

A veces en Mombasa y después en Nairobi, me telefoneaba. Era la época en que había estallado la guerra del Golfo, y en cada llamada acababa, irremediablemente, despotricando contra los árabes y contra el islam. Yo le recordaba que estaba atacando mi religión, pero él seguía con sus diatribas contra Saddam Hussein en particular y contra los musulmanes en general. Yo no compartía su opinión. «Los americanos quieren extender la paz por todos los rincones del planeta –le decía–, pero imponiendo sus condiciones. Y eso no es paz. Más bien significa provocar nuevos conflictos.» Pero como yo no entendía mucho de política, no me gustaba entrar en esas discusiones.

Sus críticas al islam me afectaban más, pues yo estaba contenta con mi religión. Ésta me había procurado muchas enseñanzas útiles, y saber que existe un dios me daba fuerzas para vivir. En aquellos días tenía la sensación de que los occidentales hubieran preferido acabar con ella, erradicarla del planeta. Y eso me dolía profundamente. A fin de cuentas, no todos los musulmanes son unos malhechores; y cuando los cristianos cometen un crimen o urden una guerra, nadie dice: «Ya están los cristianos otra vez». No fueron precisamente los fieles de Alá los que comenzaron la Segunda Guerra Mundial.

Y tampoco fueron musulmanes los que atacaron a mi madre hasta casi matarla.

El asalto tuvo lugar un año después de nuestra huida de Mogadiscio. Mi primer semestre en la escuela había concluido y vivía temporalmente en casa de mis padres. Aquel día Fatma y yo habíamos estado ayudando a mamá en la tienda; como mi padre llevaba una semana fuera y ella estaba en el noveno mes de gestación, necesitaba que le echáramos una mano. Habíamos trabajado tanto que, exhaustas tras la agotadora jornada laboral, nos quedamos a dormir allí. ¿Para qué teníamos sino la trastienda en la que se llevaban las cuentas, se contaban las ganancias, se daba de comer a los transportistas y en la que, ocasionalmente, alojábamos a algún invitado? Fatma, los dos pequeños y yo nos acostamos en las habitaciones del patio; mi madre en un pequeño cuarto situado detrás de la caja. Poco después mamá se despertó, pues había oído ruidos en la tienda. Y como era una mujer muy valiente, se levantó y salió.

Apenas había alcanzado a ver la puerta del establecimiento forzada, además de unas sombras que se deslizaban en la oscuridad, cuando súbitamente alguien se aproximó y le asestó un machetazo. Sin avisar. Sin decir una palabra, ni a ella ni a sus compinches. En silencio. Aquel primer golpe hubiera podido seccionarle la cabeza, pero sólo le arrancó un gran trozo de cuero cabelludo porque mamá se apartó en el último momento. El siguiente le hubiera cortado la garganta, pero, una vez más, reaccionó con suficiente rapidez y el machete penetró en el hombro. El tercero la alcanzó en el pecho izquierdo, y el cuarto le destrozó la mano con la que trataba de cerrar la puerta de su habitación.

Mi hermana y yo seguíamos durmiendo. Sólo nos despertamos al oír que mamá pedía auxilio. Además de sus gritos oíamos a unos hombres hablando en *swahili*. Cuando llegamos a la tienda habían terminado el saqueo y desaparecido. Mamá estaba en el suelo, cubierta de sangre, con un profundo corte en la cabeza, y gimiendo de dolor. A nuestros gritos los vecinos acudieron enseguida. Levantaron a mamá, la acomodaron en el coche de uno de ellos y, rápidamente, la trasladamos a la clínica. Aquella misma noche, medio muerta, dio a luz a su noveno hijo, una niña. La llamamos Hoddan, que significa «afortunada», pues la pequeña se encontraba bien. A la mañana siguiente hallamos, junto a la caja, el trozo de cuero cabelludo que le habían cortado a mamá. Huelga decir que jamás atraparon a los ladrones.

Después del asalto las cosas nunca volvieron a ser como antes. Era espantoso lo que le habían hecho a mamá. Aquellos tipos pretendían matarla y casi lo logran. Además, nos habían robado cuanto había en la tienda junto con las ganancias de toda una semana. Normalmente mi padre ingresaba en el banco la recaudación diaria; pero mi hermana y yo habíamos estado tan atareadas que no alcanzamos a ir. Los ladrones sabían que el atraco merecería la pena. Hacía una semana que no habían visto nuestro Toyota, así que eso significaba que mi padre estaba fuera. En Nairobi las noticias vuelan, así que, probablemente, todo el mundo lo sabía. Y si el esposo no estaba, aquél era el momento propicio. Tal vez estuvieron esperando largo tiempo a que llegara el día adecuado.

Tuvimos que cerrar el negocio, aunque sólo por un tiempo, como nos gustaba decir. Mis hermanos y yo pasábamos más tiempo en la clínica que en casa. Mi padre nos acompañaba hasta allí; si por él hubiera sido, no habríamos dado ni un paso solos en Nairobi. Mamá no podía amamantar a Hoddan y el corte en la cabeza le causaba profundos dolores. Los médicos aseguraban que nunca se repondría del todo, que tendría epilepsia el resto de su vida. Por fortuna, no se cumplieron sus pronósticos. Mamá se recuperó, lentamente aunque más rápido de lo esperado; un mes más tarde abandonó la clínica. Ahora era mi padre quien se desesperaba en África. Una noche pronunció por primera vez la palabra «emigración», aunque sin mucha convicción. No deseábamos marcharnos, pero teníamos que admitir que la buena época de Nairobi había concluido.

Nairobi había perdido el encanto que nos atrapó cuando llegamos. Eastleigh nunca había sido un barrio elegante, pero jamás había estado en unas condiciones tan ruinosas como entonces. Saltaba a la vista que la ciudad se caía a pedazos: había socavones enormes y cañerías reventadas por todas partes. El servicio de recogida de basuras parecía haber abandonado su trabajo. Junto al mercado donde comprábamos frutas y verduras se amontonaban grandes cantidades de desperdicios por las que trepaban los pilluelos de la calle. Los vendedores arrojaban su basura en cualquier solar vacío y, con el tiempo, esas hediondas montañas alcanzaban emanaciones descomunales. Quien se aventuraba a ir al mercado era recibido por vapores nauseabundos.

El barrio entero parecía presa del delirio. Por las calles deambulaban exiliados en busca de sus familias. Los emigrantes somalíes que regresaban de visita causaban expectación. Venían nuevos refugiados. Algunos keniatas anunciaban su intención de abandonar África. Amigos a los que un día saludabas ya no estaban al siguiente. Emigrantes que habían sido detenidos en algún aeropuerto portando pasaportes falsos aparecían de pronto por su antiguo bar. Florecían los negocios ilegales. Y yo me dejaba arrastrar por aquel torbellino. Sentada en casa, ociosa, me pasaban muchas cosas por la cabeza. Así que cuando Elmi me propuso que colaborara en el fraude telefónico acepté sin dudarlo.

Los somalíes no éramos los únicos que hacíamos eso. Etíopes y keniatas también participaban. En aquellos días era difícil salir adelante. El caso es que la mayoría de mis compatriotas no podían permitirse telefonear a sus parientes en América o Europa. Pero ¿cómo iban a saber cuáles eran las rutas más seguras para emigrar? Bien mirado, Nairobi era por aquel entonces una gran sala de espera para exiliados, gente que lo había pasado mucho peor que nosotros desde que salimos de Mogadiscio. Más tarde pudimos escuchar esas conversaciones telefónicas en las que siempre se hablaba sobre lo mismo: ¿qué es más aconsejable: viajar a Miami por Turquía y Costa Rica, o vía Francia y Brasil?

Mi hermano y yo conocíamos una forma más barata de telefonear. La conexión parte de los postes instalados en las calles y luego el hilo telefónico enlaza casa por casa. Así que sólo teníamos que pinchar un cable para proporcionar el servicio a nuestros clientes. Por supuesto a un precio establecido.

Elmi y yo adquirimos una especie de central portátil que guardamos en un bolso. Al anochecer, reservamos habitación en un hotel céntrico. No nos servía cualquiera: debía ser una habitación adonde llegara el cable telefónico que colgaba por el exterior, en la tercera o cuarta planta. Una vez allí, abrimos la ventana, alargamos la mano, cortamos el cable y conectamos el extremo a nuestra pequeña central. En la recepción sonaba la radio, charlaban, no se habían dado cuenta de nada. Luego esperamos hasta las diez de la noche, hora a la que ya se habría formado una cola ante cierta cabina telefónica de Eastleigh. Y entonces comenzamos.

Las cabinas tenían números propios que podías marcar directamente. Llamamos a la cabina convenida; nuestro hombre, un amigo de mi hermano, estaba allí, y ya tenía clientela. ¿Que el primero quería hablar con Canadá? Ningún problema. Establecíamos la conexión, y él hablaba, hablaba, hablaba, y cuando terminaba nuestro servicio exterior cobraba la cuota, notablemente inferior a la tarifa normal, pero buen dinero para nosotros. Así seguimos hasta la madrugada; nosotros conectábamos, él cobraba, y cuando salió el sol habíamos sustraído a la compañía telefónica keniata una buena suma. Cada noche ganábamos unos 120 dólares. Y la habitación no nos costaba mucho.

Aquello fue como la fiebre del oro. Alguien había corrido la voz; de repente, teníamos cientos de competidores que intentaban probar nuestro método. Naturalmente, aquello no podría ir bien durante mucho tiempo. Pronto los cables telefónicos fueron vigilados por policías. Pero Elmi y yo no nos dejamos impresionar; pese a ello, continuamos. Una noche nos disponíamos a conectar la central después de haber cortado el cable cuando llamaron a la puerta. «¡La policía!», exclamé. Elmi no vaciló un segundo. Sin coger siquiera la cartera con su documentación que estaba sobre la mesa, saltó por la ventana. Estábamos en la cuarta planta. Y yo le seguí. Habíamos huido sin recoger nada: ni el monedero, ni el aparato, ni el bolso. Una vez en la calle, echamos a correr, subimos a un autobús y desaparecimos.

Elmi no había reparado en que estaba herido. Cuando uno es presa del pánico y el corazón le late desbocadamente no siente nada en absoluto. Sólo al llegar a casa comenzaron los dolores. Como tenía vómitos, fuimos al hospital, y resultó que tenía el pie fracturado. Yo, en cambio, tuve suerte. Había saltado consciente de lo que hacía y salí ilesa de la caída. Por otra parte, como ambos habíamos vivido situaciones mucho más peligrosas no nos acobardamos por tan poca cosa. En Mogadiscio teníamos que abrirnos paso entre cadáveres acribillados a balazos, los disparos te pasaban rozando la cabeza, era espantoso. Pero ¿saltar desde la cuarta planta? Hubiera hecho cualquier cosa con tal de no caer en manos de la policía. Antes de estar encerrada seis meses en prisión preventiva y dos o tres años en una cárcel keniata prefería romperme un par de huesos.

Aunque el suceso no tuvo mayores consecuencias, abandonamos la estafa telefónica. Sin duda, la policía encontró el documento de identidad de Elmi en su cartera. Pero ¿para qué les servía? Bastaba con mudarse para que no te echaran el guante. De hecho, nunca conseguían dar con el paradero de ningún fugitivo. Eastleigh estaba tan poblado que escapaba a cualquier control.

Pronto pudimos hacer buen uso del dinero que ganamos de aquel modo. Mamá no había vuelto a abrir la tienda, ya que padecía jaquecas y no podía estar de pie mucho tiempo. En realidad, fue un milagro que sobreviviera después de perder tanta sangre y luego alumbrar a su hija aquella misma noche. Y mi padre apenas disponía de tiempo para ocuparse de sus propios negocios.

Por otra parte, la larga estancia de mi madre en una clínica privada agravaba nuestra situación. En Alemania los gastos médicos están cubiertos por el seguro, pero a nosotros nos esperaban facturas por importes descomunales. Cada transfusión de sangre, cada noche que habíamos pasado en la clínica para atender a mamá, cada medicamento, todo, absolutamente todo, se pagaba aparte. Nos gastamos una fortuna y, justo entonces, apenas teníamos ingresos. Cuando mi madre, al cabo de un tiempo, se sintió con suficientes fuerzas regresó a la tienda para cerrarla definitivamente pocas semanas después. No podía más. Y lo que al principio atribuimos a la desesperación de mi padre, esto es, la idea de que África no nos ofrecía ningún futuro, se nos antojó entonces un hecho evidente. Si no huíamos a otro lugar, ¿cómo escapar de una existencia en la que cada día arriesgábamos no sólo cuanto teníamos, sino también la felicidad e incluso nuestras vidas?

¿Qué me aguarda aún?

No es que entonces fuéramos pobres. En absoluto. A otros les iba peor. Yurop conservaba su empleo en la agencia de viajes; y además, provisionalmente, mis padres hacían buenos negocios con el almacén de alimentos al por mayor, donde se amontonaban en enormes pilas sacos de maíz y azúcar. Debíamos aún reunir dinero para pagar el colegio de Ahmed y Ayan. Pero si yo encontraba trabajo saldríamos del bache.

Lo que más me afectaba era esa repulsiva, odiosa maldad de la que había sido víctima mi madre. Que esa maldad se hubiera ensañado de tal modo con ella me volvía loca. Aún hoy, más que agradecimiento, lo que siento por ella es amor; y lo mismo me sucedía entonces. ¡Cuánto tiempo de su vida nos había brindado, con qué abnegación se había sacrificado por nosotros! Al volver del colegio mis hermanos y yo comíamos hasta saciarnos, pero ella no probaba bocado. Comía después lo que había sobrado. Y las enseñanzas que me inculcó a lo largo de esos años me han sido de gran ayuda, incluso cuando debía componérmelas bajo circunstancias vitales inimaginables. Desde muy pequeña supe cuidar de mí misma sin necesidad de que me amenazara con su vara.

La importancia que mi madre concedía a la educación ha sido fundamental para mí. Gracias a ella, conocimiento y amor son para mí lo mismo: una luz que te ilumina el camino.

Y en esos momentos mamá sufría mucho. Eso me resultaba insoportable. A causa de aquellos gánsteres, habíamos perdido si no todo, buena parte de lo que hasta entonces había hecho agradable nuestra vida. Pero el bien más preciado que nos habían robado era la seguridad, la confianza en que podíamos vivir sin miedo en África. Y acaso también la posibilidad de ser felices.

En cuanto mi padre decidió que debíamos labrarnos un porvenir en algún lugar más tranquilo se puso manos a la obra con su acostumbrada energía. Conocía a gente que había conseguido inscribirse en la lista de emigrantes de Estados Unidos. Eran éstos los pocos afortunados que podían cumplir el sueño de marchar a América legalmente. Algunos ya estaban en el campo de emigrantes, aguardando la partida. Y convencieron a mi padre de que la mejor forma, y la más segura, de salir de Kenia pasaba por aquella lista. Pero papá sólo pensaba en sus hijos; él había decidido que, pasara lo que pasara, permanecería en África junto con mi madre. En cuanto a mamá, Nairobi ya le parecía suficientemente europea.

No obstante, cuando entendí que la cosa iba en serio no pude evitar sentirme muy apenada. Si emigraba debería separarme de mi familia después de dieciocho años de felicidad. Y además mamá no se había restablecido del todo, ¿cómo iba a dejarla sola? Hubiera sido capaz de cualquier cosa con tal de quedarme con mis padres en África. En aquellos tristes días no parábamos de darle vueltas al asunto, aunque hasta mamá daba la razón a mi padre. «Hemos intentado comenzar una nueva vida en Nairobi –decía–, pero no lo hemos conseguido. Os queremos, pero tarde o temprano tendremos que separarnos. Nuestra familia no puede seguir junta siempre. Los padres deben dejar marchar a sus hijos en algún momento. Ahora os corresponde a vosotros iniciar una vida mejor. Si queréis salir adelante no podéis quedaros en Kenia. Y si deseáis seguir estudiando, entonces sólo os queda una opción: ir a un país en el que os dejen vivir y en el que podáis realizar vuestras ambiciosas metas.» Mamá, como siempre, insistía en que sus hijas completaran su educación.

Puede que, después de todo, lo que me hacía insoportable la

idea de formar una nueva vida en otro lugar eran las imágenes que tenía en mi mente: mi madre en avanzado estado de gestación, sangrando, gritando. Los cadáveres en la calle del Fuego que nadie se atrevía a enterrar. Los pájaros y perros que cada día devoraban su parte de carne humana. Las cicatrices en el cuerpo de Mohamed. Acaso también el temor de acabar insensibilizándome como tantos otros. En Mogadiscio, cuando alguien moría se decía simplemente que «se había marchado». Quizás en América la vida de una persona contaba más que en Somalia. «Esperemos que sea así», me dije para mis adentros. Y me consolaba pensando que no me marcharía de hoy para mañana, que había que gestionar muchas cosas y aún podría permanecer un tiempo en Nairobi. Y tal vez pudiera ayudar más a mi madre desde América enviándole dinero que permaneciendo junto a ella.

Mi amiga Wangeschi me ayudó a salir de la profunda tristeza que me embargaba. Un tío suyo trabajaba para una organización humanitaria canadiense, Care International, y nos contrató a las dos como ayudantes por 300 dólares al mes. Entre los cuatro momentos más hermosos de mi vida, éste fue el tercero. Figúrense: los keniatas se peleaban por los empleos, y yo, una refugiada somalí de apenas dieciocho años, ¡conseguía uno! Era la primera vez en mi vida que ganaba dinero, quiero decir de forma honrada. De ese modo podría contribuir con mis dólares a la felicidad de mi familia, y aparte de ello, sentía que mi trabajo ayudaría a hacer más soportable la vida a la gente más pobre. Durante el día Wangeschi y yo organizábamos envíos de alimentos desde Nairobi a los campos de refugiados, y por las noches salíamos a bailar.

Poco tiempo después, pero mucho antes de lo previsto, fuimos aceptados como solicitantes en la lista de emigrantes americana. Los cuatro: Yurop, Fatma, Elmi y yo. Mis padres habían decidido que debíamos ser los primeros de la familia en abandonar África. Según su plan, emigraríamos juntos a Estados Unidos, donde teníamos parientes, y mis hermanos más pequeños nos seguirían después. Mohamed resolvió quedarse en África; mi padre y mi madre descartaban radicalmente la idea de emigrar.

Las autoridades americanas sometían a los solicitantes a un concienzudo examen, pues eran muy meticulosas. Además no querían introducir en su país a personas sospechosas ni alborotadores. Así pues, teníamos que superar una serie de entrevistas, que, en el fondo, no eran sino interrogatorios. Esas entrevistas tenían lugar en un campo de refugiados del norte de Kenia situado en la ciudad de Moyale, en la frontera etíope, prácticamente en medio del desierto. En cuanto llegamos al campo, tras un viaje en autobús de dos días, nos tomamos el asunto como una aventura.

Aquello parecía el fin del mundo. Era una región inhóspita, pedregosa, estéril, en la que apenas crecían unos pocos árboles de copa ancha, únicos ejemplares que considerábamos dignos de ser llamados árboles, pues sólo ellos daban sombra. El campo era una auténtica ciudad levantada con grandes tiendas de campaña, en la que la gente hacía su vida, incluidos embarazos, partos y fallecimientos; solamente las condiciones de vida eran más duras de lo usual: no había tiendas, ni diversiones, ni seguridad; los depósitos de agua estaban muy apartados, y los baños en condiciones indescriptibles. En el espacio entre tienda y tienda se cocinaba, pero también había un par de sencillos restaurantes para el personal de raza blanca que trabajaba para la Organización de Ayuda al Refugiado de Naciones Unidas y los conductores de camiones. Los convoyes que cubrían el trayecto Nairobi-Moyale y luego proseguían hasta la capital etíope, Addis Abeba, se detenían a descansar allí, por lo que los pequeños restaurantes siempre estaban rodeados de enormes y rugientes camiones.

A mis hermanos y a mí nos asignaron una tienda en la parte somalí del campo que estaba habitado por refugiados de toda África oriental. Los sudaneses vivían en una sección, los etíopes en otra y los somalíes separados del resto. Todos iban y venían sin cesar, desorientados, ya que nadie conocía el terreno. Pero eso no era lo peor. Los que vivían en nuestra tienda nos dijeron que abundaban los altercados, pues siempre había alguien dispuesto a iniciar una pelea. Había también bandas que se encargaban del trabajo sucio, amparadas al parecer por los propietarios de los restaurantes, que libraban una lucha mortal por ganar clientela.

Nuestra tienda estaba llena pero, aun así, quedaba espacio libre. Aquella primera noche, aunque éramos muchos, todos teníamos miedo, y por eso dormíamos juntos jóvenes, mayores y mujeres, formando un gran círculo, con los pies orientados hacia el centro. Y es que por las noches merodeaban fieras por el campo, sobre todo hienas. El campo no estaba cercado; nuestra tienda tenía por puerta una lona que pendía de la entrada. Cualquier animal hubiera podido entrar sin dificultad. Por ello creímos que lo más inteligente era dormir en corro, pegados unos a otros. Aquella noche no ocurrió nada; pero ¿por qué debíamos aguantar en semejantes condiciones durante semanas o incluso meses? De ningún modo, y además no podíamos abandonar nuestros empleos. Por tanto, en el futuro sólo iríamos allí cuando nos convocara la oficina de inmigración. Como los funcionarios americanos iban de campo en campo, a menudo se demoraban en llamarnos, pero al menos sólo pasaríamos una o dos semanas viviendo en tiendas de campaña.

El personal del departamento americano era muy meticuloso. Conocían bien a los somalíes, y se mostraron despiadados e inflexibles con nosotros. Revisaban nuestras declaraciones una y otra vez para evitar trampas y engaños. O nos preguntaban a los cuatro por separado cuál había sido la última vez que habíamos cenado juntos en casa para asegurarse de que pertenecíamos realmente a la misma familia. Lo que no lograban entender era que los somalíes no concedemos importancia al día de nacimiento: a menudo cambiábamos la fecha, circunstancia esta que les inspiraba gran desconfianza. Nos enseñaron los principios de la sociedad americana, para que nos comportáramos correctamente cuando estuviéramos en su país. Así aprendimos que en Estados Unidos se respetan la tradición cultural, el origen y la religión de cada cual, se acatan las leyes y otras tantas cosas por el estilo. Fue un curso exhaustivo sobre América; aunque no lo llegué a necesitar.

Una noche fui a cenar, junto con Yurop y dos primas, a un restaurante del campo. La mayoría de las mesas estaban ocupadas, algunas de ellas por hombres blancos. El local disponía de dos puertas, la de entrada y la de la cocina; ambas permanecían abiertas. Por las ventanas se veía el seco paisaje de áridos cerros a la última luz del día. Al parecer, los funcionarios de emigración estaban satisfechos con nosotras. Contentas de haber superado esa parte del proceso, nos sentíamos casi americanas. De repente resonaron varios disparos. Pero no en el exterior, sino muy cerca. Salvas de fusil que restallaban en mis oídos. Varios hombres cubrían las dos puertas y disparaban a los comensales. Estábamos atrapados entre dos fuegos, no podíamos escapar. Cundió el pánico, algunos volcaron mesas, la gente se tiró al suelo. Vi un fogonazo y pensé que iba a morir, que aquél era mi último día en el mundo. Súbitamente cesó el tiroteo. Instantes después las llamas devoraban las esteras de rafia que cubrían paredes y techo de la cocina; el fuego se extendía con rapidez, todo ardía.

Cuando volví en mí estaba fuera del restaurante, tumbada sobre el polvo. Ni siquiera sé cómo conseguí salir de allí. El restaurante era pasto de las llamas. La gente iba y venía a mi alrededor, algunos tenían fusiles, otros contemplaban el incendio silenciosos y petrificados de espanto. Tenía que encontrar a Yurop y a mis primas. Vagué por el campo hasta que las encontré en la zona de los etíopes. Tampoco ellas sabían cómo habían llegado allí. Habían escapado de aquel infierno con las rodillas desgarradas y sangraban. Pero las cuatro habíamos sobrevivido al diluvio de disparos sin que nos hubiera rozado un solo tiro. Y habíamos conseguido salvarnos con apenas unos rasguños. Muchos no tuvieron nuestra suerte. Decenas de personas murieron calcinadas. Sus cuerpos carbonizados se amontonaban al día siguiente delante de la enfermería. Del restaurante no quedó más que un puñado de cenizas.

Que yo siguiera viva, según me decían, era un milagro. «Aún no ha llegado tu hora –afirmaban–. Comerás mucho arroz antes de yacer en tu sepultura.» Pero yo temblaba como una hoja. Y las semanas siguientes, me estremecía cada vez que me asaltaban las imágenes de aquella noche. En aquella tierra de nadie entre Etiopía y Kenia me había rozado el horror. No es que el ruido de disparos me hubiera afectado sobremanera; en Mogadiscio no eran más que un inquietante murmullo de fondo. Ahora bien, cuando estás a merced de las balas, sin protección alguna, en el punto de mira de unos locos que sólo piensan en matar a cuantos puedan..., eso es algo radicalmente distinto.

Después de aquello, ansiaba instalarme en algún país donde pudiera acostarme por la noche sin temer lo que me fuera a suceder al día siguiente. Donde pudiera dormir tan profunda y tranquilamente como en Mogadiscio, en la calle del Fuego, antes de la guerra civil.

Breves escapadas

Naturalmente no volvimos a aparecer por aquel campo; y los americanos suprimieron nuestros nombres de su lista. Así pues, nunca podríamos ir de forma legal a América. Pero eso no significaba que hubiéramos tirado la toalla.

Mientras mi padre maquinaba un nuevo y extravagante plan, el tío de Wangeschi me envió, literalmente, a tierras salvajes. Aún peor: a un villorrio del noreste de Kenia desde la que Mandera parecía tan inalcanzable como la luna. En aquel agreste lugar no había más que tierra seca y un puñado de cabañas. Y debía de encargarme de vigilar el adecuado reparto de nuestra ayuda humanitaria en aquel yermo. Despaché el trabajo en un día. Cuarenta y ocho horas más tarde estaba en Nairobi, y otra vez sin empleo.

¿Debía buscar otro trabajo que me permitiera abandonar Kenia en cuanto se presentara la ocasión? No tuve que pensarlo mucho, pues pronto me hicieron una oferta fabulosa. Un día vino a visitarnos uno de mis tantos tíos. El tío Harun acompañaba a un príncipe saudí a través de todo el mundo en calidad de guardaespaldas. Ambos se alojaban en un hotel de cinco estrellas de Nairobi; una noche me reuní con él.

–¿Por qué no pasas las vacaciones en Arabia Saudí y juzgas por ti misma? –me dijo después de cenar–. Si te gusta puedo facilitarte un empleo en casa del príncipe. Tal vez podrías cuidar a uno de sus hijos, acompañarlo al colegio y recogerlo...

Me dejó atónita. El tío Harun hablaba de trabajar en Arabia

Saudí y acompañar a los pequeños príncipes como si fuera lo más fácil del mundo. Pero lo decía en serio. Y más tarde, sentada en el taxi que había pedido mi tío para mí, pensé: «Bien, Nura, los saudíes son ricos, te pagarán bien, mejor que Care International. Y si no te va bien, al menos habrás vivido en un palacio». Poco tiempo después volé a la ciudad saudí de Djidda, pero sola, porque mi tío debía continuar protegiendo al príncipe en su periplo por África.

A los funcionarios del aeropuerto de Djidda les mostré el pasaporte de Fatma, ya que no tenía documentación propia. Pero no se percataron del cambio; cuando vas con un vestido negro que sólo deja libres ojos, nariz y boca, todas las mujeres se asemejan bastante. Mi tía me recogió en el aeropuerto en un Mercedes; y a partir de ese instante ya no salí de mi asombro. ¡Cómo vivían aquellas gentes! El tío Harun no me había dicho ni una palabra. La finca del príncipe debía de ser tan grande como nuestro barrio de Mogadiscio. No obstante, la zona donde residían los hombres estaba vedada a las mujeres, por lo que sólo me permitían acceder a una pequeña parte de aquellos magníficos jardines salpicados de fuentes en las que el agua manaba sin cesar. Las mujeres no podíamos mirar a los hombres, ni éstos a nosotras. Por tanto, no sé cómo vivían ellos. Pero durante dos semanas tuve oportunidad de observar a la esposa del príncipe y a sus dos pequeños, una niña de nueve años y un chiquillo de cinco.

Ninguno de los tres hacía nada por sí mismo. En la estancia donde la esposa del príncipe recibía a las visitas había una campanilla; y cuando la hacía sonar acudía un sinnúmero de doncellas. La primera sólo se ocupaba de arreglarle el cabello. Otra le preparaba el baño. La tercera cuidaba de su ropa y la cuarta la ayudaba a vestirse. Para cada tarea había una persona a su servicio. Los niños dormían en dos magníficas habitaciones con baño incluido; tenían institutrices que les acompañaban a todas partes, doncellas para vestirles y chóferes que les llevaban todos los días a la escuela y, una vez por semana, a casa de otros pequeños príncipes que vivían en algún palacio cercano, es decir, a varios kilómetros de distancia.

La segunda noche presencié el ceremonial de la cena. La servidumbre al completo ocupaba sus puestos en el comedor. Éste se hallaba en otra ala del edificio, que comprendía una enorme cocina, el comedor y una piscina. Yo me encontraba entre la larga hilera de doncellas que aguardaban a la señora sentadas sobre espléndidas alfombras cuando entró la esposa del príncipe junto con sus hijos y las institutrices, y los cinco se sentaron a la mesa. Por supuesto, ella ni siquiera advirtió mi presencia; yo constituía una espectadora discreta, semioculta tras las criadas que acababan de ponerse en pie. No podía apartar la vista de ella. Era una mujer hermosa, una saudí con los cabellos coloreados de rubio, vestida a la occidental, muy alta y muy delgada. Seguro que no desentonaba en América, donde la familia del príncipe residía tres meses al año. Al parecer, en sus viajes por Estados Unidos llevaban su séquito completo e incluso sus automóviles.

Después de cenar observé un curioso ritual. Buena parte de las doncellas se habían retirado a sus aposentos; la esposa del príncipe se dirigió a la cuidadora de su cabello para que dispusiera que las sirvientas le presentaran una amplia muestra de piezas de su guardarropa. «Necesito algo para esta noche –suspiró–. Algo especial.» Cuatro doncellas abandonaron inmediatamente la estancia regresando enseguida con magníficos vestidos desplegados en cada brazo. La princesa miraba con aire aburrido cuanto le mostraban, meneaba la cabeza, y las sirvientas desaparecían una tras otra para presentarle nuevas ropas. Pasó un buen rato antes de que al fin encontrara un traje pantalón color arena que resultó de su agrado; a continuación se repitió la misma danza con el calzado. Trajeron y llevaron zapatos hasta dar con los adecuados. Luego la princesa pasó al baño junto con la doncella correspondiente. Lo único que hizo aquella noche por sí misma fue mirarse en el espejo antes de desaparecer en la noche árabe acomodada en un Mercedes.

Otros acontecimientos singulares sucedieron a aquél. Una tarde, después de recogerles en el colegio, acompañé a los dos pequeños a la visita semanal a casa de sus amigos, también príncipes. Atravesamos Djidda; por el camino les compramos helados; la institutriz rociaba con perfume a la niña cuando ésta lo requería impaciente. Poco después nos detuvimos ante un portalón tras el cual nos esperaba un lugar de ensueño, habitado por muchachas tan bellas, tan magníficamente engalanadas, que me figuré que pertenecían a la familia principesca. Se trataba de la servidumbre. Los pequeños príncipes se abalanzaron sobre los juegos de ordenador; cuando se cansaron se dispusieron a empezar las tareas escolares. Yo estaba en la terraza, un amplio espacio sombreado con sillas y mesas, frente a una piscina enorme. Y allí se sentaron los pequeños inclinándose sobre sus cuadernos y ordenando: «¡Quiero Fanta con hielo!». «¡Quiero cola con hielo!» Enseguida perdieron el interés por sus deberes y llamaron a su profesor particular, a quien dijeron: «Haznos esto, para ti es fácil», o una expresión similar. Y, de repente, ¡zas!, estaban chapoteando y gritando en la piscina. A aquellos chiquillos nadie les amenazaba con una vara como a mí en la madraza. En Somalia les hubieran dado una buena zurra, pero ¿allí? El profesor procuraba ser complaciente, aunque para ellos era como si no existiera.

Yo estaba contenta de no tener ningún tipo de obligación. Aceptaban que quisiera satisfacer mi curiosidad; no me colmaban de atenciones pero tampoco me importunaban. Aunque, eso sí, como todos los demás, debía observar las normas de la casa.

Nuestra vida se desarrollaba tras los muros del palacio y allí se concedía una importancia extraordinaria al atuendo. La esposa del príncipe no toleraba que merodearan a su alrededor figuras negras como las que poblaban las calles por millares. Vestíamos ropa occidental, incluso los *shorts* estaban permitidos, pues en nuestro pequeño mundo no había hombres, a excepción de los cocineros que no contaban como tales. Cuando el día de mi llegada entré en mi habitación –con baño, televisor, vídeo, un auténtico lujo– ya me habían preparado un amplio surtido de ropa nueva para que no ofendiera ni un instante la vista de la señora de la casa. Y aún menos se podía atentar contra su olfato. En Djidda en cuanto sales al exterior estás bañado en sudor; ahora bien, si te acercabas a alguien debías oler bien. Por ello nos rociábamos constantemente de la cabeza a los pies con los perfumes más caros. Exhalábamos tal hedor al caminar que dos semanas más tarde mi curiosidad estaba satisfecha por completo.

En fin, una vida de ensueño que no era para mí. Una cárcel con barrotes de oro. Hasta en el campo de refugiados de la frontera etíope me había sentido mejor que en aquel palacio. La verdad es que el bien más preciado es la propia libertad. En cuanto sientes que te falta eres infeliz. Así que al cabo de esas dos semanas, cuando mi tía me preguntó cautelosamente si deseaba quedarme en Djidda, repliqué: «Tengo billete de regreso, y lo voy a utilizar».

Pocas semanas después los periódicos de Nairobi publicaban la noticia de que el príncipe al que debía proteger mi tío Harun había sido encontrado muerto en un hotel de Kenia. Como no había bajado a desayunar, forzaron la puerta de su habitación y allí estaba, sin vida. Pero nada se le podía reprochar a mi tío. Según se desprendía de las informaciones periodísticas, la causa de la muerte fueron las drogas.

Cada vez que regresaba con el pensamiento a Mogadiscio y me dejaba llevar por los recuerdos de nuestra vida despreocupada y feliz en la calle del Fuego, sentía tal añoranza que hubiera podido gritar de dolor.

Mi madre había tenido que cerrar definitivamente su negocio. Después del asalto se sentía sin fuerzas y vulnerable. Por las noches nos reuníamos y discutíamos qué debíamos hacer para salir adelante. ¿Empezar de nuevo en otro país africano? No. Ya no disponíamos de dinero, hubiera sido un triste comienzo. Y mamá tampoco quería renunciar a lo poco que teníamos. Además, mi padre se acababa de embarcar en otro negocio. Y necesitábamos ingresos, nuestros ahorros se estaban agotando.

Fue nuestro fiel y viejo Toyota el que nos sacó otra vez del apuro. Era un vehículo todoterreno rápido y robusto; con él se podía llegar a pequeñas aldeas a las que no arribaban ni autobuses ni taxis colectivos; así que mi padre consideró que sería una buena idea montar una pequeña empresa de transporte de pasajeros. Para tal negocio no se precisaba licencia, pero era un trabajo duro porque mi propio padre tendría que conducir y no permitiría que nadie se pusiera al volante. Si hubiera contratado a un conductor no habríamos vuelto a ver el Toyota, a lo sumo, desguazado. Pero mi padre insistía que aquella empresa era una solución provisional. Tarde o temprano idearía algo mejor. Tenía cuarenta y dos años, aún era joven, y siempre se le ocurrían nuevos proyectos.

Uno de esos planes me afectaba a mí. Conforme a la voluntad de mi padre, debía emprender sola la siguiente tentativa de abandonar Kenia. Había decidido que fuera yo quien pusiera la primera piedra de nuestra nueva vida en América. Pero ¿por qué yo? Desde luego no porque fuera la más valiente o la más osada de la familia. Y por edad me hubiera precedido Yurop. Su elección se basaba, por un lado, en razones prácticas: Yurop aportaba su sueldo de la agencia de viajes, Fatma podía encargarse de cuidar a la pequeña Hoddan y por tanto podían prescindir de mí. Y por otro lado, en la familia me consideraban la más responsable. Todos, incluidos mis hermanos, sabían que quería a mi familia por encima de todo y que nunca les dejaría en la estacada. Con Yurop ninguno hubiera estado tan seguro, e incluso ella misma se creía capaz de hacer las mayores locuras. «Marcha tú primero, Nura», me dijo mi hermana. La familia estaba de acuerdo.

Les prometí que, en cuanto estuviera en mi mano, no les defraudaría. Les quería a todos. Pero estaba muy unida a mi padre. Ése era el vínculo más fuerte que me ligaría, por encima de todo en el mundo, con mi familia, allá donde estuviera. A él pertenecía mi corazón. Él me contó cosas que no contaba a nadie. Me enseñó mucho sobre la vida, y hasta me inició en su negocio. Incluso me confió su dinero. Yo lo guardaba en el armario, en un pequeño joyero que se cerraba con un candado de combinación. Cuando necesitaba dinero venía y me decía esbozando una sonrisa de satisfacción: «Préstame unos dólares, Nura. Te prometo que te los devolveré». Y luego los demás reían y decían: «Vaya, ya está papá pidiendo dinero a su banco, el Nura International Bank».

Mi padre tenía plena confianza en mí, y no le cabía la menor duda de que allá donde estuviera me ocuparía de mi familia. Y por ello debía ser yo la primera en partir, por delante de Yurop, Fatma y Elmi.

Sin embargo, cuando me comunicó lo que había organizado me dejó atónita. Cierto que tenía diecinueve años y que no era una adolescente asustadiza, pero aquel plan demostraba exceso de imaginación. El caso es que había dado con una mujer que sacaba niños fuera del país, siguiendo un método que ella elogiaba como infalible y generalmente eficaz. Se aprovechaba de la circunstancia de que en Kenia los hijos menores de dieciocho años figuran en el pasaporte de la madre, con nombre, sexo y fecha de nacimiento pero sin fotografía. Aquella mujer tenía la fortuna de tener nueve hijos, y ¿qué hacía? Reunía jóvenes que quisieran salir del país, embarcaba con su variopinta prole en un avión con destino a Nueva York o Washington, y regresaba sin sus niños, como una señora mayor que viajaba sola. «Has tenido suerte –me dijo mi padre–. Le faltaba uno para completar el grupo, ya tenía ocho. Tú pasas por una chica de diecisiete, no puede salir mal.»

Para que realmente nada pudiera salir mal debíamos prepararnos bien, ya que en mi nueva familia ninguno conocía a los otros. Nunca nos habíamos visto ni sabíamos nada de las vidas de los demás. Aparte de esto, éramos un variopinto grupo: no había semejanza alguna entre nosotros y aún menos con nuestra «madre». Para decirlo brevemente, jamás había visto un grupo tan sospechoso como aquél. ¿Quién tomaría a aquella keniata delgaducha y enjuta por la madre de aquel rollizo muchacho ugandés que, además, también debía ser mi hermano? Así pues nos reunimos en la sala de mi casa y nos aprendimos de memoria nuestros sonoros nombres keniatas junto con la edad y fecha de nacimiento correspondientes de cada uno; al cabo de dos días estábamos en condiciones de asignar sin dificultad las identidades falsas a las personas correctas.

Al menos sobre nuestro destino no cabían dudas: Washington. En cuanto descendiéramos del avión seguiríamos cada uno por nuestro lado. Yo tenía parientes en Seattle que estaban al tanto de mi viaje. La víspera de mi partida mi padre pagó los 3.000 dólares por mí, todo incluido, y preparé la maleta. Al día siguiente la despedida fue breve. A mi madre le disgustan las largas escenas de separación. Si se hubiera puesto sentimental habría empezado a llorar. «Sé fuerte –me dijo–. Acuérdate de nosotros. Procura seguir estudiando en América, aún te queda mucho por aprender. Y no mires atrás. Ahora vete.» Mi padre no había regresado aún de la mezquita. No nos despedimos. Entre nosotros no podía haber un adiós.

Pero resultó que nuestra «madre» no quería partir de la capital keniata sino de Dar es Salaam, en Tanzania. Al parecer, en Nairobi, tanto el personal del aeropuerto como las compañías aéreas, habían comenzado a sospechar. No era de extrañar, pues se presentaba en breves intervalos de tiempo con nueve hijos distintos cada vez. Así que nos apiñamos en un taxi colectivo (me acompañaba Fatma), y nos dirigimos a la ciudad tanzana de Arusha, donde pasamos la noche. A la mañana siguiente, cuando estábamos esperando el autobús para Dar es Salaam, se nos acercó la policía tanzana. Ninguno de nosotros tenía documentación. Nuestra «madre» les entregó dinero y los agentes se marcharon. Por la tarde llegamos a Dar es Salaam.

Transcurrió una semana sin que pasara nada. Permanecíamos

en el hotel, esperando y pasando el día, repasando lo que nos interesaba en aquellos momentos: nombres, edades, fechas. Nuestra «madre» conoció a un hombre que le prometió que se encargaría de todo: compraría los pasajes y engatusaría a los funcionarios, pero en Tanzania tales asuntos no se resolvían como en Kenia, donde con dinero podías obtener cualquier cosa y al instante. El paso del tiempo nos ponía nerviosos. Hasta que por fin se fijó la partida para el día siguiente. Salí a comer con Fatma, y nos despedimos.

Pues bien, viajaríamos con la compañía Lufthansa. En un vuelo que hacía escala en Frankfurt. Nuestra «madre» creía que esa ruta era tan buena como cualquier otra. Sólo cuando, al día siguiente, nos colocamos los diez ante el mostrador de facturación de Lufthansa comenzó a inquietarse. Pues tras la ventanilla estaba una mujer blanca, corpulenta, rubia. Una alemana. Una persona a la que no se podía sobornar. Y nuestra «madre» no había contado con eso. La alemana examinó el pasaporte, alzó la vista y clavó la mirada en nosotros. Seguramente no había visto nunca una familia tan variopinta: unos niños eran delgados, otros gruesos, unos de tez clara, otros de rostro oscuro y uno tan blanco como un árabe; en suma, ni el más mínimo parecido entre los niños y la anciana que se hallaba ante ella. La única explicación plausible era que ¡debíamos de corresponder a nueve padres distintos! Pero tenía la sensación de que aquella mujer buscaría la solución del enigma en otros motivos.

–¿Todos estos niños son hijos suyos? –preguntó la alemana.

–Sí –dijo nuestra «madre».

–¿Está segura? –inquirió la alemana.

–Sí –volvió a afirmar.

A continuación, aquella corpulenta mujer blanca y rubia procedió con nosotros, uno a uno. Leía los nombres en voz alta, y el aludido debía levantar la mano. Y entonces sucedió. Pronunció un nombre femenino y alzó la mano un muchacho. Un somalí de dieciséis años.

¡Con qué insistencia le habíamos rogado que se disfrazara de chica! Nuestra «madre» había tratado de convencerle durante días. «Bien, ya tenemos todo listo –le había dicho–, ahora sólo depende de ti.» Los demás nos abalanzamos sobre él, le asediamos juntos, hablamos por separado con él; todo en vano. Seguía negándose testarudamente. Jamás pasaría por semejante ridículo. «Mis padres te han pagado; tú verás cómo haces para llevarme tal como soy», se limitó a decir aquel testarudo somalí. Finalmente nuestra «madre» se resignó. «Lo intentaremos de todos modos. En facturación no habrá ninguna mujer blanca.»

Y la mujer blanca que supuestamente nunca encontraríamos allí dijo:

–En el pasaporte figura un nombre femenino, pero éste es un chico. Aquí hay algo que no concuerda.

Nuestra «madre» intentó explicarle que el error era obra de la oficina de expedición de pasaportes keniatas; en realidad, esa chica siempre había sido un chico. La alemana asintió con gesto de indulgencia.

–Bien, puedo permitirle que embarque –dijo con franqueza–. Hágalo si lo desea, no la detendré. Pero piense que cuando llegue a Frankfurt tendrá problemas.

Nuestra «madre» optó por la retirada. Con gusto hubiéramos estrangulado a aquel zopenco. Tres días más tarde me hallaba otra vez en Nairobi, con mi familia.

El plan

En la primavera de 1994 mi madre recibió la noticia de que, más o menos una hora antes, habían visto a su esposo gravemente herido en una comisaría del sur de Nairobi. «¡Ay, qué vida ésta!», exclamó mi madre y, sin más dilación, se puso en camino. Mi padre, por fortuna, no tenía más que unos rasguños. Pero aquello supuso el fin de su empresa de transportes.

Esa misma noche regresó a casa, manchado de sangre y tan aturdido como jamás le había visto; nos reunimos en la cocina, y papá, hablando más bien para sí mismo, nos contó lo que había sucedido. Exhausto y profundamente abatido, parecía un hombre que había perdido toda esperanza. El día anterior, bien avanzada la tarde, conducía su Toyota por una carretera comarcal; estaba contento pues por fin regresaba a casa después de un viaje agotador hasta una recóndita aldea situada a kilómetros de distancia, en el interior del país. Junto a él viajaba la comerciante que le había alquilado ese día el vehículo, trato que hacían con frecuencia, y en la parte trasera, entre fardos de mercancías y montones de bolsas, se apiñaban algunos pasajeros. Dispararon contra ellos cuando cruzaban un bosque.

El parabrisas saltó en pedazos; la mujer, herida, se desmayó; las balas taladraron los neumáticos; pero aun así, mi padre pisó el acelerador. Incluso cuando la mujer se desplomó sobre él sangrando encima de sus rodillas siguió adelante, aumentando la velocidad hasta que las llantas engulleron la pista de grava. Luego sacó el dinero que había escondido en el todoterreno y los que estaban ilesos procuraron ponerse a salvo huyendo por el bosque, abriéndose paso entre matorrales y arbustos y corriendo sin parar durante toda la noche. Al amanecer llegaron a una carretera y detuvieron un vehículo que les trasladó hasta la comisaría más próxima. Tuvieron que dejar abandonada a la mujer, que, a buen seguro, ya estaba muerta.

Cuando mi padre, acompañado de varios policías armados, regresó al lugar del ataque, el Toyota aún seguía allí y la mujer yacía en el asiento del conductor. Estaba desnuda. Muerta y completamente desnuda. No sólo la habían despojado de su vestido sino también de la ropa interior. Aquella mujer no era una comerciante cualquiera. Era conocida y respetada en toda la comarca, pero además disfrutaba de la protección de un diputado; de ahí el amplio despliegue de efectivos que dispuso la policía. Y por ello no escatimaron medios a fin de hallar y capturar a los asesinos. Luego trasladaron el cadáver en un vehículo policial; mi padre consiguió neumáticos nuevos, y aquella tarde, cuando mi desesperada madre por fin le encontró, pudieron regresar a casa en el viejo y fiel Toyota. Ni siquiera las balas pudieron con él. Nuestro todoterreno siguió rodando, y aún hoy funciona.

La policía entró rápidamente en acción. Un nutrido grupo de agentes rastreó durante días el bosque y las aldeas vecinas, hasta que, por fin, encontraron las ropas de la mujer en una cabaña. Dos hombres fueron detenidos. Pero ello no supuso ningún alivio para los demás. Aquel asesinato fue una terrible tragedia para muchos. Durante el entierro de la mujer, un sepelio celebrado con gran boato, las gentes de la tribu de los asesinos entregaron a los familiares una elevada suma de dinero y, en tono solemne, declararon que no habían tenido nada que ver con el ataque. La finada gozaba de gran estimación en su comunidad porque había sido la única que se había atrevido a ir hasta su aldea. En los últimos años, los comerciantes se habían negado a abastecer mercancías en enclaves tan apartados. El asesinato de aquella mujer constituía una terrible pérdida para toda la región. Lo lamentaban profundamente. Luego pidieron disculpas a mi padre.

Mi padre estaba harto. Emprendiera lo que emprendiese, en aquel país cualquier negocio acababa en catástrofe. No volvió a viajar a las aldeas y tampoco inició ningún proyecto nuevo.

No es que se diera por vencido. Sencillamente dejó de trabajar, como si el trabajo careciera de sentido para él. «No puedo perder el tiempo con esos pequeños negocios –decía–. Si al menos una sola vez pudiera hacer algo grande...» Ya nada le estimulaba. En adelante, en lugar de trabajar, decidió quedarse en casa, protegiendo a la familia y aconsejando a quienes solicitaban su ayuda, que eran muchos. Para los somalíes que vivían en la comarca, mi padre era una suerte de anciano del clan y por ello escuchaban atentamente sus palabras, como antes habían hecho los habitantes de Mogadiscio. Tal como estaban las cosas, quizá podría dedicarse a la venta ambulante. Pero toda la familia coincidió en que no podía arriesgar su vida de nuevo y, por otra parte, jamás le exigiríamos que nos mantuviera con semejante negocio. Para él, uno de los hombres más acaudalados de Mogadiscio, aquello hubiera sido una vergüenza.

La situación era apurada. No se podía desperdiciar el tiempo. Y yo era quien debía partir. Si quería ayudar a mi familia de algún modo, debía abandonar África cuanto antes. Muchas chicas de mi edad, tanto somalíes como etíopes, trabajaban como asistentas en los países árabes, pero, tras mi experiencia en casa del príncipe, esa opción quedaba completamente descartada. No quería renunciar a mi libertad; además, estaba convencida de que desde América podría ayudar mejor a mi familia a superar aquella terrible época. Pero tendría que idear algo para engañar a los americanos.

Al cabo de un tiempo telefoneé a mi prima de Seattle y acordamos un plan que no estaba mal: ella se encargaría de comprar un billete de ida y vuelta para el trayecto Washington-Nairobi, se presentaría en el mostrador de facturación, pero no embarcaría; luego me enviaría el billete junto con su pasaporte. Si los saudíes me habían permitido entrar en el país con el de Fatma, ¿por qué iban a impedírmelo los americanos cuando presentara el de mi prima? A finales de junio de 1994 recibí la ansiada carta expedida desde América y, por tercera vez, me preparé para la inminente partida.

Una vez más, tendría que volar con Lufthansa. No presentía nada malo. Los alemanes que nos habían atendido en el mostrador de facturación de Dar es Salaam no tenían la culpa del lamentable fracaso con que concluyó mi última tentativa de huida. Su trato había sido correcto; si acaso, para los africanos, pecaba de exceso de corrección.

Mi avión despegaba a primera hora de la mañana; pero antes deseaba pasar una última noche de diversión con mis amigas. Fuimos al Carnivore y no salimos hasta las cinco de la mañana. Bailé tan alocadamente y me divertí tanto, que parecía que lo estaba haciendo por última vez en mi vida. Al amanecer regresé a casa en un taxi. Me desmaquillé, me duché y me cambié de ropa. Mi prima de Seattle me había advertido que fuera vestida con alguna prenda típicamente americana, y ¿qué puede ser más típicamente americano que unos *jeans*, una camisa vaquera y unas deportivas Nike? En cuanto al pelo, me lo había cortado. En Kenia habitualmente lo llevaba teñido; como a muchas africanas me encantaban el cabello rubio y también los tonos rojizos, como la luz del crepúsculo. No obstante, el cabello coloreado me pareció impropio de una americana con ascendientes africanos. Quizá dejándome llevar por mis raíces africanas, resolví lucir mi pelo negro tal cual era. Y no me maquillaría. No me pondría más que unas gotas de perfume. Finalmente, me miré en el espejo y, satisfecha, concluí que mi aspecto no se diferenciaba del de una americana de raza negra.

Mi maleta ya estaba preparada; como la última vez, sólo llevaba equipaje de mano, en el que había guardado ropa sencilla y alguna prenda elegante. Sabía que en Seattle también era verano, pero ¿cómo iba a saber qué temperatura hacía allí en la estación cálida? Así que saqué un jersey del armario antes de partir hacia el aeropuerto en compañía de un montón de gente. De mi familia sólo faltaba mi padre.

Me despedí de mis amigas, en un largo adiós entre besos y lágrimas; de mis hermanos, con un abrazo cariñoso, y de mi madre, con una despedida breve. Luego pasé rápidamente todos los controles con mi pasaporte falso, del que se había ocupado mi padre y, poco después, sobrevolaba la ciudad iluminada por el crepúsculo. A lo lejos despuntaba la cima del monte Kenia entre la neblina matinal teñida de tonos anaranjados.

Pues bien, ya estaba camino de Washington, ¡vía Frankfurt!

En el avión viajaban muchos somalíes. Rápidamente entablamos conversación. El asiento contiguo al mío estaba libre, y no me faltó compañía. Así conocí a algunos pasajeros que tenían sus papeles en regla, a otros que carecían de documentación y a algunos que residían en América y regresaban a su hogar tras haber visitado a sus familiares. A uno de ellos le conté que mi pasaporte era falso y le solicité consejo. «No te preocupes, muchos están en la misma situación –dijo y, dejando vagar la vista por el avión, añadió–: Reza a Dios y todo irá bien.» Buen consejo, aunque, a decir verdad, no estaba inquieta. Estaba convencida de que llegaría a Washington sin sufrir ningún contratiempo. Ni por un instante pensé en la escala de Frankfurt. A lo sumo, experimentaba un vago alivio por no verme obligada a residir en Alemania. Pues cuanto sabía de ese país se resumía en una palabra: Hitler.

Para los keniatas Alemania equivalía a «nazis» y «Segunda Guerra Mundial». Las personas mayores, que a menudo recordaban lo que había sucedido durante la guerra, hablaban despectivamente de los alemanes. No les gustaban, y los somalíes adoptaron su punto de vista sin preguntar. Creíamos que aquel país estaba lleno de nazis, y por eso no queríamos emigrar hacia allí. Además, en los últimos tiempos nos habían llegado noticias de ataques xenófobos e incendios de casas de emigrantes. Nosotros veíamos la BBC y la CNN, y ambas cadenas televisivas nos pusieron al corriente de la perversidad que caracterizaba a aquellas gentes. Sabíamos que el que tuviera la mala fortuna de acabar en Alemania podía caer en las garras de salvajes bandas nazis. Por mi parte, antes de emigrar allí hubiera preferido marchar a Rusia. Pero como estaba segura de que aquella misma noche pisaría suelo americano, los alemanes no me inquietaban en absoluto.

Al atardecer, tras nueve horas de vuelo, aterrizamos en Frankfurt. Era un radiante día veraniego; y cuanto veía se me antojaba increíble y maravilloso. El paisaje era de un verde resplandeciente, el aeropuerto tenía unas dimensiones gigantescas, la gente iba muy bien vestida y ¡todos eran blancos! Jamás había visto nada igual. Hasta entonces había vivido rodeada de personas negras, o al menos ése era el color predominante. En cambio, allí todos eran blancos y me parecían idénticos. No sólo porque apenas podía distinguir unos rostros de otros, sino porque además la gente caminaba del mismo modo, como si quisieran ser los primeros en llegar a alguna parte.

Estaba fascinada. Sencillamente, en aquel país todo parecía ser nuevo. Al acercarme a un edificio del aeropuerto intenté empujar una de esas puertas acristaladas y se abrió sola de repente. «Claro, esto es Europa», pensé. Me dirigí a una escalera que se puso en marcha enseguida y, sin haber dado un solo paso, me depositó en la planta superior. «Vaya, qué fáciles resultan las cosas en este país», pensé. Todo era bonito, todo era nuevo, todo estaba reluciente. No había ni una mota de polvo, ni basura desperdigada, ni ventanas con vidrios rotos y, en el exterior, todo era de color verde. Miraras hacia donde mirases sólo se veían árboles.

«Has aterrizado en otro planeta, Nura –me dije–. Has llegado a Europa, y es preciosa. Ojalá América sea tan bonita como esto...» Tan sólo me disgustaba que, pese a que brillaba el sol, hacía frío. Estaba tiritando, así que me abotoné la cazadora vaquera.

Pues bien, disponía de cuatro horas antes de proseguir el viaje. Asombrada por cuanto me rodeaba, caminé acá y allá, curioseé en el *duty-free*, recobré fuerzas y, cuando vi que se acercaba la hora de mi vuelo, me dirigí a la puerta de embarque. Serena y despreocupada, sin asomo de desconfianza, me coloqué en la fila. Había comenzado mi nueva vida. Recé una breve plegaria y me planté ante la ventanilla. El funcionario alemán que se hallaba tras el mostrador tomó mi pasaporte, le echó un vistazo y, sin alzar la vista, preguntó:

–¿Es suyo?

Tercera parte

ALEMANIA

«Welcome to Germany»

Hacía mucho que había anochecido en Nairobi, pero en Alemania aquel radiante día de junio se prolongaba de un modo extraño cuando mi viaje a América llegó a su fin. El funcionario alzó la vista y dijo:

–Espere aquí, por favor.

Los demás viajeros subieron al avión. Después de que el último hubiera desaparecido por la pasarela que conducía al aeroplano, el hombre se volvió de nuevo hacia mí.

–Dígame la verdad, por favor. ¿Es éste realmente su pasaporte?

Asentí. Se dirigió entonces al teléfono más próximo y mantuvo una larga conversación; regresó y, mirándome, dijo:

–Este pasaporte no es suyo. Sabemos que es usted somalí. No puede subir a ese avión. Tendrá que quedarse en Alemania y solicitar asilo, si así lo desea.

Estaba atrapada.

Hizo otra llamada y acto seguido apareció una mujer. No me devolvieron el pasaporte. La mujer me condujo a través de angostos corredores hasta una pequeña sala de color verde mate iluminada con luces de neón donde no había más que una silla de plástico negra; me dijo algo en alemán y desapareció de nuevo. No tenía escapatoria. ¿Qué harían? «¿Me enviarán de vuelta a Kenia?», me pregunté. Alemania es un país rico, podían permitírselo. Pero los keniatas no me permitirían entrar en el país sin documentación. ¿Acaso querrían enviarme a Somalia? Imposible. Somalia ya no existía. En cualquier caso, fuera a donde fuese, antes de adoptar una decisión me interrogarían. Me preparé para ser bombardeada a preguntas y decidí que simularía ignorar mi situación. Cuanta más información les facilitara más desearían saber.

Al cabo de un rato la mujer regresó. Me habló en tono insistente, curiosamente en alemán, y a cada frase yo contestaba con una única palabra: «Somalia». Poco a poco me fui tranquilizando. «Deja que el fuego se consuma –me dije–. Ya no queda nada que salvar de las llamas.» Seguidamente me pidió que abriera el bolso, me descalzara y desvistiera conservando sólo la ropa interior. «Control», me espetó. Y así, tal como estaba, de pie, casi desnuda, me revisó de arriba abajo, y luego continuó con mi ropa. Había cosido mi dinero a la cintura de los vaqueros, procedimiento muy eficaz, y por el revés había anotado varios números de teléfono en las perneras. Ambas cosas le pasaron inadvertidas, pues sólo le interesaban las etiquetas que indicaban el lugar de procedencia de mi ropa. *«Made in USA»*, murmuraba entre dientes, *«Made in Italy»* y, de pronto, *«Made in Germany, Düsseldorf»*. Ésta correspondía a un alegre vestido veraniego que había comprado en Djidda. Ni siquiera me había percatado de que procediera de Alemania. Y por supuesto no podía sospechar que la ciudad donde había sido confeccionado acabaría resultándome tan familiar como Mogadiscio o Nairobi. Por lo visto, la mujer no encontró ninguna etiqueta de mi país de origen, por lo que me permitió vestirme de nuevo.

El teléfono de la sala sonó; se trataba de una intérprete. A continuación mantuvimos una conversación a tres bandas, que se desarrolló de un modo un tanto complicado pues teníamos que turnarnos con el auricular. La mujer planteaba su pregunta en alemán, me alcanzaba el aparato, yo respondía en somalí y se lo pasaba de nuevo.

–¿Sabes al menos dónde estás? –me preguntó la intérprete al final.

–Sí, en América –dije.

Por primera vez apareció una sonrisa en el rostro de la mujer.

–*Welcome to Germany* –me dijo–. *Please, follow me.*

Seguí a la mujer por otros pasillos. ¿Adónde me llevaba? ¿A un campo? ¿A una cárcel? ¿A una comisaría? Seguramente, las dependencias policiales alemanas no serían como las de Nairobi. La intérprete me había dicho que no tenía nada que temer. Y lo cierto es que no tenía miedo. La mujer abrió una puerta, me recibieron unos policías y pasé a una enorme estancia, abarrotada de gente. Allí había personas de todo el mundo. Gente de todas las etnias. Hombres, pero también muchas mujeres y niños. Probablemente, mis compañeros de infortunio, pero ¿en semejante cantidad? Me asignaron una cama; extrañada de que hombres y mujeres durmieran en la misma habitación, examiné el lugar. Constaba de una gran sala comedor, junto con mesas de ping-pong, duchas y cabinas telefónicas; aunque aquello no podía considerarse en absoluto una cárcel, no había ni un resquicio por donde escapar, pues las ventanas eran de grueso vidrio opalino y la única puerta que conducía al exterior estaba bien vigilada. Al cabo de un rato conocí a un joven somalí y por él supe que me hallaba detenida en el aeropuerto de Frankfurt y que me iban a expulsar del país.

–Aquí acabamos todos los que tenemos mala pata –rió el joven.

Disponía de tiempo para familiarizarme con mi nueva vida, pues no parecían querer deshacerse de mí tan pronto. En aquel lugar todo me parecía muy cuidado. Lo único que me convenció de que aquello semejaba un calabozo fue la comida. Lo peor era el desayuno, sobre todo el té. Nos servían infusiones de menta cuyo olor me daba náuseas. Necesitaba tomar té auténtico, buen té negro con leche, muy cargado y muy dulce. No me bebí la infusión. Y el resto de los alimentos no podía ni probarlos. Nunca había visto algo así. Estaba desfallecida de hambre pero no podía comer. ¡Lo que hubiera dado por un plátano fresco, maduro! Uno de aquellos plátanos somalíes que desprendían un olor tan fuerte que quien pasaba frente a tu casa sabía qué estabas comiendo en ese momento. Al tercer día, mi nuevo amigo somalí me dijo:

–Chica, si no quieres morir tendrás que comer algo. Aquí tengo panecillos, pan negro, queso. Llena el estómago y encomiéndate a Dios.

Un día, haciendo de tripas corazón, me comí un plato de espaguetis. Pero sin la salsa, ya que no sabía si la carne que contenía era de cerdo. El joven somalí sacudió la cabeza.

–En Europa debes comer incluso lo que no te guste –dijo.

La comida era espantosa pero, hasta ese momento, era mi única crítica a Alemania. Una vez al día nos conducían al exterior. Era como una excursión escolar con protección policial. Nuestros autobuses se detenían en un parque, en el campo; unos jugaban al ping-pong, otros al fútbol, algunos se limitaban a disfrutar del sol, pues hacía buen tiempo. Al cabo de una hora regresábamos.

Tal vez lo que más me sorprendió de aquellos días fue que aquellas gentes no diferenciaban entre africanos y europeos. Creía que en Europa tratarían a los negros peor que a los blancos, pero estaba equivocada. Cuando uno se dirigía a los funcionarios alemanes, éstos respondían con calma y amabilidad, fuera cual fuese tu color de piel. Por lo demás, jamás me había topado con policías como aquéllos. ¡Cada vez estaba más convencida de que se tomaban en serio su trabajo! Simplemente, ocupaban sus puestos y, sin eludir nunca sus obligaciones, cumplían con su deber. Ese comportamiento me impresionaba. En África no había visto nunca algo así. Cuando, dos días más tarde, comenzaron los interrogatorios advertí enseguida que no podía engañarles. En sus preguntas sobre mi país de origen se mostraban inflexibles, pero en último término se trataba de una conversación entre personas que se respetaban como seres humanos. Ninguno desahogaba su cólera sobre el otro que, casualmente, estaba en sus manos.

Pues bien, América quedaba, por el momento, descartada; sin embargo, mi situación no me causaba inquietud. Como no sabía qué me aguardaba tampoco esperaba nada, pero, por lo visto, no había motivo para tener miedo. Mi única preocupación era que pudieran deportarme en el acto. Cuatro días más tarde pude respirar. Me habían hecho fotografías y tomado las huellas dactilares, me habían acosado a preguntas durante tres días y al cuarto firmé un papel. Era mi solicitud de asilo en Alemania.

Cuando estábamos libres, esto es cuando no nos interrogaban y nos llevaban de paseo, los africanos nos juntábamos y charlábamos y reíamos mucho. Conocí a dos nigerianas que habían viajado por todo el mundo pues, para conseguir llegar a Alemania, habían probado todas las rutas posibles. Contaban historias increíbles de cómo habían huido y sido expulsadas, y más tarde emprendido un nuevo intento. Pero la persona más interesante era un abogado nigeriano, un hombre de unos cincuenta años. Con él entablé amistad en aquellos días.

Su caso era especialmente amargo. En su país su vida corría peligro, pues había atacado a algunos políticos que trataron de deshacerse de él. Deseaba residir en Alemania a toda costa, había luchado por ello, había gestionado la documentación necesaria ante las autoridades pertinentes, había defendido él mismo su caso en el tribunal, pero los alemanes no le admitían en el país. Era una persona inteligente e instruida, hablaba un excelente inglés; hubiera podido escucharle durante horas y horas, prestando buena atención a cada una de sus palabras.

Él me contó lo que supuso Hitler para el país y cómo se desencadenó la Segunda Guerra Mundial. Me dijo que en aquella época también muchos alemanes se habían visto obligados a emigrar y habían encontrado refugio en otros países. Y que, después de la guerra, muchos no habían muerto de hambre gracias a los paquetes de alimentos que enviaron los americanos. En la escuela nunca me interesó la historia, pero ahora me atrapaba de tal modo aquel tema que no me cansaba de aprender. Luego pasamos a hablar de África, del colonialismo y de cómo los europeos esquilmaron los ricos recursos del continente y esclavizaron a sus habitantes. «De haber podido –decía– nos hubieran robado el sol y lo hubieran enviado a Europa, ese maravilloso astro que ilumina África con claros y tórridos rayos.» No obstante, consideraba a los europeos más inteligentes, refinados y sensatos que los africanos. «Los africanos somos estrechos de miras y egoístas –afirmaba–. Cuando alguien asciende en la administración o asume un cargo gubernamental sólo mira por su bolsillo. Su país le es indiferente. Y, sin embargo, podríamos vivir muy bien únicamente con los recursos que nos brinda el continente, prescindiendo incluso del progreso occidental y de lo que los europeos denominan desarrollo.» En sus opiniones sobre África era muy realista y hablaba sin hacerse ilusiones sobre el futuro del continente. Adoraba los bellos paisajes africanos, pero le entristecía la corrupción reinante entre los políticos. «Los africanos somos los únicos responsables de esa situación, pues consentimos a los políticos que cometan semejantes tropelías. Podríamos esforzarnos en solucionar nuestros problemas por nosotros mismos, pero al parecer a nadie le interesa.»

Aunque aquel hombre había perdido su propia batalla, todavía tenía energía para alentar a los demás. A muchos les vencía la aflicción; para cada uno de ellos tenía un consejo y una palabra amable. «Cuando regreséis a vuestros países no os desaniméis –decía–. Manteneos firmes.» Pero uno de ellos estaba tan desesperado que acabó suicidándose. Yo estaba presente cuando le encontraron por la mañana en el baño. Era de Irán. Se ahorcó con la manguera de la ducha. Durante las noches siguientes los policías atravesaban la sala y comprobaban si cada cual se hallaba en su cama.

Al cabo de una semana llamaron a una serie de personas, y entre ellas estaba yo. Afuera esperaba un autobús. Éramos un grupo de somalíes e iraquíes y nos condujeron a un lugar llamado Bad Schwalbach.

Por el camino tuve oportunidad de ver, por vez primera, una parte más grande de Alemania, y comprobé que era un país realmente hermoso. Brillaba el sol, el paisaje era verde, y las carreteras estaban limpias y bien asfaltadas. Nos llevaron a un enorme campo donde vivían en edificios prefabricados miles de personas originarias de muchos países. Permanecí allí una semana. El trasiego de gente era continuo; todos los días llegaban más autobuses del aeropuerto cargados de refugiados y todos los días partían otros tantos hacia campos de Alemania.

En cuanto llegué telefoneé a mis padres. Hacía una semana que no sabían nada de mí y estaba segura de que se habrían vuelto locos por miedo a que me hubiera ocurrido algo. Pero en el aeropuerto no me había atrevido a llamarles porque me hubieran espiado mientras hablaba. Por supuesto, como era habitual en ella ante situaciones que revestían gravedad, mi madre reaccionó con tranquilidad y resignación; aseguraba que en Alemania podría irme tan bien como en América.

Dos días más tarde, tres jóvenes somalíes se acercaron a mi puerta y se ofrecieron a llevarme a donde quisiera. Pronto descubrí que aquellos hombres hacían negocio transportando a compatriotas hasta Holanda o Inglaterra. Al parecer no les faltaba trabajo, pues Alemania no gozaba de simpatía entre los somalíes. Y precisamente a alguien como yo, que hasta entonces había considerado Alemania un lugar terrible, le ofrecían su ayuda.

–Debes marcharte de aquí cuanto antes –insistieron–. Éste es un país horrible.

A partir de entonces me visitaron a diario. Entretanto, me habían comunicado que sería trasladada en breve a Colonia; una expresión de espanto cruzó los rostros de mis nuevos conocidos, como si aquello fuera lo peor que pudiera sucederme.

–Colonia no es un buen destino, es horroroso –aseguraban–. No es una ciudad para ti. Vivirás sobre el agua, encerrada en un barco. Es mejor que vayas a Holanda; nosotros te llevaremos.

Aquellos hombres me crispaban los nervios. Al fin y al cabo hacía tiempo que vivían en Frankfurt y debían de saber lo que decían.

Si acepté su ofrecimiento fue debido a la comida alemana. Estaba a punto de morir de hambre. Al mirar los panecillos y oler la infusión de menta que nos servían allí como desayuno mi estómago se rebelaba. Los tres hombres me prometieron que tendría comida somalí; así que empaqueté mis cosas y me fui con ellos. En Frankfurt nos acogió una mujer somalí.

–Esta chica se muere de hambre –dijeron–; prepara un guiso somalí para ella, algo con mucho arroz y carne. Pero antes prepárale un té.

Y aquella mujer cocinó como si mi vida dependiera de aquellos alimentos. En dos semanas no había comido arroz, carne ni té negro. Mi padre necesitaba comer espaguetis a diario, y yo necesitaba arroz. Cuando la mujer terminó de cocinar me abalancé sobre el plato como una hiena. ¡Siempre recordaré aquella magnífica comida! No podría decir si mi anfitriona era buena cocinera, pero sus guisos se me antojaron los más exquisitos que había probado en mi vida. Cuando estuve saciada pusieron música somalí y, de repente, se me ocurrió que podía vivir en Europa. Que podía residir allí y, no obstante, seguir siendo africana. «Quiero vivir así, como esta mujer –me dije–. Mientras encuentre en Europa a otros somalíes no me desesperaré.» Así que cuando mis nuevos amigos se ofrecieron a alojarme en su casa, accedí sin dudarlo.

Tenía una habitación para mí sola. Ahora que estaba en un lugar seguro por fin podría quitarme los vaqueros. Aquellos pantalones en los que había cosido mi dinero albergaban toda mi fortuna, y en las dos últimas semanas los había llevado puestos día y noche.

Pero pasaba el tiempo y yo seguía en casa. Todos los días venían y decían: «Mañana te llevaremos a Holanda. Pero antes tenemos que pasar por el campo y reunir más gente para el viaje».

Una semana más tarde estaba tan desesperada que sólo sentía deseos de llorar. Llevaba casi un mes en Alemania holgazaneando sin plan ni objetivo, desperdiciando el tiempo. Pensé en acudir a la policía para que me condujeran a Colonia. Con tal de recuperar mi libertad estaba dispuesta incluso a soportar otra vez la comida alemana.

Aquella misma tarde nos visitó un hombre mayor somalí. Me miró y me preguntó por mi clan. Respondí que era *lali*, lo cual ya debía de haber advertido por mi color de piel y por la manera de expresarme. Luego quiso saber mi subclán y mi estirpe.

–Creo que podrías ser prima de mi esposa –dijo sonriendo–. Acompáñame, te la presentaré.

Me fui con él.

El parecido saltaba a la vista. Aquella mujer se asemejaba extraordinariamente a mí. Su rostro, su figura eran casi mi equivalente, e incluso coincidíamos en clan, subclán y linaje. Así pues, éramos parientes. Sin poder contenerse, rápidamente telefoneó a mi madre a Nairobi. En efecto, mi madre conocía a toda su familia. La mujer me rogó que me quedara en su casa. Y acepté.

Su esposo tenía sus propios planes para mí. «Debes ir a Inglaterra. Yo me encargaré de arreglarlo –me dijo–. América está demasiado lejos, pero Inglaterra es viable. Allí podrías estudiar.» Justo la idea que más me complacía. Así no tendría que dedicar ímprobos esfuerzos a aprender alemán. Y, además, en Kenia los ingleses tenían mejor fama que los alemanes. Pero por otro lado... Con los somalíes que prometían, una y otra vez, llevarme a Holanda salía a veces a bailar. A una discoteca americana. Allí bailaban chicos americanos enormes, negros y blancos, la música era tan buena como en Nairobi; me sentía como pez en el agua. ¿Acaso no podría llegar a sentirme a gusto en Alemania?

Seis semanas más tarde seguía en casa de mis parientes. Tenían dos hijos; al más pequeño, de cinco años, le apasionaba el fútbol. Corría por el pasillo gritando: *«Ich bin Lothar*

Matthäus!»[1]. Y éstas fueron las primeras palabras que aprendí en alemán.

Los dos niños habían nacido allí, hablaban bien alemán y gracias a ellos chapurreé aquel complicado idioma. Pronto intuí que su padre no me ayudaría a proseguir el viaje. Estaba feliz de tener un nuevo miembro en la familia. «Has encontrado a una hermana –me decía–. En nuestra casa no te aburrirás y no tendrás que pagar alquiler.» Lo decía con buena intención, pero ¿adónde me conduciría eso? Tenía que pensar en mi propia vida. Llamé a los jóvenes que querían llevarme a Holanda. «Salimos hoy», me comunicaron. Y me marché con ellos. Seguramente sería más fácil llegar a Inglaterra desde Holanda.

Ya había desperdiciado bastante tiempo. Sabía de dónde venía y quería saber de una vez adónde iba. En Amsterdam me alojaron con una familia somalí que me agasajó con comida somalí; permanecí dos días en su casa. Pero la ciudad no me gustaba. En Frankfurt me había sentido más a gusto. El caso es que se presentaron unos tipos que aseguraban que podían llevarme a Inglaterra. «¿Cuánto dinero tienes?», quisieron saber. «Quinientos dólares», contesté. Se rieron e hicieron un gesto negativo con la mano. Para ellos eso era una cifra insignificante. No volví a verles. Así pues, si no quería telefonear a mis padres y pedirles dinero sólo me quedaba una opción: Colonia. Podía ir allí y vivir en aquel barco y, ¿por qué no?, residir un tiempo sobre el agua, aunque la única vez que había navegado en mi vida había sido en una barca de pasaje por un pequeño río en Kenia. Los somalíes de Amsterdam fueron tan amables que me compraron un billete para Colonia. En la estación de ferrocarril me dijeron al despedirse: «No te preocupes, Dios está contigo. Confía en él y nada te pasará. Esto no es África. Si tienes problemas acude a la policía. En Europa se puede confiar en ellos». Luego llegó el tren y subí.

En aquel vagón estuve sola por primera vez en mi vida. Sola

1. «Soy Lothar Matthäus.»

en un mundo de blancos y rumbo a lo desconocido. Al pasar por las estaciones escrutaba las señales indicadoras de las poblaciones y leía aquellos nombres extranjeros que nunca había oído. ¿Qué me hubiera dicho mi madre en estas circunstancias? «Sea lo que sea lo que te suceda debes afrontarlo. Es lo que yo te enseñé.» Sí, probablemente me diría algo así. Bien, pues no tenía miedo. Al cabo el tren se detuvo en un gran estación; ahí estaba otra vez aquel nombre: Düsseldorf. Y luego venía Colonia. Colonia estación central.

Llegamos hacia las cuatro de la tarde. Bajé al andén y miré en torno: únicamente blancos por todas partes. ¿Y ahora qué debía hacer? Estaba cansada y hambrienta; deposité la maleta y la bolsa de plástico en el suelo, y me lancé escaleras abajo, buscando con la vista algún rostro de color negro. Algún africano que me pudiera indicar dónde fondeaba aquel barco. Pero no hallé a ninguno. Abordé a un blanco, pero hizo caso omiso. Vi dos jóvenes negros al fondo del vestíbulo y eché a correr. Sólo tenía una idea en mente: «Son tus hermanos, te ayudarán». Les di alcance y, efectivamente, sabían dónde estaba el barco. Sólo me restaba recoger el equipaje, pero había olvidado dónde lo había dejado. Así pues, los tres juntos regresamos al andén. En el primer andén, nada; en el segundo, nada; en el tercero, ¡sí, ahí estaba! Atónitos, los dos jóvenes me miraron fijamente.

–No puedes dejar tiradas tus cosas en cualquier lugar.

Esbozando una sonrisa, repliqué:

–Ya no estamos en África. Esto es Europa, y aquí no te roban.

Ambos sacudieron la cabeza. Pero yo tenía razón. Sea como fuere, ahora sabían que tendrían que vigilarme, y me acompañaron hasta el Rin. A mano izquierda se alzaba un puente enorme y oscuro sobre el río, y bajo su sombra había un barco blanco que parecía una casa flotante. No había ningún otro en la zona, así que debía de ser mi barco. Ante él se apostaba un corpulento vigilante; me dirigí hacia él. Pensé que no hablaría inglés, así que le dije:

–*Ich bin Lothar Matthäus.*

Hanna, la etíope

No sin advertirme que me había equivocado de persona llamó enseguida a alguien del barco. Salió una mujer. Hablaba inglés. Tras echar un vistazo al papel que me habían dado en Frankfurt, me preguntó en tono severo que dónde me había metido. Cuando repliqué que me había perdido aceptó mi explicación sin decir una palabra y me condujo a un camarote ocupado por dos mujeres de Ruanda, madre e hija.

Por el ojo de buey contemplé el agua del Rin. Durante los días siguientes me contaron historias de asesinatos y homicidios y de gente que se había arrojado al río. La atmósfera a bordo era tensa. Al parecer muchos de los refugiados procedían de zonas en guerra, y tenían no pocas muertes sobre su conciencia. Aquel barco y sus habitantes no me daban confianza. La comida era idéntica a la de Schwalbach y Frankfurt: para desayunar, en lugar de *injeras* con hígado, nos daban una infusión de menta y panecillos con mermelada. Me moría de hambre otra vez.

Intenté distraerme. Hablaba con la gente, jugaba al ping-pong, paseaba por el puerto y observaba a los transeúntes sólo para no pensar. Para no enfrentarme a la verdad: al hecho de que me hallaba atrapada en un país extranjero, sola y con perspectivas muy inciertas. Diez días más tarde me llamaron, y me dijeron que me trasladarían a Lüdenscheid. A una ciudad que ni siquiera sabía dónde estaba. Pues bien, una vez más subí a un autobús. Sencillamente deambulaba de una ciudad a otra sin saber siquiera qué me aguardaría en mi nuevo destino. Siempre de acá para allá, y vuelta a empezar, sin esperanza ninguna de que la vida me ofreciera más posibilidades en la siguiente parada que en la anterior.

Pero esta vez fue distinto. Las carreteras, las casas, el paisaje..., el viaje hasta Lüdenscheid fue un acontecimiento. Sentada en aquel confortable autobús, me deslizaba por carreteras asfaltadas pasando por la exuberante campiña y me arrellanaba en el asiento con la sensación de que me trataban como a una persona importante. Cuando llegamos a la ciudad encontré nuevos motivos de alegría. Aquel lugar era completamente diferente de los que había conocido. Mi nuevo alojamiento consistía en un antiguo cuartel, dos edificios de cuatro plantas cada uno, con amplios corredores, habitaciones espaciosas, guardería, escuela, enfermería e incluso lavandería, en la que entregabas la ropa sucia y la recogías seca y planchada. Un auténtico lujo. Y además una mezcolanza de pueblos como si, a modo de experimento, hubieran congregado premeditadamente a personas de todo el mundo. Había afganos, kurdos, ceilandeses y africanos de muchas partes del continente. Algunos llevaban meses viviendo allí y, al parecer, en gran armonía, si exceptuamos las continuas peleas por los programas televisivos.

No exagero en absoluto si afirmo que aquello era un auténtico lujo. Nos daban 18 marcos semanales, y ¡desayunábamos té negro! Hasta la comida era buena. Podías elegir entre espaguetis y macarrones, arroz y patatas con diversas salsas; con lo cual cuanto menos conjurabas, temporalmente, el peligro de morir de hambre en Alemania. Sólo tenía que dominar el aburrimiento.

Ver la televisión resultaba imposible. Había un aparato para cien personas y, aunque ninguno hablaba alemán, todos los días se desencadenaban encarnizadas batallas por los programas. Unos querían ver un partido de fútbol, otros un programa musical, algunos una serie, y allí estaba yo, contemplándoles asombrada. En Somalia, mis hermanos y yo nos peleábamos continuamente por el mismo motivo, pero éstas eran personas adultas. Al cabo de dos días estaba harta de tanta pendencia. Necesitaba una ocupación y mi cuerpo requería movimiento. En casa había sido la más activa de toda la familia: corría, jugaba al baloncesto, al fútbol cuando mis hermanos no estaban cerca y, más adelante, había bailado sin descanso durante toda la noche. Mi madre solía decir: «Un buen campesino puede trabajar con cualquier azada». Así que fui en busca de mi azada. Al tercer día me presenté en el guardarropa, hablé con la alemana que estaba al cargo, y me dijo: «Ven, trabajaremos juntas».

Desde la ciudad nos suministraban continuamente ropa de segunda mano. Yo trabajaba en el despacho de recepción clasificando las piezas por grupos: pantalones a un lado, camisetas en otro, zapatos en otro. Eran prendas usadas, pero me daba la impresión de que muchas estaban nuevas. Debíamos anotar las piezas en una lista y enviarlas a la lavandería. Y todo el que llegaba a Lüdenscheid era vestido por nosotras con ropas que estaban prácticamente nuevas.

Entraba una cantidad increíble de ropa. ¡Una avalancha! Y todo donado por la población alemana. Permanecí un mes en Lüdenscheid y, durante ese tiempo, trabajé desde las ocho de la mañana hasta las cuatro de la tarde en el mostrador del guardarropa, recibiendo y distribuyendo prendas. No me aburrí ni un segundo. Cuando venían nuevos refugiados tenía que buscar sus tallas; luego les entregaba un pantalón, un abrigo o zapatos. Por las noches, dormía profundamente. Sólo días después de mi aniversario me percaté de que había cumplido veinte años.

Pero lo mejor estaba por llegar. Conocí a una africana que estaba casada con un médico alemán. Vivía en la ciudad, tenía cinco niños, pero siempre estaba emprendiendo proyectos con el tropel de hijos de refugiados que vivían con nosotros. De ella partió la magnífica idea de montar un grupo de danza y música africana. Realmente no debía de ser difícil. Entre los refugiados había muchos del Congo, y a éstos les vuelve locos la música. Uno de ellos había viajado desde su país natal hasta Lüdenscheid con su guitarra; era un reputado músico en su país. En Lüdenscheid conseguimos procurarnos tambores africanos e interpretamos auténtica música negroafricana. Yo, la única somalí del grupo, me limitaba a remolinear cual *djinn* en torno a los músicos, ya que no hablaba ni francés ni lingala, la lengua indígena. A lo sumo coreaba el estribillo: *«Africa ye, Africa yetu, Africa ye, Africa yeta»* (*yetu* significa «nuestra»). Éramos tan buenos músicos que un día actuamos en un encuentro multicultural que tenía lugar en el teatro de Lüdenscheid.

Primero intervino un coro alemán, luego nuestro grupo. Nos habíamos enlazado primorosamente en torno al cuerpo coloridos pañuelos procedentes del vestuario de la esposa negra del doctor, y pintado las partes libres con motivos decorativos de color blanco, y así entramos a escena, como si saliéramos de la jungla. Nos movimos de modo tan salvaje que el público debió de creer que después soltaríamos fieras en el escenario. Tras la interpretación del coro habían dispuesto algo ligero para animar el ambiente y alegrar un tanto al público. En cuanto a mí, coreaba el estribillo desde el fondo y danzaba con los demás en torno a aquel conocido músico del Congo que tocaba la guitarra; por supuesto descalza, al modo africano. Evidentemente no conocía ninguno de aquellos bailes, pero el público no acogió mal mis improvisaciones. Al día siguiente salimos en el periódico.

Poco después de haber ofrecido a los habitantes de Lüdenscheid una imagen de África tuve la oportunidad de forjarme una imagen de los lugareños de Lüdenscheid. La esposa del doctor y yo nos hicimos tan buenas amigas que me invitó a una fiesta en su casa. Pasó a recogerme por el antiguo cuartel y nos dirigimos a su chalet.

Llevaba diez semanas en Alemania, pero era la primera vez que veía cómo vivían los alemanes. Aquella recepción resultó ser una fiesta distinguida y un tanto singular. Estábamos a mediados de septiembre; pese al frescor de la noche los invitados se sentaban en una terraza cubierta. En un lado llameaba el fuego en una chimenea que me recordaba vagamente a las hogueras que encendíamos en el patio en Mogadiscio. En cambio, dentro, en un espacioso salón lleno de sofás y sillones, no había nadie. Los invitados formaban pequeños grupos y charlaban animadamente de pie, con un vaso en la mano. En las fiestas que celebramos en África uno se sienta, en una silla o en el suelo, y conversamos formando un gran círculo. Pero ¿allí? Nada de eso. Aquella gente se reunía por todos los lados, incluso en el pasillo, y cuchicheaban como conspiradores. Más tarde alguien puso música pero nadie bailaba. Lo único que les interesaba era hablar. «Ven –dijo mi amiga–, dejemos a esta gente tan aburrida, y vamos a bailar.» Así que nos dirigimos al pasillo y bailamos. Pronto se nos unieron unos cuantos, y finalmente la mayoría de los invitados dejaron sus complots para la próxima fiesta y bailaron.

Al principio nadie parecía atreverse a charlar conmigo. Pero después de unas cuantas copas, alguno cobraba ánimo y se acercaba a hablar. Recuerdo que un hombre de negocios me dijo:

–Si se va a quedar un tiempo en Lüdenscheid, señora Abdi, puedo proporcionarle empleo.

–Gracias –repliqué–, pero de eso se ocupa la oficina central de Unna-Massen.

Y ésta dictaminó poco después que, tras cinco magníficas semanas, tendría que abandonar Lüdenscheid y partir hacia Düsseldorf.

Düsseldorf era algo así como el primer premio. Todos me envidiaban y decían que era una ciudad grande y bonita. Si en algún lugar había trabajo era allí. Si encontraba empleo y podía enviar dinero a mis padres, ¡adelante! Tendría tiempo para bailar, para trabajar, además de beber té negro y comer bien; nuevamente contemplaba esperanzada el porvenir. En mi último día en Lüdenscheid me reuní con mis amigos músicos; tocaron, bailé una última vez, y luego partí en autobús hacia Düsseldorf.

Pero Düsseldorf no era Lüdenscheid. Si Düsseldorf era la

realidad, Lüdenscheid había sido un sueño. Que estuviera lloviendo cuando llegamos no contribuyó a mejorar mi humor. Pero que nos trataran tan mal en la oficina de asistencia social al repartirnos por edificios prefabricados de diferentes partes de la ciudad me resultaba inaudito. Para ellos los refugiados éramos humo. No me dieron más que una dirección, con la que nada podía hacer. Sin ninguna explicación. Allí estaba yo, en un lugar desconocido, en una ciudad extranjera bastante grande en la que no conocía a nadie y sin nadie que me indicara el camino. Por fortuna, uno de mis compañeros de viaje se acordó de una joven negra que vivía allí. La telefoneó, y ella me acompañó, bajo la pertinaz lluvia, a mi nueva morada en el distrito de Reisholz. «Es una lástima que no hayas llegado antes –dijo–. Ahora empieza el otoño.»

Detrás de un terraplén, se alzaban cinco construcciones alargadas de viviendas prefabricadas. El portero me entregó una manta, dos cacerolas, un cubo y una fregona; empujó el portalón del tercer bloque, me precedió por un angosto corredor sin decir palabra y me dejó ante la habitación número 51. Abrí la puerta y la cerré enseguida; aguardé unos instantes y la abrí de nuevo. La misma imagen estremecedora en ambos casos.

Comprendí que tenía que empezar desde cero, y me sentí mareada.

En Lüdenscheid tenía una silla. En Lüdenscheid tenía una mesa. En Lüdenscheid las paredes están revestidas de papel pintado y no había ni una cucaracha en la habitación. Allí las cucarachas corrían arriba y abajo por las paredes cubiertas de garabatos. Un estrecho ropero, una cama, un lavabo y un hornillo, eso era todo, y aquél sería mi alojamiento por el momento. Un joven iraquí al que conocía de Lüdenscheid asomó por la puerta, paseó la vista por la habitación y, encogiéndose de hombros, dijo:

–Tengo hambre. Vamos a comer algo.

Fuimos a su habitación, preparó pasta con salsa de tomate y

comimos en silencio. Una mujer –de Yugoslavia, según me enteré más tarde– entró en la estancia y, dirigiéndose a mí, preguntó:

–¿Eres nueva?

No la entendí. La mujer insistió.

–¿De dónde?

–Somalia –respondí.

La mujer señaló al edificio aledaño donde vivían africanos, según dijo; sonrió y se marchó. Terminé mi plato de pasta y regresé a mi habitación. Comencé a fregar las desnudas paredes embadurnadas de pintadas, cambié las sábanas y me senté en la cama. Estaba como paralizada. Empezar completamente desde abajo... ¿Cómo iba a hacerlo? ¿Por dónde debía empezar? ¿Qué podía una hacer frente a semejante situación? Tal vez convendría hacer una breve visita al edificio de los africanos. Cobré ánimos y me dirigí allí.

De una puerta salía luz y ante ella se hallaba una mujer. Una etíope con labios rojo fuego. Apoyándose en el marco, me examinó de arriba abajo. Con una mirada como una declaración de guerra. Le dije «hola» y, remedando mi saludo, me contestó con la misma palabra y no dijo nada más. A continuación cerró la puerta tras ella y me quedé sola en el corredor.

Esa etíope era Hanna.

Y Hanna no era una mujer cualquiera. Como descubrí mucho tiempo después, en su país era una conocida cantante que había padecido mucho. Estaba viva gracias a una apendicitis. Por aquel entonces, en Etiopía se había desencadenado una guerra civil; ella solía actuar para los soldados y un día la contrataron para participar en un gran concierto en el frente. Intervendrían muchos artistas etíopes, pero Hanna tuvo que cancelar su actuación debido a un ataque de apendicitis. El camión que transportaba a los artistas fue alcanzado por una granada; todos murieron. Todos excepto Hanna, que aquel día se hallaba en el hospital tras haber sido operada.

Conozco este hecho porque Hanna se convirtió en mi mejor

amiga. La mejor que he tenido nunca. Sin embargo, en aquellos días era una persona insufrible. Hanna no puede disimular sus sentimientos, más o menos como las somalíes. Si quiere a alguien lo quiere. Y si no puede soportar a alguien se lo hace notar claramente. A mí me consideró inaguantable desde el principio, lo cual resultaba fácil de comprender.

Ninguna de las dos teníamos en alta consideración al pueblo de la otra. Etíopes y somalíes estuvieron en guerra, desencadenada en la época de mi niñez; habían sido adversarios y siguieron siendo enemigos. Los etíopes ganaron la guerra en 1978; a pesar de ello, en Somalia les tildaban de cobardes. En mi país se hablaba mucho de ellos y de forma despectiva; en las fiestas circulaban chistes sobre etíopes. «¿Sabes por qué los etíopes orinan por las noches en sus propias cabañas? Porque temen a la oscuridad.» «¿Sabes por qué comen carne picada cruda? Porque de día ni siquiera se atreven a salir para recoger leña.» Que los etíopes se hubieran impuesto en la contienda bélica no era óbice para que siguieran siendo cobardes. Y a su vez ellos nos consideraban peores que hienas. «Vosotros matasteis a muchos de los nuestros», me dijo Hanna tiempo después. Así pues, nuestra amistad comenzó con una sincera animadversión que ella me hizo sentir en los siguientes días a la menor oportunidad.

En aquel pequeño mundo de construcciones prefabricadas los caminos se cruzaban continuamente. Quiso la casualidad que aquel mismo día trabara amistad con dos jóvenes etíopes que vivían en el mismo corredor que Hanna. Me invitaron a su cuarto, me ofrecieron té, pusieron la mesa para mí, rieron conmigo, y de repente era como si estuviera en África. Los visitaba con frecuencia. Hanna me volvía la espalda, aunque sin fruncir siquiera sus grandes y hermosos labios y sin hacer comentarios despectivos. Yo no entendía una palabra de amhárico, pero cualquiera percibe si hablan bien o mal de uno. Y sus miradas eran harto elocuentes.

No obstante, trabamos amistad. Su habitación ejercía un mágico poder de atracción sobre mí. La puerta estaba siempre abierta y su cuarto era fantástico. ¡Qué bien lo había arreglado! Tenía alfombras parecidas a las de mi príncipe saudí, espejos y lámparas, un televisor e incluso un armario con cortas patas arqueadas. «¿Cómo ha conseguido todo eso?», le pregunté a uno de mis nuevos amigos etíopes. «Llevamos aquí medio año», replicó. Pero ¿acaso eso era una explicación? ¿Debía una aguantar el tiempo suficiente para poder disponer de un apartamento tan espléndido?

Contra su voluntad me convertí en una invitada habitual, pues nadie podía evitar a Hanna. Ella era la rutilante anfitriona de nuestra pequeña sociedad. Casi cada noche demostraba que podían organizarse grandes fiestas en apenas once metros cuadrados. Dos semanas después organizó una ceremonia del café etíope, y acudieron montones de etíopes de toda la ciudad, hasta de pequeñas localidades de la cuenca del Ruhr, entre ellos viejos amigos suyos, convidados fijos por así decir, pero también otros a los que yo nunca había visto por la zona. Los invitados se apiñaban en su acogedora sala y Hanna, ataviada con un vestido etíope blanco, se sentaba entre ellos como una soberana, tostaba los granos de café, quemaba incienso y aromas desconocidos para mí se extendían por la habitación. Yo me acomodaba junto con los invitados y contemplaba cuanto sucedía con extraordinario asombro. Hablaba con éste, hablaba con aquél: nadie parecía trabajar. Y me asaltaba la impresión de que a aquellos etíopes les iría muy bien mientras pudieran celebrar sus fiestas. Eran francamente felices en su pequeño mundo etíope ubicado en Alemania.

Después sonaba la música y todos bailaban esa danza etíope de movimiento de hombros tan curiosa. Aquello me hizo reflexionar. ¿Era eso lo que quería? ¿Festejar y bailar y haraganear? Todos parloteaban y bailaban y reían, pero mi mente estaba en otra parte. Sólo pensaba en cómo escapar de aquello. ¿Cómo podía evitar acabar convirtiéndome en uno de aquellos seres ociosos, despreocupados? Seguía allí sólo para no estar metida entre mis cuatro paredes. Sin la compañía de otras personas me hubiera vuelto loca.

En ese momento me abordaron unos etíopes, el uno con una pregunta, el otro con una broma, otro diciendo: «Ven, vamos a bailar. Mueve los hombros, hazlos girar. Observa cómo lo hago». Y luego alargaban el cuello como grullas y siseaban las melodías como serpientes y proferían trinos de júbilo. Todos estaban radiantes de alegría, reían, y yo bailaba en medio de aquella multitud, moviendo los hombros en círculo y extendiendo el cuello y casi tan exultante como ellos.

Así transcurrían más o menos las noches, aunque en otras ocasiones en círculos más reducidos. A Hanna le encantaba guisar; era una cocinera excelente. Por ello en su habitación siempre había algo de comer, siempre pasaba alguien con cerveza suficiente para todos, y entonces comenzaba otra de esas veladas que no concluiría tan pronto. Quien quería bailar se pasaba por su cuarto; hasta las yugoslavas se dejaban arrebatar bailando aquella curiosa danza etíope. Hanna solía cantar; a veces improvisaba cantos, como hacíamos en Mogadiscio con la abuela cuando éramos pequeños. Al parecer, en Etiopía también es muy común que en tales tonadas se haga mofa de otros, pues su público se desternillaba de risa cuando se zahería a alguno de los muchos pueblos etíopes, como los *tigriñjos* del norte del país, por ejemplo. Los que pertenecían a dicho pueblo protestaban a voz en grito, pero todos sabían que se trataba de una chanza y nadie se lo tomaba a mal. Hanna deseaba llevar alegría y vida y buen humor a nuestro bloque y de hecho lo conseguía; seguramente como lo hacía antes en su país, cuando tenía que levantar la moral a los soldados del frente.

Hanna no me prestaba atención. Me admitía entre sus invitados, pero no me mostraba simpatía ni por asomo. Aunque ya pertenecía a la familia de nuestra pequeña comunidad, prácticamente nadie reparaba en mí. Hasta que comencé a jugar con su hija. Hanna era ocho años mayor que yo, su hija tenía año y medio; cuando me veía jugar y mimar a su pequeña, quizá pensara: «No puede ser tan mala esta somalí». Lo deducía de su expresión, pues no podíamos hablar entre nosotras: yo apenas entendía alemán y Hanna casi no hablaba inglés. Lo mejor era el lenguaje por señas. Un día estábamos sentadas frente a frente en su sala de fiestas de once metros cuadrados cual dos sordomudas; señaló una cazuela del fogón en la que estaba guisando pollo picante y preguntó: «¿Comer?». Y luego, apuntando a su cama, añadió: «Esta noche, ¿dormir aquí?».

Y así, si no me traiciona la memoria, se rompió el hielo.

¿Soy una mujer después de todo?

La separación de mi familia, la soledad, la inactividad, la espera, todo era desfavorable en aquellas primeras semanas en Düsseldorf, con el otoño trocándose lentamente en invierno. Pero nada me afectó tanto como saber que no todas las mujeres del mundo estaban circuncidadas.

Al principio no concedí importancia al turbulento trajín que tenía lugar por las noches en nuestro pequeño enclave de construcciones prefabricadas. Me chocaba pero no me daba que pensar. Chicas más jóvenes que yo dejaban a sus amigos pasar la noche con ellas. Y al parecer dormían juntos, pues a la mañana siguiente alardeaban de ello. Aquellas mujeres, ya estuvieran casadas o no, no mantenían en secreto sus aventuras y sus noches de amor. Yo no podía dar crédito a mis oídos. Y tales conversaciones me resultaban perversas y desagradables. ¿Cómo podían alardear de su deshonra? Apenas entendía una palabra de lo que decían, pero mis amigos etíopes hablaban bien inglés y me pusieron al tanto. Además saltaba a la vista. Para un somalí aquello era escandaloso. En mi país las relaciones tienen lugar en el seno del matrimonio, en casa y en privado, y nadie habla de ellas. Pero ¿allí? Las yugoslavas, sobre todo, abrazaban y besaban descaradamente a sus amigos ante mis propios ojos. Yo no podía ni mirar. Me repugnaba tanto que cada vez que me topaba con alguien en esa actitud me encerraba en mi habitación.

Al principio me di por satisfecha con la explicación de que

eran gente sin cultura. Que procedían de países sin tradición. Es cierto que hubiera podido preguntar a Hanna, pero ella no hablaba inglés. En lugar de eso me contenté con dar ejemplo de cultura y tradición. También yo tenía muchos admiradores, entre ellos un joven blanco muy tenaz, de buena familia, que tenía dieciocho o diecinueve años. Posiblemente tenía debilidad por las mujeres negras, y aquellas jóvenes recién llegadas a Düsseldorf-Reisholz desde África le fascinábamos. Sea como fuere, el caso es que estaba enamorado de mí, aunque no se atrevía a decírmelo. El cortejo rápido de los africanos no es propio del estilo de los alemanes. Así que se quedaba sentado contemplándome con mirada lánguida y sufriendo mientras le servía té y charlaba con él. Al llegar la noche, como al resto de mis galanes, lo enviaba a su casa. Cuatro semanas más tarde corrió la voz de que yo era la única que no tenía relaciones con hombres.

Un día, Hanna me preguntó:

–¿Qué te sucede? ¿Por qué no tienes novio?

Mi intérprete tradujo. Hanna me miró como si hubiera comprendido de repente, y dijo:

–Ya entiendo, eres una somalí.

Desconcertada, inquirí:

–¿Qué quieres decir?

–Que a las somalíes os circuncidan –replicó.

Me cruzó una idea atroz por la mente.

–¿Acaso a ti no te han circuncidado? –pregunté incrédula.

Hanna torció el gesto.

–Pero ¡qué te piensas! ¡En Etiopía no estamos tan locos!

Y así se divulgó la noticia.

Así descubrí que hay dos tipos de mujeres en el mundo.

Pronto todos hablaron de mí. Hanna proclamaba a los cuatro vientos: «¡Está circuncidada! ¡Nuestra somalí está circuncidada! Le han cortado y cosido los genitales»; y a partir de entonces me convertí en el único tema de conversación. Nuestro pequeño mundo estaba ya muy poblado –había grandes familias afganas cargadas de hijos, muchos africanos y también yugoslavos e iraquíes–, pero la noticia se extendió con rapidez pasmosa. Y en todos los sitios tropezaba con miradas de consternación, de incredulidad, de conmiseración. Las yugoslavas parecían no encontrar sosiego. «¿Cómo pueden hacerle algo así a un chica tan guapa?», se lamentaban, sacudiendo la cabeza y creyendo que debían consolarme. Para mí aquello era una auténtica pesadilla. ¡Ni siquiera las afganas estaban circuncidadas! «Los etíopes son cristianos –reflexionaba–; eso explicaría por qué no practican la circuncisión. Pero los afganos son musulmanes, como yo, ¿y sin embargo no lo hacen?» Tenía la sensación de que me precipitaba en la inmensidad.

Lo peor era que parecían considerarme una mujer mutilada, una mujer a medias, incapaz de experimentar ciertos sentimientos. Se comportaban como si hubiera sido víctima de un crimen, como si fuera una vergüenza estar circuncidada, ¡y yo siempre había creído que aquello hacía de mí una mujer pura! No podía tolerarlo. Hanna y yo andábamos a la gresca.

–¿Acaso estás orgullosa de ser una mujer sucia? –le espeté–. Tal vez crees que es mejor ser una mujer nauseabunda como las que no han sido circuncidadas. Pues bien, al menos yo soy una mujer pura, y no un ser nauseabundo y maloliente. –Estaba fuera de mí–. ¿No te avergüenza que tus genitales sean como los de una prostituta?

Y Hanna replicó sarcástica:

–Vuestros genitales son lisos como una pared. Os han extirpado los sentimientos. ¡Os han destrozado!

Temblando de cólera, le grité:

–¡Mírame! Soy un ser humano como tú. Tengo los mismos sentimientos que tú. ¡Y puede que sea capaz de profesar mucho más amor que tú! Y para que lo sepas, los somalíes seguiremos circuncidando a nuestras hijas. ¡No queremos que sean como vosotras!

¿Qué pensaba esta etíope? ¿Que podía denigrar mi cultura así como así? ¿Que no iba a defenderme?

Pero en realidad no sabía de qué hablaba. En realidad no sabía nada. Ni sobre mi cuerpo ni sobre el amor. Me veía en una situación que no hubiera podido imaginar ni en mis peores pesadillas. En Somalia sólo había oído buenas palabras sobre la circuncisión, como un hecho venturoso. Ahora estaba rodeada de gentes a quienes esa palabra les provocaba espanto al mencionarla. Tras examinar detenidamente la cuestión llegué a la misma conclusión que los demás: que había algo raro en mí. Me sentía intranquila.

Y la vida, vivir conmigo misma, se me hizo más difícil. Por vez primera pensaba que quizá nunca había experimentado los sentimientos propios de una mujer. Tenía mucha aceptación entre los hombres. Me cortejaban. Pero no quería saber nada de ellos. El siguiente siempre aparecía por sí solo, así que apenas les prestaba atención. También lo hacía por evitar que perdieran el tiempo conmigo. No quería robarles su tiempo. Para mí sólo existía la amistad. Los hombres no lo entendían. Se enamoraban de mí, se hacían ilusiones, soñaban con vivir conmigo. Y tenía que desengañarles. Los hombres eran para mí una agradable distracción, pero no podía dar a aquellos jóvenes enamorados lo que deseaban de mí. El que se prendaba de mí era digno de lástima. Pero lo peor era que empezaba a creer que estaba desperdiciando mi vida. ¿Para qué servía? Había recibido mucho amor y, sin embargo, no estaba dispuesta a corresponder a ese amor. ¿Acaso todas las mujeres circuncidadas eran como yo?

No es que me hubiera abandonado el ansia de vivir. En Düsseldorf volví a salir por las noches, pues también allí había discotecas. Llevaba más de un año en la ciudad trabajando y ganándome la vida cuando, una vez más, puse en práctica mi plan habitual: bailar hasta caer rendida, un refresco de cola y luego, al cabo de un rato, vuelta a casa sola. La gente conocía mis hábitos. Una noche un hombre me dijo:

–Te veo aquí casi cada noche. Bailas o te quedas mirando. Conozco a tus amigas; cuando vienen siempre tienen hombres a su alrededor. Sólo tú vas siempre sola. ¿Eres lesbiana?

Aquel hombre era el propietario del local. Riéndome, contesté:

–Es mi estilo. Bailar y nada más.

–Me gustas –dijo–. Me casaría con alguien como tú.

Me quedé callada. Y, como tantas otras veces, pensé: «¿Cuándo aceptarás a algún hombre? ¿Cuándo cobrarás ánimo y te enamorarás?». Pero enseguida veía alzarse ante mí las mismas montañas de dificultades de siempre. Debía de existir alguien que conociera y comprendiera mi problema.

No obstante, también aprendí algunas cosas. Lo más importante era que aprendí a hablar abiertamente de la circuncisión. Tiempo después, incluso pude hablar con naturalidad de ello con los hombres, pero al principio tales conversaciones tuvieron lugar sólo entre las mujeres del recinto de edificios prefabricados. Hanna, que tenía la lengua ligera pero buen corazón, desbarató mi disparatado elogio de la circuncisión e impartió una lección explicativa en el campo de refugiados: «Para las somalíes es algo normal –aclaraba ella–. A pesar de la ablación son mujeres normales, que se casan y hacen el amor y tienen hijos. Todo es completamente normal».

Por lo demás, mi nueva vida seguía su curso. De los ochenta marcos mensuales que recibíamos destinaba cuarenta al abono mensual para el tranvía y el resto a crema facial, jabón y tarjetas de teléfono. Nuestras raciones de comida consistían en arroz, pepinos, tomates, aceite, sal, azúcar y dos tortas de pan turco por semana. Y no cabe olvidar el pollo. Para mí no era alimento digno de tal nombre, pero sin los guisos etíopes de Hanna no hubiera sobrevivido. En lo que se refiere al mobiliario de mi habitación, mejoró de improviso cuando Hanna, radiante de alegría, me anunció que se acercaba el día de la «recogida».

Ésa era la palabra mágica en aquella comunidad. Para algunos era lo único que daba sentido a su vida. La «recogida» consistía en recuperar muebles y enseres usados, y ninguna otra palabra era capaz de provocar tan desaforada alegría como aquélla.

A comienzos de noviembre llegó por fin el ansiado día. El tiempo era gélido. Debía haberme abrigado más, no llevar sólo mis frescas ropas veraniegas de Seattle. Pero era mi primer invierno en Alemania y no sabía que las temperaturas podían llegar a ser tan bajas. Además, quería demostrar a las yugoslavas que las somalíes éramos tan aguerridas como ellas, que iban sin chaqueta ni abrigo, vestidas únicamente con jersey y vaqueros. Al final de aquella noche caí enferma debido al frío, pero tenía un cuarto de ensueño.

Salimos hacia las ocho de la tarde, las etíopes, las yugoslavas y yo. Cuando vi todo lo que estaba tirado por la calle no podía dar crédito a mis ojos. ¡Un juego de café completo, con sus doce tazas y sus doce platillos! Había tomado a Hanna por una persona rica a causa de su aparato de música y sus otras posesiones, pero es que en Alemania encontrabas cuanto quisieras en la calle. Las yugoslavas aguzaban la vista con ojos expertos. Examinaban atentamente cuanto veían, y decían: «No, esto no es bonito, sigamos. Pero fíjate en aquello, en aquel aparato enorme, eso es para Nura». ¡Un televisor! Yo era la única que no tenía ninguno. Seguimos arrastrando más enseres, y yo sin guantes. Nuestro carrito de la compra estaba completamente lleno; parecíamos animales de carga. Y cuando ya no pudimos acarrear más, dimos la vuelta, llevamos nuestras adquisiciones a casa y de nuevo nos pusimos en marcha. Fuimos de casa en casa, recogiendo al instante cuanto encontrábamos, hasta las dos de la madrugada. Aterida de frío y exhausta, caí rendida en la cama.

Tras mi primera jornada de captura tenía una mesa, un televisor y una cadena musical. Por supuesto, la mayoría de aparatos no funcionaba como era debido. Pero uno de los etíopes era técnico. A la mañana siguiente pasaba de cuarto en cuarto, ajustaba unos cables por aquí, atornillaba acá y allá y, de repente, tenía música en mi habitación. Luego llegó Hanna con una alfombra para mí, observó que necesitaba cortinas y me las proporcionó. No tenía de qué preocuparme; mi bienestar, mi entretenimiento, mi mobiliario, todo se hallaba en manos de Hanna. Sólo había un problema: no deseaba quedarme sin hacer nada en aquel edificio prefabricado cuatro semanas más, aguardando a la próxima «recogida». Seguramente Hanna y las yugoslavas estaban encantadas con aquel modo de vida: sin pensar nunca en el futuro y disfrutando del acopio de enseres viejos. Pero eso no era para mí. No había abandonado África para eso. No podía dejarme atrapar por el hechizo etíope.

Lo primero que debía hacer era inscribirme en un curso de alemán. Y no sólo para poder comunicarme con Hanna sin necesidad de intérprete. En la oficina de asistencia social me informaron de que debía abonar la matrícula del curso, treinta de mis ochenta marcos mensuales. Eso significaba que ya no podría comprar crema ni jabón ni tarjetas telefónicas para mis llamadas a Nairobi. O bien que debía renunciar al abono mensual para el tranvía. Me decidí por el curso en lugar de la tarjeta de transportes.

Además quería trabajar. En la oficina de asistencia social me plantearon dos opciones: ayudar al jardinero del cementerio o trabajos de limpieza. Ambas por dos marcos la hora. Elegí la segunda, ya que no me creía capaz de sobrevivir ni un solo día en un camposanto con semejante frío.

A partir de entonces me levantaba cada día a las cinco de la mañana. Salía a las gélidas calles, me dirigía a la estación central, continuaba hasta el mercado, de seis a ocho limpiaba la oficina del conserje y barría el aparcamiento, y al amanecer estaba de vuelta en una habitación en la que nadie me esperaba. Luego seguía un nuevo día sin sentido en el edificio prefabricado, y por la tarde, haciendo acopio de mis fuerzas, asistía al curso de alemán. Dos semanas más tarde estaba exhausta. Jamás hubiera imaginado que mañana tras mañana me encontraría, aterida de frío, en un oscuro aparcamiento, amontonando hojas secas por dos marcos la hora.

Y jamás había imaginado que pudiera llegar a sentirme tan sola. Observaba a los alemanes tras las iluminadas ventanas de sus viviendas y me figuraba que eran dichosos, que debían de ser felices, aun cuando quizá no lo supieran pues vivían en su propio país y en sus propias casas. Y cierto día especialmente desapacible, frío y húmedo, en aquel aparcamiento anexo al gran mercado me sobrecogió la idea de que nada me deparaba el porvenir. Que si en ese instante me desvaneciera en el aire, nadie me echaría de menos. Entonces rompí a llorar.

Mis hermanas y yo habíamos trabajado sin descanso, tanto cuando vivíamos en Nairobi como en Mogadiscio. No éramos unas chiquillas consentidas ni tratadas con miramientos. Pese a ello nos conducíamos cual pequeñas soberanas. ¡Cómo dábamos órdenes a las muchachas que trabajaban en nuestra casa! Bastaba gritar: «¡Té!» para que nos lo sirvieran al momento. Para nosotras no eran más que animales de carga. Cuando me acordé de aquellas chicas lloré desconsoladamente.

«Tu situación no es única en el mundo –me dijo mi madre cuando la telefoneé poco después, aún sollozando–. Muchos se ganan la vida limpiando. ¿Acaso crees que eres mejor que ellos? No es lo que querías, ni lo que yo deseaba para ti; siempre me he preocupado por tu futuro, pero así son las cosas ahora y debes mantenerte firme.» Jamás hasta ese momento mi vida había sido tan descorazonadora. No sentía ningún calor en mi interior. Ya no tenía energías. Pocos días después, una ambulancia me trasladó al hospital a altas horas de la madrugada porque sufría de fuertes dolores de vientre.

Y a partir de ese momento me sucedieron una serie de acontecimientos maravillosos. El primero fue que vinieran a buscarme en ambulancia, a mí, una pequeña solicitante de asilo, y además a medianoche. Apenas podía creerlo. Y el siguiente fue aquel hospital alemán en el que para mí casi todo era milagroso. Yacía sobre una cama bonita y limpia en una habitación bonita y limpia, y cada hora pasaba una enfermera que se interesaba por mi estado de salud y ¡me hablaba en inglés! En los hospitales somalíes y keniatas nadie se ocupa de ti. Ya puedes gritar de dolor que los doctores no te miran siquiera, y los enfermeros no te dispensan la menor atención. En cambio, en Alemania la atención médica es fantástica. Los doctores te escuchan con atención, te explican cómo van a proceder y si hablas un idioma poco usual te facilitan un intérprete. Estaba conmovida. Aquella gente tenía corazón. Me animaban a comer, me cogían de la mano, me infundían ánimos; era maravilloso. ¿Y algunos aseguraban que los alemanes eran insensibles? Deberían ir alguna vez a Kenia. Allí haces cola todo el día, esperando en una larga fila antes de conseguir que te vea un doctor. Si tienes suerte, puede que al final del día regreses a casa con media caja de aspirinas.

Abandoné aquel hospital de Düsseldorf con el ánimo renovado. Y aunque aún era invierno y hacía un tiempo gélido, me sentí reconfortada.

Si quieres trepar a un árbol...

«Algún día formarás parte de este país –me decía–. Algún día llevarás en este país una vida normal.» Sólo deseaba ser alguien en Alemania, como había sido alguien en Mogadiscio y en Nairobi. Estar excluido de la vida que te rodea es lo más difícil de soportar.

Mi madre había dicho siempre: «Si quieres trepar a un árbol tienes que empezar desde abajo». Cada uno de nosotros, Hanna y su gente, así como mis vecinos nigerianos, había sido alguien en su lugar de origen y todos debíamos empezar de nuevo desde abajo. Pero juntos nos resultaría más fácil. No me llevó mucho tiempo convencer a los nigerianos pero sí a Hanna. Le seguía resultando sospechosa; encontraba incomprensible que yo fuera la primera en encontrar trabajo cuando había sido la última en llegar. Pero se dejó contagiar por mí. Poco tiempo después todos teníamos trabajo: los nigerianos en el cementerio y Hanna en un servicio de limpieza similar al mío. Y así, mientras tanteábamos el terreno y entrábamos en contacto con el mundo, nos enteramos de que una empresa aceptaba a personas sin permiso de trabajo. Hanna y yo lo intentamos y tuvimos suerte. Fuimos admitidas.

Un día de trabajo y todas nuestras ilusiones se habían desvanecido. En aquella empresa no éramos más que esclavas. Allí todos eran esclavos. Reinaba aún un tiempo gélido y estábamos de pie, arropados con nuestros abrigos y chaquetas, en una enorme nave sin caldear, trabajando como máquinas, a destajo. Envasábamos gel, plegábamos y empaquetábamos cañitas de plástico, encorchábamos botellas, añadíamos un pequeño lazo de color verde a frascos de perfume y los empaquetábamos. Por cada quinientas botellitas decoradas y empaquetadas nos daban treinta pfennigs. Por cada quinientas pajitas dobladas y empaquetadas nos daban otros treinta pfennigs. Doce horas diarias. De pie. Teníamos que tratar cada cañita por separado, pero para llegar al menos a treinta pfennigs debíamos tomar diez a la vez y, crac, doblarlas al mismo tiempo. Los propietarios nunca se dejaban ver.

Teníamos que llevar la comida. Hanna siempre tenía *injeras* secas que, por supuesto, se quedaban heladas y teníamos que ablandarlas a golpes mientras trabajábamos. Así pues, envueltos en nuestros abrigos, de pie, doblábamos pajitas con los dientes, que nos castañeteaban de frío, y al acabar el mes... ¿Qué puedo decir? Habíamos pensado: ahora nos contrata un empresario justo, ganaremos un salario justo. Pero cuando terminó el mes hicimos cola en una larga fila frente a la caja, extendimos la mano y ¡nos pagaron 230 marcos! ¡Vaya panda de pobres diablos reunía aquella empresa! Sólo africanos recién llegados de sus países que en cuanto se instalaban en Alemania eran explotados como esclavos. Hanna estaba conmocionada. Cada día dejaba a su hija sola trece horas; por las mañanas le ponía pañales limpios que le quitaba por la noche, se mataba a trabajar el día entero y ¡al final del mes la despachaban con 230 marcos! Dos meses más tarde abandonó.

Pero el asunto, no obstante, había merecido la pena. Allí nos hablaron de una empresa que, según decían, actuaba de otro modo. Gran consejo de guerra en el edificio prefabricado, y convencimos a Hanna de nuevo para que trabajara en ella. En aquella empresa fuimos tratados como seres humanos. El trabajo era el mismo, pero nos pagaban tres veces más por cuatro horas diarias. Los jefes, dos alemanes que eran hermanos, solían pasarse por la fábrica y ¡en ocasiones incluso arrimaban el hombro!

Así pues, habíamos conseguido cuanto menos asirnos a una rama de nuestro árbol, aunque seguíamos con los pies pegados al suelo.

Entretanto me gané un lugar en el corazón de Hanna. Aunque nunca lo demostró. Se mostraba cordial conmigo, pero no más amable que con los demás. Seguía interpretando su antiguo papel: la escéptica etíope que tiene buenas razones para desconfiar de los somalíes, pero que hace una excepción conmigo. Por las mañanas, muy temprano, solía llamar a mi ventana y decía: «¿Qué hay, somalí? ¿Has comido?». Y venía a buscarme en cuanto regresaba de la ciudad. Aunque aún mantenía sus maneras un tanto esquivas, se notaba que me había tomado aprecio. Una tarde dijo: «Esta somalí acaba de llegar a nuestro edificio y ahora trabajamos todos. Nos ha puesto en marcha».

Yo estaba cada vez más ocupada. A través de una empresa de trabajo temporal encontré empleo en un distinguido restaurante de la Königsallee, un trabajo legal. No estaba muy bien remunerado, pero comparado con la limpieza de la oficina y el aparcamiento anexo al gran mercado era un auténtico placer. Por la mañana limpiaba en el restaurante –fregaba los baños, limpiaba la cocina, frotaba las mesas–, y luego empaquetaba gel de baño y frasquitos de colonia en la empresa de los dos simpáticos hermanos. El porvenir continuaba siendo sombrío pero el presente me parecía más despejado. El personal del restaurante era amable, nos encontrábamos preparado el desayuno, incluso disponíamos de tiempo para tomarlo, y en ocasiones incluso me daban propina. Por supuesto, nunca alcancé a pasear por la Königsallee mirando escaparates.

El simple hecho de que tuviéramos trabajo era un logro increíble. Pero quienes preferían holgazanear no sospechaban siquiera cuántas molestias se ahorraban. Sin permiso de trabajo no podías trabajar. Pero sin empleo no obtenías el permiso de trabajo. Si me presentaba en una empresa que quizá tuviera algo para mí me pedían que les mostrara mi permiso de trabajo. Me dirigía a la oficina de empleo donde me requerían en primer lugar una confirmación de contrato. Me sentía como un balón: empujada de un lado a otro.

Al parecer, la administración se desentendía de cuanto consideraba innecesario. No podía estudiar, debía pagar el curso de alemán de mi bolsillo y para ganar el dinero necesario debía vencer un sinnúmero de dificultades. Incluso los trabajos de dos horas que asignaba la oficina de empleo se le escapaban a una, ya que las empresas necesitaban a alguien con urgencia, y la oficina de empleo se demoraba de seis a ocho semanas en tramitar la correspondiente solicitud. A mi madre le hubiera resultado incomprensible este sistema alemán, pues en Kenia se procede de un modo diferente. Cuando buscábamos trabajo, los somalíes podíamos conseguir mucho con ingenio y confianza en nosotros mismos. Nos aprovechábamos del hecho de que, en el fondo, sabíamos de todo. Si un keniata le hubiera preguntado a un somalí si sabía pilotar un avión, éste habría contestado afirmativamente sin dudarlo, aun cuando no supiera ni conducir un automóvil. Quizá no es honrado pero demuestra osadía; yo misma fui testigo de cómo un vecino somalí consiguió empleo con semejante táctica.

Una compañía de obras públicas de Kenia buscaba un conductor de apisonadoras. Cuando se presentó nuestro vecino le preguntaron si sabía conducir aquella máquina. «Sí», dijo él; se puso al volante y se lo demostró. ¡Pero era la primera vez que manejaba una apisonadora! Era un hombre mayor, ni siquiera sabía leer, simplemente pulsó un botón, accionó una palanca y la apisonadora se puso en marcha. Posteriormente confesó que había mentido, y añadió: «No se lo tome usted a mal, pero necesitaba el empleo. Tengo familia, últimamente he tenido mala suerte y descubrí en cinco minutos cómo se conduce un chisme como ése». ¿Qué hubiera podido hacer? Si hubiera admitido que no sabía nunca le habrían dado una oportunidad. Pues bien, los keniatas se echaron a reír y dijeron: «¿Qué se puede esperar de un somalí? No dice la verdad pero capta las cosas a la velocidad del rayo». Y nuestro vecino conservó el empleo.

Así pues, con su mentalidad africana, mi madre no hubiera entendido el sistema alemán. Aunque manteníamos largas conversaciones telefónicas, pues yo ansiaba saber cuanto sucedía en la calle Nueve de Eastleigh, le contaba a grandes rasgos cómo vivía y qué hacía. Del edificio prefabricado no le dije ni una palabra.

Allí tratábamos de salir adelante por nuestros propios medios haciendo frente a cuantos obstáculos se nos presentaban. Mis vecinos nigerianos desplegaban una energía enorme. Querían saber cómo era la ciudad, dónde había trabajo; pero también cómo era la vida nocturna. Todo les despertaba curiosidad; algunas noches salíamos, los jóvenes etíopes del clan de Hanna se unían a nuestro grupo y ¡al centro! Apenas cabía en mí de felicidad cuando en nuestra primera excursión descubrimos una discoteca que pertenecía a un somalí. El propietario, un hombre mayor, me tomó del brazo, se interesó por mi clan, subclán y familia, me ofreció entrar gratis cuando quisiera y, al despedirse, me dio la dirección de una somalí en cuya casa se reunían muchos compatriotas que se ayudaban entre ellos.

Al día siguiente la telefoneé y me dirigí allí. Una guapa somalí de tez oscura, vestida con un *dirrah* rojo, me abrió la puerta, me acompañó al salón y creí hallarme en Mogadiscio. Sobre esteras repartidas por toda la habitación se sentaban hombres que bebían té, mascaban *khat* y conversaban tan acaloradamente como si fueran nómadas reunidos en torno al fuego del campamento. De un pequeño quemador salía un olor que me era familiar, y el té que me sirvió aquella mujer era tan dulce como en Somalia. ¡Hacía tanto tiempo que no había visto una escena semejante, que no había oído esos tonos de voz, que no había aspirado aquel aroma! La mujer era comerciante de *khat*, y obsequiaba a sus clientes e invitados con un plato de arroz con carne. Éste sabía como el de casa. «¿Por qué vives en un edificio prefabricado? –me preguntó–. Eres mi hija, puedes vivir en mi casa. En las esteras siempre hay espacio libre.» Pues sí, aquellas gentes vivían como si aún estuvieran en África. Me asombraba ver la gran cantidad de africanos que había en Düsseldorf: nuestro pequeño reino etíope de once metros cuadrados, o un poco mayor si añadíamos el pasillo, aquella vivienda somalí y quién sabe cuántas personas más de las que nada sabía. La idea de sumergirme en aquel mundo conocido era tentadora. Pero resolví lanzarme a las frías aguas y aprender a nadar. Y esas frías aguas eran el Düsseldorf alemán que quedaba fuera. Deseaba abrirme paso en ese medio.

A comienzos de primavera el portero de la finca me entregó una carta. La abrí y leí que debía abandonar Alemania en un plazo de catorce días. Mi solicitud de asilo había sido rechazada. En caso de que no me marchara voluntariamente, me expulsarían por la fuerza. Pero ¿adónde?, ¿a qué país iría? La carta nada decía al respecto. Sólo que debía partir. Si no entendí mal, habían expedido una segunda carta a la oficina de extranjería requiriéndole que no prolongara mi estancia en el país. Hasta entonces me habían permitido residir en Alemania sólo temporalmente, lo cual significaba que debía prorrogar mi visado cada tres meses.

No había vuelto la espalda a África por voluntad propia sino porque ansiaba vivir sin miedo y en un lugar donde pudiera volver a dormir tranquila, como en Mogadiscio, y procurar a mi familia la vida que había conocido antes, destrozada por la guerra. ¿Y ahora resultaba que en Alemania debía, una vez más, vivir con miedo? Allá donde iba el miedo me alcanzaba. Nadie pudo decirme hasta qué punto tenía que tomarme en serio aquella carta, qué me cabía esperar, cómo debía proceder. Así pues, no emprendí acción alguna excepto abandonar el curso de alemán. ¿Para qué iba a seguir bregando con aquel idioma? «Ahora trabajarás hasta que te atrapen y te deporten», pensé. De todos modos, no estaba dispuesta a pensar en un nuevo destino simplemente porque me hubieran enviado una misiva amenazadora. Tendrían que venir a buscarme y derribar la puerta. Durante el día estaba atemorizada y por la noche el miedo me impedía conciliar el sueño. Probablemente me atraparían la próxima vez que fuera a la oficina de extranjería a prorrogar mi visado. A partir de entonces, antes de acostarme colocaba un cuchillo bajo la almohada. Jamás había hecho algo así, ni en Mogadiscio ni en Nairobi. Pero tampoco había vivido nunca sola, en una habitación exclusivamente para mí, con una cama para mí sola. Qué agradable hubiera sido tener a alguien con quien poder hablar, qué maravilloso hubiera sido escuchar a alguien respirar a mi lado por las noches. Así y todo, el cuchillo era un remedio contra el miedo.

Esperé, dejé que expirara el plazo y no pasó nada. Al poco tiempo, armándome de valor, me dirigí a la oficina de extranjería. Pero no me detuvieron, ni me esposaron, ni me introdujeron en un vehículo policial. Me prorrogaron el visado sin hacer comentario alguno. Más tarde me enteré de que asustaban a los refugiados enviándoles esas cartas, con la esperanza de que, presos del pánico, abandonaran voluntariamente el país.

Después de este incidente me volqué en el trabajo. Llevaba un año en Alemania cuando me contrataron en una empresa de limpieza que se ocupaba de limpiar y acondicionar los aviones que aterrizaban en Düsseldorf antes de reanudar el vuelo. A partir de entonces trabajé dieciocho horas diarias. Me levantaba a primera hora de la mañana, de seis a ocho fregaba baños, abrillantaba fregaderos, frotaba mesas; seguidamente empaquetaba frasquitos de colonia y gel de baño; poco tiempo después corría con aspiradora, cubo y paño por los aviones, eliminando los rastros del último vuelo. Sólo volvía a ver mi pequeña habitación pasada la medianoche. Mis padres me habían enseñado a confiar en el trabajo y en el dinero ganado por uno mismo. Recibir la ayuda social me hubiera resultado más humillante que el más estúpido trabajo. «No pidas nunca limosna a nadie», me había dicho mi madre al despedirse. Procedo de una familia acaudalada y jamás hubiera imaginado que me ganaría la vida limpiando.

Pero en aquella época no me importaba. Si eres capaz de ganar tu propio sustento estás actuando libremente; y el dinero que te proporciona ese empleo te da libertad. ¡Ese dinero me era tan necesario! ¡Me sentía tan feliz de poder enviar por fin dinero a mi familia! Mil, mil quinientos, a veces dos mil marcos al mes. Al fin y al cabo, ¿qué necesitaba para mí misma? Comida, un abono de transportes, crema facial. Ni siquiera pasta dentífrica, ya que en Alemania seguía limpiándome los dientes con un palito, tal como hacemos en África. Por fin era independiente y, además, llevando semejante vida, pasaba muy poco tiempo en mi cuarto. No sólo estaba plagado de cucarachas; en la oscuridad salían los ratones. Tan pronto como apagaba la luz corrían incluso por mi cama. Me repugnan las cucarachas, detesto los ratones, pero ¿qué podía hacer? Me acostumbré a dormir con la luz encendida, aunque no siempre podía conciliar el sueño.

Necesitaba mis cuatro o cinco horas de descanso; pero aun cuando regresaba pasada la medianoche me recibía a menudo el bullicio. Con Hanna la casa siempre estaba llena. Se sentaba con las yugoslavas en su habitación, escuchaban música o cantaba ella misma. Nadie se quejaba ni llamaba a la policía. Algunas noches pasaba un coche de la policía, los agentes echaban un vistazo por la zona, oían música etíope, sabían que todo estaba en orden, y seguían adelante. A decir verdad, en la calle del Fuego había aprendido a dormir a pesar de los ruidos. A veces me sentía incluso como en casa entre tanta algarabía, y me olvidaba de poner el cuchillo bajo la almohada. Pero algunas noches, cuando los hijos de las grandes familias afganas y yugoslavas disputaban competiciones de fútbol nocturnas frente a mi ventana, hasta a mí me resultaba excesivo. A pesar de todo, conseguía quedarme dormida; poco después, pasaba un tren pitando y haciendo temblar el edificio entero.

No necesitaba despertador; tras cuatro horas de sueño me despertaba por mí misma. Cierto día regresé a casa hacia las ocho de la tarde y, muerta de cansancio, me dejé caer en la cama.

«Por fin podré dormir cuanto quiera –pensé–. ¡Disfruta de la noche!» Cuando me desperté me preparé un té; sin dignarme a mirar a mis animales domésticos, me vestí, abandoné a su destino a los ratones y me encaminé a la estación de tren. Me extrañó que no hubiera nadie en el andén. Cuando, un cuarto de hora después, seguía sin pasar ni un solo tren reparé en el reloj de la estación: ¡las doce y media! Me asusté, pues en un primer momento pensé que era mediodía, pese a que estaba completamente oscuro. Entonces comprendí que vivía como una autómata. Volví sobre mis pasos meneando la cabeza y me acosté de nuevo. No podía dormir. Como siempre, a causa de los ratones, me había tapado hasta la cabeza; uno de ellos venía hacia mí. Ya no me importaba que corretearan por la cama, pero no soportaba que se pasearan por mi cara. Me dormí compartiendo la cama con aquel roedor y, al día siguiente, me desperté a las cuatro en punto.

Al cabo de un tiempo tuve que admitir que estaba a punto de enloquecer. Sufría pesadillas con frecuencia. Veía cadáveres tirados en una calle, como los que había contemplado desde la parte trasera de nuestro Toyota el día en que salíamos huyendo de Mogadiscio. Veía hediondos cadáveres repartidos por toda la calle, pájaros que les picoteaban y perros que les arrancaban pedazos de carne. En sueños posteriores esos muertos resucitaban y me hablaban. Y cada vez sentía un miedo atroz, temblaba y quería gritar, pero me faltaba el aire, como si me estuvieran asfixiando, y luego, en el sueño, perdía el conocimiento. Comencé a andar sonámbula fuera de mi habitación. En una ocasión choqué contra una pared del edificio. En otra caí al suelo y me desperté. Y en otra aparecí lejos del complejo de edificios, tumbada sobre la acera, a medianoche; el frío me había despertado. Me asusté terriblemente; en aquella calle de Düsseldorf, en la oscuridad, ante mis propios ojos, ¡estaban los muertos de Mogadiscio! Me levanté de un brinco y, presa del pánico, regresé corriendo a mi habitación. A partir de aquella noche no volví a dormir sola. Estaba dispuesta a aceptar cualquier incomodidad con tal de no volver a sufrir esas pesadillas. Dormí en la habitación de una de las etíopes, con la cabeza a los pies de su cama. Hanna no disponía de espacio pues dormía junto con su hija.

No podía comprender, por más que le diera vueltas, por qué tenía tales pesadillas. Eso sólo le podía pasar a alguien que no tenía nada que hacer y que, por aburrimiento, se abandonaba a ideas descabelladas. Pero yo, que trabajaba sin parar, hubiera tenido que dormir como un lirón. ¡Como un muerto! Y de hecho lo hacía: siempre me quedaba dormida. En cuanto me acostaba. Si hubiera dado vueltas en la cama por estar triste y preocupada, si no hubiera podido pegar ojo debido al miedo... Pero no, me dormía encantada. El terror se apoderaba de mí cuando estaba dormida. Aquellos espectros aparecían mientras dormía profundamente. Y empecé a creer en cosas en las que nunca había creído. ¿Acaso compartía habitación con algo? ¿Se habría instalado allí un espíritu maligno? ¿Quizás un *djinn*, como el que había atacado en dos ocasiones a mi abuela? Sopesé seriamente tal idea, pero me dije que había vivido demasiados acontecimientos espantosos. En Nairobi nunca había sufrido esas pesadillas. Pero entonces la casa estaba repleta de gente y la vida era más fuerte que los recuerdos. En cambio, aquel edificio prefabricado, a pesar del ruido, estaba tan silencioso, tan frío, tan solitario, solamente yo y mis cuatro paredes... Estaba tan desconcertada que no pude contárselo a nadie, ni siquiera a Hanna. Pero una cosa era segura: debía marcharme de allí. Y después de haber vivido año y medio en compañía de la divertida y agotadora pandilla que rodeaba a Hanna, en la primavera de 1996 me mudé.

¡Tú ofendes a África!

Estaba desesperada. Cuando tienes a alguien junto a ti, te da fuerzas. Pero cuando estás solo, las fuerzas te abandonan poco a poco. No se me ocurría a quién dirigirme en mi desesperación, salvo a la oficina de asistencia social. Allí hablé con una mujer y le conté la sensación que tenía por las noches de ser golpeada o asfixiada. Según ella, me perseguían los recuerdos del derramamiento de sangre en Mogadiscio y me dio la dirección de un psicoterapeuta.

No sabía qué me encontraría. En las clínicas somalíes había secciones psiquiátricas en las que prestaban servicio auténticos médicos de manicomio, pero no tenían psicoterapeutas. Resolvíamos nuestros problemas con la ayuda de las personas con las que vivíamos. Siempre tenías gente con la que poder hablar; cuando puedes contar a otro tus preocupaciones te liberas de todo pesar y en tu interior vuelve a reinar la paz.

«Quizá me receten un calmante», pensé.

Pero no fue así. El psicoterapeuta preguntaba y yo debía contestar. Quiso saber si añoraba a mi familia, dije que sí y le hablé de mi hogar. Entonces comprendió a qué se debía mi miedo. Atribuía mis problemas a la falta de espacio en mis primeros años y a la presión que había sufrido en casa. Cuando acudí a su consulta por séptima vez me acompañó a la calle y me mostró una valla publicitaria en la que se podía ver un río.

–Extiende la mano y deja que el agua de ese río fluya entre tus dedos –dijo–. ¿Es una sensación desagradable?

–No –respondí.

–¿Está el agua demasiado fría?

–No –dije.

–Entonces ¡lánzate al río! Báñate y nada. Déjate llevar por la corriente. Sencillamente prueba cuanto te ofrece tu nueva vida en Alemania. Ve a la discoteca. Fuma, si es de tu agrado. Bebe, si te apetece. Sal con un hombre, si lo deseas.

No podía dar crédito a mis oídos. ¿Qué pretendía aquel individuo?, ¿que traicionara mi vida entera, mi educación, mis orígenes?

–He acudido a su consulta porque necesitaba ayuda –repliqué–, pero usted pretende convertirme en una persona depravada. ¡Sus consejos no me sirven!

Sentía tal indignación que me marché dejándole plantado.

Más tarde comprendí que no estaba equivocado. Uno no se puede aferrar a sus tradiciones en cualquier circunstancia. El problema era que tras cada visita al psicoterapeuta mis pesadillas empeoraban. Aunque aquel hombre quería ayudarme, no me hacía ningún bien. Aún hoy, estoy convencida de que debo mi supervivencia en aquel mundo extraño a las enseñanzas de mis padres y no a sus consejos. Sobre todo a las palabras de mi madre, que podían hacer un héroe de un cobarde. «No te rindas nunca –me había repetido una y otra vez–. Si quieres conseguir algo esfuérzate y lucha por ello. Si fracasas inténtalo de nuevo. Y no te dejes intimidar por nadie. Cuando te increpen o te traten con desprecio, no te lo tomes a pecho. Pero si te encuentras con una persona seria escúchala antes de abrir la boca. No repliques enseguida. Cuanto más escuches, más aprenderás en la vida. Incluso cuando riñas con alguien atiende primero a sus argumentos. Si no son del todo insensatos siempre es posible llegar a un acuerdo. Todo el mundo, hasta el más necio, puede decir algo valioso. Pues todo ser tiene valor por sí mismo, y nadie merece ser menospreciado. No obstante no temas a nadie, pues ningún ser nace dos veces.»

Durante los primeros años que viví en Alemania oía a menudo la voz de mi madre. Cada vez que surgían obstáculos pensaba en sus palabras. Pero nunca tuve más motivos para acordarme de sus enseñanzas que cuando trabajaba en el aeropuerto. Varias razones lo justificaban. Por un lado, el aeropuerto se convirtió en mi segundo hogar, y durante los años siguientes pasé más tiempo en los aviones que en mi propia casa. Por otro, al ser africana y musulmana me veía con harta frecuencia implicada en situaciones en las que apenas podía refrenar mi temperamento somalí. Y además el trabajo en sí era agotador.

Imagínense la situación: subimos a un avión entre tres y cinco personas, y al cabo de quince minutos, tenemos que estar fuera de nuevo. El avión permanece en pista una media hora, y en ese tiempo se procede a su limpieza, se repone combustible, se descargan y cargan los equipajes, se vacían los lavabos con un succionador, los técnicos revisan las ruedas y el resto del aparato, se guarda a bordo la comida, y entretanto la tripulación se incorpora a sus puestos. En otras palabras: el avión está repleto de gente, con el personal de seguridad, de *catering* y de vuelo pululando por allí, y entre tanta gente nosotros intentábamos hacer nuestro trabajo tan bien como podíamos. Aunque es verdad que el tiempo invertido en el trabajo también dependía del tipo de avión.

Los aviones de larga distancia están siempre muy sucios, ésta es la primera regla práctica; aunque algunos resultan más fáciles de limpiar, ya que disponen de mayor espacio. Por lo tanto, teníamos predilección por ciertos aparatos mientras que otros nos causaban horror. Mi preferido era el Boeing 767 porque tiene dos pasillos. Dos pasillos son mejor que uno, ésta es la segunda regla práctica. Además, ese Boeing tiene menos lavabos y cuantos menos lavabos, mejor para nosotros. Ésta es la tercera regla práctica. Por contra, los Boeing 757 eran los peores. Son aviones interminables con un único pasillo y escaso espacio para apartarse entre las hileras de asientos; sólo vuelan en largas distancias y, en consecuencia, siempre están sucios.

En cuanto salía el último pasajero nos precipitábamos al avión; rápidamente uno de nosotros se ocupaba de los lavabos, otro comenzaba a pasar la aspiradora, un tercero ordenaba los folletos en los asientos, barría las migajas y colocaba los cinturones de seguridad en cruz; mientras tanto, las azafatas comprobaban que los chalecos salvavidas estuvieran en su lugar, los técnicos corrían por el pasillo gritando: «¡Cuidado!», los basureros arrastraban grandes bolsas de desperdicios gritando: «¡Cuidado!», y en cada ocasión tenía que hacerme a un lado, hasta que terminaba por creer que nunca acabaríamos el trabajo. Te empujaban una y otra vez mientras vociferaban: «¡Rápido, rápido!». El aparato estaba lleno de gente y, en ese trajín, debíamos trabajar durante ocho horas, sin descanso, sin comer, a veces sin poder ir al lavabo; un avión tras otro, y cuando, pasada la medianoche, regresaba a casa y me examinaba las piernas: ¡sólo tenía cardenales!

Y ¡cómo nos trataban los miembros de la tripulación! Sin ningún respeto. Los únicos que se mostraban amables eran los de las compañías alemanas y francesas. Las azafatas y pilotos de Lufthansa, LTU y Air France eran los únicos que nos trataban como a seres humanos. Ésta es una de las cosas que me encantan de Alemania: que la gente no tiene esa desagradable soberbia. En cierta ocasión ¡un piloto de Lufthansa incluso nos echó una mano! No se avergonzaba de ayudar a las limpiadoras. «Pásame la bolsa de basura, muchacha –gritaba por el pasillo–. ¡Y alcánzame la fregona!» Me dejó atónita. En una aerolínea africana eso era impensable. Sus auxiliares de vuelo sólo se dedicaban a dar órdenes –«Limpia esto, deshazte de aquello»– y, por lo demás, ni advertían tu presencia. En cambio, las azafatas de LTU hasta nos traían refrescos en verano.

Más desagradables que la jornada laboral más ajetreada fueron las experiencias que tuve con mis compañeras de trabajo. Nuestra tarea era desempeñada casi exclusivamente por mujeres, buena parte de ellas turcas, aunque también había africanas originarias de Marruecos y de otros países de África occidental. Estas mujeres solían hablar de sus aventuras amorosas. A lo largo del día llegaban a exponer todas las sorpresas que les había deparado la primera o sucesivas noches con un hombre. Nunca participé en tales conversaciones, nada podía decir al respecto. Para mí los hombres seguían siendo como hermanos, y nunca se me hubiera ocurrido acostarme con ninguno.

Por supuesto no podía evitar que en alguna de esas conversaciones se interesaran por mi vida sentimental. Quién sabe qué se imaginarían, porque todas sabían, de hecho saltaba a la vista, que me llevaba muy bien con los hombres. Pero tuve que decepcionarlas. «Dejadme tranquila –dije–, yo vivo en un mundo distinto al vuestro.» Si insistían procuraba explicarles que estaba circuncidaba. Les contaba mi historia y lo que me habían hecho cuando era una niña; lo hacía sin pensar, porque era la verdad y porque, además, partía de la idea de que en otros países de África también se circuncidaba a las mujeres, no sólo en Somalia.

La reacción era cada vez sorprendente: arremetían contra mí y me llamaban mentirosa. ¡No podían creer que se practicara la circuncisión femenina en ningún lugar! Fui injuriada con términos groseros. «En ningún lugar de África existe esa práctica descabellada», clamaban coléricas las africanas occidentales. «Esta somalí se lo está inventando. En mi país cuando las niñas son guapas, se acuestan con un hombre a los doce años.» Lo cual no podía creer. «En Somalia –repliqué– una debe casarse antes de pensar siquiera en una relación sexual.» Pero se negaban a creerlo. «Hasta las jóvenes de mi país mantienen relaciones con hombres y ninguna estaría tan loca como para contraer matrimonio antes de hacer el amor; así son las cosas en África, y no como tú dices.»

Aquello era desesperante. Les aconsejé que visitaran alguna vez otros países de nuestro continente antes de hablar de África. Todas nosotras somos de raza negra, cierto, pero eso es lo único que nos une. África es un gran continente, y cada país está habitado por gentes muy distintas. ¿Cómo se puede generalizar sobre todos los africanos? Pues bien, el caso es que en aquellas conversaciones acababan siempre recriminándome que ofendiera a los africanos diciendo semejantes mentiras y cubriera de oprobio al continente. «¡Tus palabras siembran el descrédito sobre nuestro continente! –clamaban–. No se te ocurra contarles a los blancos ese disparate.»

No me apoqué. Hacía tiempo que no salía en defensa de la cultura somalí. Pero ésa era la realidad en mi país, estaba circuncidada y debían saberlo. Con aquellas mujeres era como hablar con una pared. Al igual que mi gente en Somalia, a aquellas africanas occidentales no se les ocurría nada mejor que hablar de vergüenza. Sólo que lo que en Senegal hubiera sido una deshonra, en mi país era normal. Y aquello que hubiera constituido una vergüenza en Somalia, era normal en Senegal. Las turcas y las marroquíes, por lo demás, no se indignaban menos: «¡Lo que quiere hacernos creer la señora Abdi no existe en ningún lugar del mundo!», exclamaban acaloradamente. El resultado fue que a partir de entonces se burlaran a mis espaldas de mi historia, y que poco tiempo después ninguna quisiera relacionarse conmigo porque me tildaban de mentirosa.

Por fortuna, Hanna se incorporó al equipo de trabajo del aeropuerto y me prestó el apoyo que tanto necesitaba. Entretanto, también me había enemistado con los turcos, que integraban una gran parte de la plantilla, aunque desempeñaban asimismo los puestos de responsables de turno y capataces. Al principio me habían acogido como a una hermana ya que practicamos la misma religión; pronto se evidenció que mi concepción del islam difería de la suya. Me llamó la atención que siempre adjudicaran a los demás africanos los aviones más sucios, que les asignaran los horarios de trabajo más desfavorables y que fueran los primeros en perder su empleo. Eso era contrario al Corán y daba a los cristianos un mal ejemplo del islam; mas cuando se lo señalé dejaron de considerarme su hermana y pasé a ser «La Negra», y ya no tuve otro nombre. Cierto día en que en un avión, al oír música procedente de la radio, comencé a bailar, dos colegas turcas se irritaron hasta tal punto que nos enzarzamos en una acerba disputa sobre los comportamientos que los musulmanes deben observar. Yo no consideraba que fuera vergonzoso bailar e ir a la discoteca, mientras que ellas lo tenían por tal; la discusión se recrudeció hasta tal punto que aventuraron la absurda amenaza de interponerme una demanda por ofensas al islam.

Así pues, el apoyo de mi valiente amiga etíope me era muy necesario. Éramos aliadas, y Hanna proclamaba allá donde iba: «Es mejor que dejéis tranquila a la señora Abdi. Procede de Somalia y nadie sale bien librado cuando la toma con una somalí». Cuando Hanna actuaba de tal modo me recordaba a mis hermanas, sobre todo a Yurop. Y, al igual que ella, Hanna se enfrentaba a cuanto le salía al paso. Reaccionaba con furia siempre que alguien me agraviaba. Dicho brevemente, había encontrado en Alemania a una persona que tenía el temperamento de mi familia.

También yo tuve oportunidad de sufrir en carne propia su apasionado carácter cuando decidí marcharme del edificio prefabricado. Hanna lo consideró una traición. Ni siquiera quiso saber mi nueva dirección y, por supuesto, no me ayudó con la mudanza. De todos modos tampoco era preciso. Mis escasas pertenencias cabían en una maleta. Platos y cubiertos fueron a parar a una caja de cartón y, tras un viaje en tren de veinte minutos, había concluido mi traslado.

No tendría que convivir con cucarachas y ratones y, en lugar de los once metros cuadrados del edificio prefabricado, disponía de catorce en una auténtica casa alemana. La vivienda pertenecía al municipio, mis vecinos procedían de diversos países y a la entrada se sentaba el portero de la finca; me sentía como en un hotel de cinco estrellas. Dado que todavía tenía miedo dormía con la luz encendida, pero sin un cuchillo bajo la almohada.

Estaba encantada con mi nuevo alojamiento. Lo que más feliz me hacía era poder girar dinero a mi familia todos los meses, una elevada suma desde que tenía tres empleos. Les enviaba la mayor parte de cuanto ganaba y cada vez que les hacía una transferencia experimentaba un profundo alivio y una alegría indescriptible. Nada me hacía más dichosa que pensar que a mis padres y hermanos les iba bien. Hacer felices a los demás es el sentimiento más bello que uno puede experimentar; cuando se trata de tu propia familia no te resulta difícil renunciar a cuanto tienes. Sin embargo, en Alemania nadie parecía entenderlo, ni siquiera Hanna. «Los somalíes debéis de querer mucho a vuestras familias», decía sacudiendo la cabeza.

Tenía razón, pero a ese amor se añadía en mi caso la responsabilidad. Mis padres habían decidido que fuera la primera de la familia en emigrar a un mundo mejor porque sabían que nunca me olvidaría de ellos. Estaban convencidos de que jamás les dejaría en la estacada; no podía defraudarles ¡y no lo hice! Con cada transferencia les demostraba que habían actuado correctamente al elegirme. Cuando llegaba el dinero mis padres sabían que me había abierto camino, que no tenían que preocuparse por mí. Y, por lo demás, yo no necesitaba el dinero. ¿Acaso hubiera debido ingresarlo en el banco? Al día siguiente me hubieran podido atropellar en la calle y entonces ¿qué? No me preocupaba en absoluto de qué viviría cuando fuera anciana. Los somalíes no pensamos así. Vivimos el presente, el ahora, el día a día. Y uno sólo puede hacer el bien a otra persona en tanto respira. Cuando yace en su tumba es demasiado tarde. Mis padres me habían procurado tanta felicidad que me alegraba de poder corresponderles con aquel dinero para que pudieran disfrutarlo. Además redundaba no sólo en provecho de mi familia sino de sus vecinos, que apenas conseguían salir adelante pues eran realmente pobres. De ese modo, mis padres llevaban una vida desahogada y mis vecinos podían comer.

Ahora bien, lo que me complacía en lo más íntimo era la idea de que podía restituirles cuanto les habían robado la guerra y los bandidos: no sólo su fortuna sino, ante todo, el valor para afrontar la vida y la alegría de vivir. Mis padres no pasaban privaciones pero su vida poco tenía que ver con la que habían llevado antes, cuando mi padre con sus continuas ocurrencias y mi madre merced a su fuerza de voluntad habían prosperado como se merecían. No habían sido ellos los causantes de su situación actual y su malhadada suerte me afligía. Deseaba encarecidamente que mi dinero les permitiera vivir cuanto menos la mitad de bien que antes. Para conseguirlo trabajé dos años cerca de dieciocho horas diarias. Después me abandonaron las fuerzas. Sencillamente no podía más. Renuncié a dos empleos para trabajar sólo en el aeropuerto. Tras vivir tres años en Alemania pesaba 48 kilos; cuando mi madre volvió a verme se asustó.

La operación

Había conseguido alcanzar una rama del árbol al que deseaba trepar –una de las más bajas, cierto, pero ahí estaba–; sin embargo, desde hacía algún tiempo tenía la sensación de que me agarraba a esa rama con mis últimas fuerzas y que, en realidad, estaba suspendida en el vacío, sobre un precipicio. Había demostrado que era capaz de *sobrevivir;* pero *vivir* sola me resultaba infinitamente más difícil. En otras palabras: sufría de nostalgia.

De hecho llegué a creer que acabaría perdiendo la razón al añorar a mi familia. Hacía tres años que no había visto a mis padres y ardía en deseos de reencontrarme con ellos. Estaba loca por verles. Les telefoneaba todas las noches. Continuamente pensaba en mi familia. Quería ir a Kenia, deseaba pasear de nuevo por Nairobi y reavivar, al menos una vez, los recuerdos de la magnífica época que había vivido en aquella ciudad; ante todo, deseaba reencontrarme con las personas que más quería en el mundo. Necesitaba ver a mis padres, a mis hermanos, para dejarme embargar por la alegría. Sin embargo, la posibilidad de regresar a mi país parecía cada vez más lejana. ¡Tres años viviendo sin quienes más quería! Lloré amargamente durante toda la noche. Ya no tenía fuerzas y tampoco a mi madre para que azuzara mi apetito con su vara.

Pero tenía a aquel alemán. Él estaba solo, yo estaba sola. Nunca le dije que le amaba y, sin embargo, deseaba casarse conmigo. Y hubiera podido aceptar; sólo para obtener un pasaporte. Sin embargo, me lo concedieron sin necesidad de contraer matrimonio, porque tenía derecho a él. Porque mi solicitud de asilo por razones humanitarias había sido aceptada y porque había trabajado honradamente durante tres años y pagado los impuestos.

Y así me encontré camino de África. ¡Fue la mayor alegría de mi vida! Entre los cuatro momentos más hermosos de mi existencia, éste es el cuarto y quizás el más hermoso. No había avisado a mi familia. Quería que fuera una sorpresa. Adoro las sorpresas. Estaban sentados a la mesa, cenando, cuando aparecí por la puerta. Así, de repente. Jamás olvidaré ese instante. Mi madre gritó, mi padre gritó, todos dieron un grito. No podían dar crédito a sus ojos. Apenas puedo describir lo que sentí. Todos lloramos. Aquella noche ninguno necesitamos dormir. Se había cumplido nuestro sueño.

No fueron lágrimas de alegría las que derramó mi madre aquella noche. Según decía, yo estaba hecha una lástima; parecía una de esas mujeres escuálidas de las que nos burlábamos en Mogadiscio, reunidos en torno al fuego del patio, si nos habíamos topado con alguna por la calle. Mi madre nunca había apreciado Europa y ahora veía confirmados sus sombríos presentimientos. Que mi estado físico se debía a otra razón, no sólo a que había trabajado en exceso, eso lo guardé para mí.

¿Cómo hubiera podido explicarle lo que significa vivir en Europa y defenderse como mujer circuncidada en un mundo de mujeres sin circuncidar? ¿Cómo hubiera podido hacerle entender el terror que sentí cuando comprendí que no era como las demás y que, desde entonces, me dominaba noche y día el miedo de haber sido anulada como mujer? Ella no podría comparar el pánico que rodeaba a las relaciones sexuales en Somalia con la desenvoltura con que tenían lugar en Europa. Mamá pensaba que era normal que se abriera a las mujeres en la noche de bodas y que experimentaran tales dolores que no pensaran siquiera en mantener más relaciones. Somalia y Europa eran, a este respecto, dos mundos radicalmente diferentes. Cuando una mujer somalí queda embarazada en la noche nupcial, lo cual no era infrecuente, esa primera experiencia con sus espantosas consecuencias no se repetía durante los siguientes nueve meses; después comenzaba de nuevo el calvario. No es extraño que las jóvenes somalíes temieran la noche de bodas cuando se enteraban de lo que les aguardaba. En lugar de alegrarse temblaban ante la idea de que un hombre intentara forzarlas; algunas sentían tal pánico que la noche previa huían. Cuando siendo una niña has sufrido tan desgarradores dolores te juras a ti misma que no volverás a soportar esa tortura; pero tras el matrimonio te espera, ineludiblemente, el mismo tormento. Y el siguiente es el parto. Algunas mujeres no pueden siquiera dar a luz porque la abertura es demasiado estrecha y mueren. No sólo ellas. También los bebés.

Todo esto era normal para mi madre. A mí me habían abierto los ojos, pero ¿de qué me servía? Ahora debía asumir que ya era demasiado tarde para que pudieran ayudarme. Mi vida navegaba entre dos mundos: el de mi madre, por un lado, y el de mis colegas y amigas de Alemania, por otro. Probablemente hubiera acabado resignándome a seguir perdida en los dos si, poco después de mi viaje a África, no hubiera conocido a aquel hombre. Un hombre al que estoy profundamente agradecida porque cambió mi vida.

Le conocí en una discoteca. Cuando nos presentamos me dijo que era médico. Yo me sentí molesta, pues allí no importaba si uno es doctor o limpiadora. Sin embargo, en aquella ocasión sí revestía importancia. Cuando supo que era de Somalia preguntó sin rodeos si me habían circuncidado. El caso es que era ginecólogo y había trabajado mucho tiempo en Londres, donde había coincidido con muchos somalíes. «Por supuesto, como todas», le respondí, y traté de cambiar de tema. Pero él insistió. Quería saber más. Charlamos durante toda la noche, y tiempo después, cuando regresó a Stuttgart, su ciudad natal, seguimos conversando por teléfono durante meses. Era el primer hombre con el que podía hablar abiertamente sobre mi circuncisión.

Aquella primera noche no quise saber si las demás mujeres circuncidadas pasaban por lo mismo que yo. Pero con cada llamada aquel hombre ahondaba más en mi propia fatalidad, y pronto se convirtió en el punto central de la conversación. Empezó por preguntarme si había observado mi sexo alguna vez. Si había examinado cuán estrecha era la abertura.

–No –admití–. Jamás se me ha ocurrido semejante idea.

–Verás, Nura –replicó–, ya no estás en África, ahora vives en Europa. Y conmigo puedes hablar francamente, pues soy médico. Conozco a fondo el cuerpo humano. Lo que te estoy diciendo es por tu bien. ¿Te quieres a ti misma?

–Sí –dije.

–Bien. Esa parte del cuerpo de la que estamos hablando es parte de ti, y no la conoces. Vamos, Nura, busca un espejo y obsérvala. ¿Cómo es? Fíjate bien, pues lo que ahí ves te pertenece.

–¿Que me mire con un espejo? ¿Estás loco? –aullé por el auricular–. ¡No soy tan depravada!

Me negaba a hacer algo así. Desde que se había desprendido el último hilo no había vuelto a mirar ahí, y nada me interesaba menos que saber cómo eran mis genitales. Pero él insistió.

–¿Sientes que eres una mujer fuera de lo corriente? –continuó preguntando–. ¿Tienes la impresión de que eres distinta a las demás mujeres?

–No –mentí–; de ningún modo.

–Entonces ha llegado el momento de que conozcas lo que hicieron contigo. Toma un espejo, separa las piernas y observa. ¿La abertura es suficientemente grande como para introducir un dedo?

–¡Has perdido el juicio! ¡No sabes con quién estás hablando! –chillé.

¡Pobre hombre! Nuestras conversaciones debieron de poner a prueba su paciencia. Yo no cedía un ápice, le insultaba, pero no podía colgar. Hablábamos durante horas, casi a diario, y siempre sobre lo mismo.

–Deseo ayudarte –me rogó–. Lo que te ha sucedido le ha ocurrido a muchas mujeres. En Inglaterra traté a mujeres circuncidadas de diversos países, no sólo de Somalia. Ve a un ginecólogo, Nura. Pero antes, ocúpate de ti misma. Aprende a conocerte. Y si tienes problemas, llámame. Pues no se trata sólo de tu cuerpo sino de tu alma.

Tenía razón. Pero yo no me atrevía. Aunque continuamente estaba enferma y había consultado a diferentes doctores, nunca había ido a un ginecólogo.

Para llegar a hacerlo, mucho debía empeorar mi estado.

Al cabo de un tiempo perdimos el contacto; posiblemente, aquel hombre creyó que no podía ayudarme, tomándome por un caso desesperado. Pero no era cierto. Hasta el día en que le conocí no había prestado la más mínima atención a mi cuerpo. Ni siquiera sabía cuántas cicatrices tenía. El espejo era para el rostro y el cabello, y para nada más. Gracias a él aprendí que mi cuerpo me necesita y que debo cuidarlo. Sin él nunca se me hubiera ocurrido. Él me preparó para lo que sucedería después.

Cada vez me sentía peor. Constantemente tenía dolores en el abdomen. Visité un médico tras otro, pasando por varios especialistas, y ninguno pudo ayudarme. Al parecer, no tenía nada, ninguna enfermedad que pudieran diagnosticar. Una semana antes de la menstruación comenzaban los dolores. Apenas podía sostenerme en pie, aunque seguía trabajando y, cuando las piernas se me hinchaban tanto que no podía caminar, lo achacaba a la fatiga del trabajo. Cuando un mes no menstrué, me convencí de que no me quedaba más opción que acudir al ginecólogo.

Estaba atemorizada. Me daba miedo separar las piernas y dejar que alguien, fuera quien fuese, me tocara los genitales. La mera idea de abrir las piernas desataba una fuerte resistencia en mi interior.

Nunca había tolerado que nadie me tocara los muslos. Me causaba horror sólo pensarlo. No se lo hubiera permitido ni a un doctor.

Estaba sumida en la más absoluta desesperación cuando un día me crucé con una somalí a la que conocía de Mogadiscio y que estudiaba en Saarbrücken. Fue la primera persona a quien me confié. Me comprendió y me aconsejó que consultara enseguida a un ginecólogo. «No debes pensar en lo que tus padres o cualquier otra persona de Somalia puedan decirte –aseguraba–. Estamos en Alemania, no debes tener miedo. Ve a un ginecólogo y cuéntale lo que te hicieron. Aquí puedes confiar en los médicos.»

Eso dijo la somalí. ¿Y qué dijo la etíope?

«Ningún problema –aseguró Hanna, que estaba embarazada de nuevo–. Ven a mi próxima revisión y observa.» Así que la acompañé y miré. Pero cuando vi aquella camilla con los soportes para las piernas me eché a temblar. La mera idea de tumbarme allí me horrorizaba y me negué a que me examinara el médico tras terminar de explorar a Hanna. Ella no podía comprender por qué me conducía con tales remilgos. Al regresar a su piso –había abandonado el edificio prefabricado–, me dijo: «Llama y pide hora». Como de costumbre no admitía réplicas y, al día siguiente, me hallaba de nuevo en el consultorio. Esta vez sola.

Me desvestí y pasé a la sala de reconocimiento, sin perder de vista al doctor. Pero no llevaba ningún objeto punzante en la mano, nada que pareciera una navaja o una cuchilla de afeitar. «La lámpara y yo somos los únicos que podemos verla», dijo en tono tranquilizador, y me tendí sobre la camilla; mas al instante me incorporé como alcanzada por un rayo porque me había tocado. El doctor me miró. «¿Cómo voy a examinarla sin tocarla?», inquirió con delicadeza. Cierto, pero aquello me resultaba insoportable. Me levanté y abandoné la sala sin que me hubiera reconocido.

Y luego los dolores aumentaron. Volví a hablar con Hanna. Me confesó que había consultado con un doctor acerca de una operación para que la sangre fluyera libremente. Costaba quinientos marcos. Cuando acudí a su consulta, el médico me dijo que podría reconstruir mis genitales mediante cirugía plástica. Luego me enseñó una fotografía. Era la imagen de un sexo femenino sin circuncidar.

No me sorprendió del todo. En cierta ocasión había encontrado una imagen en un libro de biología, pero no era más que una representación esquemática, donde figuraban ovarios y útero, y apenas pude discernir gran cosa. En aquella fotografía se apreciaban todos los detalles y, por primera vez en mi vida, podía ver cómo hubieran sido mis genitales de no haber sido circuncidada. Admirada y aturdida, mantuve la vista clavada en la fotografía mientras el médico me explicaba lo que allí se veía. «Mire, así es una mujer normal –dijo–. A usted le faltan esta parte de aquí y esta otra. Pero no es ningún problema –aseguró–. Podría reconstruir los labios vulvares. Y la intervendría con la colaboración de un cirujano de la clínica universitaria.»

Pero no acababa de decidirme. Me rebelaba interiormente contra la idea de permitir que volviera a rozarme un cuchillo. Poco después me sentí tan enferma que dejé de trabajar. Permanecía en casa, guardando cama y llorando. Tomaba analgésicos, pero en cuanto desaparecían sus efectos regresaba el dolor. Me sobrecogía un miedo terrible, el temor al cáncer. En África nunca había oído hablar de esa enfermedad, pero en Alemania todos hablaban del cáncer. Así pues, sacando fuerzas de flaqueza, volví a la consulta y solicité un reconocimiento. Preferentemente, con anestesia... Me hubiera gustado que me acompañara Hanna porque temía que me fotografiaran o filmaran en vídeo mientras estaba inconsciente, pero Hanna se encontraba en avanzado estado de gestación y no pudo venir.

Cuando desperté yacía en una sala anexa. Al rato se acercaron tres auxiliares a mi cama que, profundamente apenadas, trataron de consolarme. Me colmaban de atenciones por compasión. «Ya está –pensé–, tengo cáncer.»

–No, no –me dijeron–, usted no está enferma. Pero ¿por qué le hicieron eso? ¡Es terrible!

Al parecer habían estado presentes durante la exploración, pues era un caso especial. Y una tras otra rompieron a llorar. Estaban tan conmovidas que no pude evitar que se me llenaran los ojos de lágrimas. Durante aquellos años me había prohibido a mí misma llorar; siempre me repetía: «Esto es la nieve de ayer, Nura, lo pasado pasado está»; pero aquellas tres mujeres me habían contagiado su conmiseración y no podía contener las lágrimas. Una de ellas me trajo café, la otra un trozo de pastel y la tercera afirmó:

–Es usted la mujer más valiente del mundo.

«Si supiera cuántas mujeres se ven obligadas a ser tan valientes como yo», pensé.

Según los resultados de las pruebas, yo no tenía cáncer. Pero el doctor me conminó a proceder con la operación a fin de que la sangre pudiera fluir. Parecía sencillo; sin embargo, no podía decidirme. Por un lado, deseaba recobrar la salud; por otro, pese a haber reflexionado largamente sobre ello, no podía tomar una decisión. Por alguna razón seguía pensando que dejar que me abrieran era una suerte de traición, que estaba haciendo algo prohibido. ¿Realmente deseaba hacerlo? ¿Podía hacerlo? Había vivido veinticuatro años así y en los últimos tiempos había sufrido un auténtico tormento. Pero la circuncisión era parte de mí. Yo era una mujer circuncidada. Y, por disparatado que parezca, no podía desprenderme de ella.

Finalmente, mi amiga somalí me convenció de que me operara su médico de Saarbrücken. Solicitamos una cita y fuimos juntas a la consulta. Cuando me di cuenta de que el doctor pretendía intervenirme de inmediato, me eché atrás. Mi amiga perdió la paciencia. «¿Qué decides, sí o no?», preguntó. Ni siquiera podía responder. Estaba tan aturdida que era incapaz de pensar con claridad. Si me intervenían, nunca podría contárselo a nadie. Mis padres no lo sabrían jamás, y tampoco mis hermanas. Y si me casaba con un somalí, ¿qué pensaría? ¿Que había mantenido relaciones con otros hombres? Por otra parte, en los últimos meses mi vida había sido un auténtico calvario. Tenía que admitir que no había ningún motivo razonable para no operarme. «Bien, y entonces ¿por qué no lo haces? –grité para mis adentros–. ¿Qué temes?»

–Olvídate de Somalia –rogó mi amiga.

Me tumbé en la camilla. Luego me pusieron una inyección. Oí un ruido, como si rasparan una tela tosca. Quise incorporarme y escapar. Pero no tenía fuerzas. Permanecí acostada, hasta que, por fin, el médico dijo que habían terminado y que podía marcharme. Por la noche, en casa de mi amiga, cuando remitió la anestesia, la herida me ardía. Los días siguientes no pude ni moverme, tal era el dolor, y luego comprobé horrorizada que la vagina volvía a cerrarse.

¿Qué había hecho aquel médico?

Simplemente me había cortado como hacían las *halaleiso* y había dejado la herida abierta. El dolor era insoportable.

Tras esta experiencia estaba tan agotada, tan desanimada, que me di por vencida. Me resignaría a seguir circuncidada y vivir con mis dolores o, si eso no bastaba, a morir. Pero poco después renació la esperanza. Una joven africana me facilitó la dirección de un doctor alemán. El médico de Saarbrücken era indio o paquistaní; y posiblemente había pensado, como cualquier somalí, que yo deseaba acostarme aquella misma noche con un hombre y por ello había acudido a él. Conforme a la mentalidad somalí había hecho lo correcto, puesto que ese corte recién abierto bastaba para la penetración. «Está bien –pensé–, si ese doctor es alemán, quizá no me suceda lo mismo. Intentémoslo de nuevo.»

Fui a la consulta. En recepción, las enfermeras me miraron asombradas, como a una especie exótica. Pero cuando entré al despacho del doctor me sucedió algo increíble. No me mostró fotografías, ni me habló de cirugía plástica, ni me pidió que me tumbara en la camilla para examinarme. Sólo deseaba escuchar mi historia. En cuanto comencé rompí a llorar. No podía articular palabra; sólo lloraba, lloraba y lloraba. «Desahógate –dijo–. Llora hasta que te hayas desahogado. Puedo ayudarte, pero antes debes expulsar ese dolor de tu interior.» Cada vez que intentaba hablar se me quebraba la voz. Nunca había llorado de aquel modo. Cuando me tranquilicé, le conté mi historia. Hablé durante una hora y él me escuchó atentamente. Aquel médico era maravilloso. Cuando el llanto me impedía continuar me alcanzaba un kleenex tras otro.

–Conozco a un especialista en Bonn que podría ocuparse de tu caso –dijo–. Es amigo mío. Yo me ocuparé de disponer cuanto sea necesario. Y si es preciso, asumiré los gastos adicionales que puedan derivarse de la operación. Eres una mujer normal, una mujer hermosa. Puedes hacer lo mismo que las demás mujeres. No te preocupes. Todo irá bien.

Dos semanas más tarde fui a Bonn. Mi única preocupación era que los somalíes que vivían en esa ciudad sospecharan algo. Deseaba mantener el asunto en secreto porque si mis compatriotas llegaban a enterarse, la noticia se hubiera propagado como un reguero de pólvora y quién sabe qué comentarios hubiera suscitado. En la clínica me asignaron una cama y un médico me examinó. Pero esta vez mi resolución era firme. No me asusté; sabía lo que quería y no tenía miedo.

Cuando me desperté de la anestesia yacía con la parte inferior del cuerpo sobre una banda de plástico, y era el centro de atención de todo el departamento. Al cuarto día me dieron el alta, y regresé en tren a Düsseldorf; sin poder sentarme, a causa del dolor, pero con la doble sensación de triunfo de ser por fin una mujer normal y de haber burlado a mis compatriotas.

Como era de esperar, habían descubierto el asunto. Ya lo tenía previsto. Sabía que se enterarían y que vendrían al hospital, pues cuando uno de los suyos está ingresado todos acuden a visitarle. El problema era que si les remitían a la sección de ginecología no podría evitar que sacaran sus propias conclusiones. Así que me había devanado los sesos pensando en cómo podría engañarles; finalmente acordé con el cirujano que cuando preguntaran por mí dijeran que me habían intervenido de un absceso en el abdomen. Y así, cuando más tarde avanzaron en tropel por la sección, sólo se hablaba del absceso de la señora Abdi. Aguardaron como tontos en la sala de espera, pues no hubieran cabido todos en el reducido espacio de la habitación del hospital. A juzgar por sus semblantes, me dio un magnífico resultado moverme como si no me doliera la parte inferior del cuerpo.

Todo había salido bien. Pero aún llegaron más sorpresas. Vi cosas que no había visto jamás y experimenté algo que no había sentido nunca. Al regresar a casa fui al cuarto de baño... y no podía dar crédito a mis ojos: ¡la orina salía a chorro y con facilidad! ¡Aquello era inaudito! Hasta entonces sólo expulsaba un fino hilillo. Ahora, en cambio, la orina tamborileaba contra el interior del inodoro; recordé que nuestros padres habían reconocido a las niñas sin circuncidar precisamente por ese ruido. Y luego, cuando me vino el período, la sangre fluía libremente mientras que antes caía a gotas. Y por si no bastara, descubrí una parte de mí que me era completamente desconocida. Cuando acudí a la consulta para que me examinaran de nuevo, el médico me explicó que los labios internos de la vulva apenas habían resultado dañados en la circuncisión. La *halaleiso* los había ocultado bajo los labios externos, y mediante la operación habían sido liberados. En definitiva, me sentía tan feliz que telefoneé a mi amigo de Stuttgart, aquel doctor al que había conocido tres años antes en una discoteca, y le conté el feliz desenlace de aquella historia que había comenzado con él.

Patria a mi pesar

Ningún miembro de mi familia supo nada de mis luchas internas ni de la operación, con la excepción de Fatma, a quien había puesto al corriente poco antes de que me intervinieran, por si me sucedía alguna desgracia. Mientras vivimos en África bajo el mismo techo en mi familia habíamos sido muy sinceros, pero todo lo relacionado con la circuncisión era tabú. Y, puesto que era un tema prohibido, no hablábamos nunca sobre ello. Mis dos hermanas mayores habían emigrado, Yurop a Dinamarca, Fatma a Londres, y ya no conversábamos con tanta frecuencia. Pero tras tomar la resolución de operarme, quise comunicárselo al menos a alguien de la familia, y llamé a Fatma.

Mi hermana me animó. Consideraba que no es la circuncisión la que determina la moral de una mujer sino su carácter. «Aun cuando tuvieras que regresar mañana a Somalia eso no te perjudicaría –dijo–. Nadie tiene por qué enterarse. Y si llegaras a casarte con un somalí puede estar contento de que no tengan que abrirte y gritar de dolor la primera noche.» Sin embargo, ella no pensaba someterse a aquella intervención. Vivía en la colonia somalí de Londres, cuyos miembros eran más tradicionales que mi círculo de conocidos de Düsseldorf.

Podíamos hablar de la circuncisión –sin que Fatma se llevara las manos a la cabeza– porque ya no vivíamos en África. Europa transformaba a mis compatriotas, al igual que les había cambiado Nairobi. Me contaron que somalíes que vivían en países europeos no cedían a las presiones tradicionales en la noche nupcial. En lugar de forzar a sus esposas como se esperaba que hicieran, las llevaban primero a la consulta de un médico. Éste les efectuaba un corte y ellos esperaban hasta que la herida cicatrizaba. Ya no tenían a sus padres tras ellos, velando por que la generación más joven se condujera como en el pasado.

A juzgar por lo que oía de Somalia, también allí estaban cambiando las costumbres. Según decían, cada vez más jóvenes se negaban a contraer matrimonio con mujeres circuncidadas. Algunos incluso se atrevían a preguntar a los padres de la muchacha por lo que le había hecho la *halaleiso*. Y la circuncisión faraónica, en la que se extirpa todo, constituía para ellos un fundado motivo para declinar casarse con esa mujer. Tales noticias no procedían del interior de Somalia, que seguía anclado en el pasado. Tales hechos sólo sucedían en Mogadiscio.

Por lo demás, Yurop había venido a Düsseldorf en cuanto abandonó África. Sólo para constatar, pocos días después, que Alemania no le convenía. Y es que había concebido la certera sospecha de que, para tratar con las autoridades germánicas, precisaba de otros atributos de carácter que la irascibilidad y el temperamento apasionado. Por este motivo se marchó a Dinamarca, donde conoció a un somalí con el que contrajo matrimonio y tuvo dos hijos; con el tiempo su carácter se suavizó. Al cabo de unos años los daneses –¿o acaso fue su esposo?– habían hecho de Yurop una persona tranquila y equilibrada.

Aunque de cuando en cuando soñaba con ir a Inglaterra e instalarme allí, me quedé en Alemania, que, contra mi voluntad, se convirtió en mi nueva patria. A veces no me resultaba fácil abrirme camino. Muchas puertas permanecían cerradas o difícilmente podían ser abiertas. Y a menudo me exasperaba que me tomaran por la amante ocasional de un turista africano blanco o por una prostituta simplemente por ser de raza negra.

Es cierto que el clima no sería mejor en Inglaterra. Pero ¿vería allí tantos semblantes circunspectos por la calle? ¿Me tratarían los funcionarios ingleses de forma despectiva, hasta con desdén, por ser africana? Para decirlo brevemente, tras cinco años en Alemania aún echaba de menos el radiante sol de África y los sonrientes rostros africanos.

Por otro lado... En mi trato con los alemanes había tenido experiencias agradables. Y conocí a muchos, pues, además de trabajar en el aeropuerto, limpié domicilios particulares durante un par de años. Por supuesto podía suceder que sólo me concedieran el puesto si accedía a limpiar desnuda. O que alguno me recibiera con proposiciones más atrevidas. Pero eran casos aislados.

Mucho más numerosos eran los alemanes que sentían una manifiesta predilección por los africanos, buscaban su compañía o comenzaban a entusiasmarse por África después de haberme conocido. Entre ellos se hallaba un profesor de una escuela técnica superior. A veces íbamos a comer juntos cuando yo hacía limpieza general en su casa. Más tarde me consiguió pequeños trabajos en su escuela. Al principio parecía que no llegaríamos a entendernos. Siempre quería imponer su criterio. Si le contradecía se alteraba mucho. «Bueno, bueno, no tienes por qué empezar una disputa con tu asistenta –decía yo entonces–. Sólo he venido a limpiar.» Eran situaciones muy divertidas. Hasta entonces él no había trabado relación con africanos y tuvo que habituarse a mí. Y poco después ¡emprendió su primer viaje a África!; hasta tal punto le había despertado el interés por aquel continente. Cuando regresó me contó admirado que nunca hubiera imaginado que aquellas gentes fueran tan distintas de los blancos. Estaba contento de haberme conocido. Y de hecho, hoy en día está casado con una africana.

Uno de los acontecimientos a los que asisto todos los años como si fuera la primera vez es la gran feria de Düsseldorf, a la orilla del Rin. En Nairobi teníamos el Lunapark, pero no alcanzaba las dimensiones de ésta y, además, sólo era para niños y adolescentes. Allí, en cambio, hay una variopinta multitud de gente, personas de todas las edades y lugares. Me entusiasma subir a los carruseles, y cedo con gusto a mi curiosidad cuando paso ante una carpa de bebidas. Pues allí bailas y te diviertes, y conoces a los alemanes desde una perspectiva diferente. Quizá por ello la orilla del Rin se me antoja, en la época de feria, un lugar encantado.

El edificio donde vivía desde mi traslado era un mundo bien distinto. Con el tiempo se instalaron cada vez más africanos, pero al principio sólo estaba habitado por europeos del Este. Mi primer vecino era un albanés amable y tranquilo, que, como el resto, no trabajaba. «¿Por qué trabajas? –me preguntó un día–. Acompáñanos, te enseñaremos cómo se hace.» Durante el día dormían, por las noches se ocupaban de sus actividades y, a menudo, me encontraba con la policía en el edificio cuando regresaba del aeropuerto.

La única persona con la que intimé fue una mujer bellísima que tenía dos hijas. Vivía en aquel edificio entre emigrantes y refugiados y, aunque era como nosotros, conducía un gran coche e iba siempre muy bien vestida. Cierto día que yo no trabajaba me llevó de compras. Entramos en un supermercado y, animándome con una sonrisa, inquirió: «¿Qué necesitas? Escoge lo que quieras». Presintiendo lo que se avecinaba, negué con la cabeza; en efecto, la mujer pasó de un estante a otro, tomando esto, cogiendo aquello, escogiendo una pieza de carne del congelador, y abonó solamente un refresco de cola. Nadie había advertido nada. «¿Por qué voy a pagar? –dijo luego mientras tomábamos café–. En Alemania, si te atienes a las reglas de juego, nunca llegas arriba. Pero si no te importan lo más mínimo tienes todas las puertas abiertas.»

Yo no era precisamente un angelito; las autoridades keniatas hubieran podido aducir diversos motivos para mostrarse rudas conmigo. Pero no deseaba tener nada que ver con aquello; aunque, al final, trataron de enredarme en el asunto. Una noche se presentó la policía. Mis compañeros ya habían puesto pies en polvorosa, así que no les detuvieron; pero los agentes descubrieron una gran bolsa de plástico con vestidos robados ante la puerta de mi habitación. Poco después atraparon a aquella banda –entre ellos a mi hermosísima conocida–, fui llamada a declarar como testigo en el juicio y aquellos bribones trataron de achacarme el robo. No les salió bien la jugada, pero me alegré cuando nuestro edificio empezó a llenarse de africanos y terminaron aquellas peligrosas aventuras.

Los africanos insuflaban vida a la casa. Cuando regresaban de la ciudad siempre tenían algo que contar. Nos juntábamos durante horas, a veces en casa de uno, a veces en casa de otro, cada uno relataba sus mejores anécdotas y todos reíamos. Si quería visitarles sencillamente llamaba a la puerta y entraba; aun cuando estuvieran comiendo o descansando, siempre eras bienvenido. Por las noches reinaba la animación porque a los congoleños que vivían en el edificio les encantaba cantar y bailar. Pero lo más importante era que por fin me sentía segura, pues al menos en un aspecto se puede confiar siempre en los africanos: si gritas vienen corriendo de sus habitaciones.

A veces nos sentábamos en una cama y mirábamos vídeos de Costa de Marfil y Togo; y con cada película constataba cuán poco conocía África. Pero sólo cuando asistí a una misa africana que se celebraba en un templo de Düsseldorf comprendí que aún tenía mucho que aprender de África.

Mientras viví en África nada me había resultado espeluznante. ¿Acaso el miedo que sentí allí podía haberme intranquilizado a tal punto? Jamás. Cierto que en Mogadiscio se contaban historias de *djinns*, pero no me habían sucedido a mí. Y en Nairobi nadie hablaba de *djinns* ni de demonios. Los keniatas parecían no creer en ese tipo de cosas. Aunque en Mombasa corrían rumores. Nos prevenían contra hechiceros e invocadores de espíritus. Cuando pasábamos frente a una casa vieja y deshabitada alguno decía: «Nadie quiere vivir ahí. Hay *djinns*». Pero no puedo confirmarlo, nunca vi ninguno.

Sólo en Alemania comprendí lo que significa la palabra «espeluznante». El edificio prefabricado acabó pareciéndome tétrico. Y mis compañeros de trabajo resultaban inquietantes cuando conversaban sobre brujería y hechizos y demonios durante horas. Turcos, griegos, albaneses, yugoslavos, todos compartían el mismo interés en escrutar el destino. Unos echaban las cartas, otros veían tu futuro en los posos del café, algunos leían tu destino en la mano. Y entre las africanas occidentales magia y sortilegios eran también el tema favorito de conversación, además de sus aventuras nocturnas. Recuerdo que una vez, en el aeropuerto, no hablaron de otra cosa durante todo el día. Así me enteré de que existen sortilegios para obtener dinero, para atraer a un hombre o para ganar un juicio siendo culpable. Y que algunas personas tienen tal poder que pueden levantar a los muertos de la tumba. Los familiares se reúnen en casa del hechicero y, sentados en círculo, escuchan la voz de su madre muerta. Y o bien dice que fue asesinada mediante sortilegios o vudú, o bien afirma que estaba muy enferma y falleció de muerte natural, que Dios la llamó.

No creo en la brujería. Pero las africanas me aconsejaron que vigilara mi atuendo, pues si alguien quería causarme daño le bastaría con apropiarse de un botón o un pañuelo míos. En Francia, según contaron, los hechiceros tenían incluso despachos propios, y personas a las que los médicos no pudieron diagnosticar ninguna enfermedad eran sanadas en esos lugares de las consecuencias del mal de ojo. Jamás había oído hablar de tales poderes y apariciones. Pero me desconcertó aún más lo que presencié en un templo de Düsseldorf.

Me hallaba fuera de lugar. Los somalíes no vamos a la iglesia. Y si alguno hubiera llegado a saber que yo hacía algo así, me hubiera tomado por loca. Hubiera creído que había perdido el juicio. Pero frente a la razón venció la curiosidad. Una amiga de Ghana no cesaba de hablarme de los hechos milagrosos que acaecían entre aquellas cuatro paredes. Decía que un predicador de su país, un clérigo muy poderoso, curaba enfermedades, e incluso podía hacer que mujeres estériles concibieran un hijo. Y que cuando murió un africano que vivía en Oberhausen rezó ante su lecho hasta que el muerto volvió a la vida. «Bien –me dije para mis adentros–, quizá después no necesite llevar gafas»; y un día la acompañé.

Cuanto veía era nuevo para mí. Me hallaba en una luminosa estancia llena de flores, como una enorme sala de estar, con cortinas amarillas en las ventanas, paños azules que colgaban del techo y espesas alfombras sobre el suelo. Estaba abarrotada de gente, tanto negros como blancos, que se apiñaban hasta la entrada; en el interior se sentaban en sillas y sofás. Y allí estaba aquel predicador, a quien los feligreses llamaban «apóstol» y que afirmaba haber sido enviado por Dios, como Jesucristo. La multitud sólo se detenía ante el presbiterio, donde, junto al predicador, cantaba un coro de siete niñas negras.

Luego hubo rezos, cantos, danzas, redobles de tambor y prédicas. Las siete niñas del coro se mecían al compás cuando cantaban. A juzgar por la agitación de los asistentes, la ceremonia se estaba acercando a su punto culminante.

–Hay muchos que pasan por dificultades –clamó el apóstol–. He venido a liberarles de sus penas.

Entre la multitud se abrieron paso muchos que deseaban ser salvados y sobre cuyas cabezas el apóstol vertió unas gotas de óleo y rezó en voz alta. Súbitamente alzó la vista y clamó:

–¡Veo algo malo, algo enfermo! ¡En esta sala hay alguien que tiene una serpiente en su interior! Debo expulsarla de su cuerpo.

Y señaló a una joven negra que estaba al fondo, junto a la puerta, y ella avanzó hacia el predicador.

El apóstol abrió los brazos y oró en alto. La mujer se tambaleó como si estuviera bebida y se desplomó. Nadie la había tocado. El predicador continuó rezando; la mujer se puso rígida como una vara. El apóstol rezaba alzando la voz cada vez más; la mujer comenzó a rodar por el suelo. Cual si fuera arrastrada por el viento, rodaba de un extremo a otro del presbiterio con el cuerpo rígido. Era una mujer joven, guapa, vestía ropa moderna; se le levantó la peluca, se le descolocó el vestido y siguió rodando de un lado a otro. Ni un acróbata hubiera podido hacerlo. «¿Viene todos los días?», susurré a mi amiga; pero ella no la conocía, era la primera vez que la veía. Y, de repente, aquella joven que tenía una serpiente en su interior se puso en pie, dando manotazos, gritando como si estuviera fuera de sí y golpeando al apóstol. Él le devolvió el golpe, ella se desmayó de nuevo y se la llevaron. Poco después regresó caminando por su propio pie, completamente restablecida, aunque aturdida, y comenzó a cantar y bailar. En mi vida había presenciado nada semejante.

Cuando se lo conté a Hanna se enfureció.

–¿Que ese tipo se cree Dios? –bufó–. Es un mentiroso y un embaucador. ¡No vuelvas por allí!

A mí me era indiferente. Soy musulmana. Sólo sentía curiosidad. Sin embargo me guardé de decirle que la ceremonia me había impresionado. Había visto con qué excitación participaban aquellos cristianos de África occidental en aquel ritual, y debo decir que tambores, danzas y cánticos son un buen método para avivar las fuerzas y las ganas de vivir. Sales con una sensación distinta después de ese oficio religioso. Más tarde me tumbé en el suelo de mi habitación con los brazos extendidos y las piernas estiradas e intenté que mi cuerpo se elevara por sí mismo. No funcionó.

Aprendí muchas cosas que antes no sabía sobre África. En las mezquitas los oficios religiosos son diferentes. No cantamos. Rezamos. Salmodiamos los suras del Corán, sentados en el suelo o levantándonos para la plegaria. Huele a incienso, y todo es solemne, austero y sagrado. En Somalia iba todos los viernes a la mezquita, y allí siempre me sentía cerca de Dios. Durante la semana nos reuníamos en el patio de nuestra casa de la calle del

Fuego para rezar la gran plegaria de la noche. Generalmente dirigía la oración mi abuela, porque papá estaba en la mezquita. Luego hablaba a Dios por todos nosotros, los demás escuchábamos en silencio y, tras cada súplica, tras cada agradecimiento decíamos a coro «amén», uníamos las manos, las llevábamos a la boca y nos besábamos las palmas.

El amor

Después de seis años en Alemania podía respirar tranquila. Tenía visado válido para dos años, permiso de trabajo ilimitado y, desde hacía poco, tiempo libre. Como mis hermanas estaban en Europa y también ganaban dinero, la responsabilidad por la felicidad de mis padres ya no estaba sólo en mis manos. Abandoné mis tareas de asistenta. Sólo trabajaba en el aeropuerto por las mañanas, en el mismo turno que Hanna. Ella era tan maravillosa como de costumbre: siempre llevaba una enorme olla que desprendía un irresistible olor a guiso de carne etíope y que compartía con los demás africanos, no sólo conmigo. Además seguía defendiéndome con furia cada vez que salía mi nombre a colación. Estábamos muy unidas y seguiríamos estándolo el resto de nuestras vidas; a Hanna no le cabía la menor duda pese a que no me había perdonado del todo por haberme marchado de nuestra antigua comunidad y nunca vino a visitarme a mi nueva casa. Como queda dicho: esta etíope era tan testaruda como una somalí, pero leal hasta la muerte.

Por primera vez desde que estaba en Alemania disponía de tiempo para mí misma y podía pensar en continuar mis estudios. Desde que mi madre, con la colaboración de M'alim Omar, me había despertado las ansias de saber, había deseado aprender más y comprender aún más. Y por ello me inscribí en la universidad popular donde podía obtener el certificado de madurez en cursos nocturnos. Aunque mi alemán seguía siendo muy precario, confiaba en mejorarlo.

No tenía certificados de ningún tipo, pues, como todo lo demás, se había quedado en Mogadiscio. En África no hubiera sido inconveniente, los documentos no son tan importantes, pero ¿en Alemania? Esta vez tuve suerte: sólo tendría que pasar la prueba de admisión. En inglés era buena, pero en matemáticas... Durante siete años no había hecho ni un quebrado. ¿Y qué significaba el pequeño punto que figuraba entre dos números? En el examen ponía 7 · 13, pero yo no conocía ese punto. Así que dividí todo lo que tenía ese punto en el medio, aunque lo que hacía era incorrecto. Media hora después nos comunicaron los resultados de la prueba, que en mi caso fueron: excelente en inglés, deficiente en matemáticas. El profesor me llamó a su despacho.

–¿Qué significa ese punto? –quise saber enseguida–. ¿Multiplicación, dice usted? Verá, en mi país el signo de multiplicar es una x.

Y ante sus ojos volví a hacer todos los cálculos, con el resultado de que el profesor añadió a mi hoja de examen la observación siguiente: «La alumna posee más conocimientos de los demostrados en la prueba».

¡Me habían admitido! Era magnífico. Por fin volvía a ver la luz, por fin tenía la sensación de que iba por buen camino. A partir de entonces consagré mi tiempo a las clases. Si mis amigas me pedían que las acompañara a la discoteca mi respuesta era: «Nada de eso, tengo que hacer las tareas escolares». Para mí sólo existían los libros. No hablaba con nadie. Y, por las noches, atendía a las explicaciones de los profesores. Algunos eran fenomenales; se habían percatado de que estaba ávida de aprender. Pero otros me consideraban tonta. Estaban convencidos de que no podía seguir la clase y sería incapaz de aprobar un examen. Y sólo porque no podía expresarme tan bien en alemán como el resto de mis compañeros.

Es probable que fuera la más callada de la clase, pero también era la más disciplinada. En Mogadiscio nos castigaban por la más mínima falta, allí los alumnos podían soltar cualquier cosa a los profesores. Tenía la impresión de que algunos no sabían siquiera por qué iban a clase. Ahora bien, de todos modos, yo perseveraba, al estilo somalí, pues debía además concentrarme enormemente para comprender cuanto me explicaban. A veces no alcanzaba a responder las preguntas del profesor; mis compañeros alemanes replicaban antes de que yo hubiera ensamblado mi frase. A un italiano le sucedía lo mismo. Por eso nos sentábamos juntos, los dos lerdos en el mismo banco. En clase tomaba apuntes, a la mañana siguiente me llevaba al trabajo mis carpetas y en los descansos me enfrascaba en mis notas del día anterior. No sólo porque deseaba demostrar a mis profesores más escépticos que estaban equivocados respecto a mí. Tenía otro motivo, y éste fue determinante.

Había sucedido unos meses antes. Tenía mucho tiempo, pues aún no asistía a la escuela, y por las noches celebraba mi nueva libertad en las discotecas de Düsseldorf. Una noche estaba bailando con una amiga somalí cuando se nos unió un joven. No había reparado en él, pues suelo concentrarme en la música; en un primer momento, pensé que volvía a cruzarme con el médico de Stuttgart; pero era un completo desconocido, un tipo que parecía encontrar irresistible el espectáculo de dos jóvenes negras moviéndose por la pista. Más tarde, cuando estaba sola, se aproximó otra vez, y así bailamos mucho rato, uno junto al otro, sin intercambiar una palabra. Al cabo se inclinó hacia mí y dijo: «Me gustan los africanos. Y especialmente las africanas orgullosas». «Parece conocer el terreno», pensé. Cuando me disponía a marcharme me pidió mi número de teléfono. Se lo di, él me dio el suyo, y la idea de salir con un hombre me agradó. En las semanas siguientes comprobé que disfrutaba hablando por teléfono con él, saliendo a bailar, a cenar. Y así intimamos.

Él tenía treinta años, yo veintiséis. No tenía pareja; congeniamos. Le gustaba salir. Visitábamos a amigos suyos, o sus amigos iban a su casa y él cocinaba para todos. Me presentó a sus padres, y me acostumbré a que me consideraran su novia. Le gustaba viajar y era una persona muy divertida, pero sobre todo: no era egoísta. Detesto el egoísmo. No, él era muy desprendido. Hacía regalos y ayudaba de corazón. Nos entendíamos bien; tanto que me sentía como en casa. Por fin tenía alguien en quien confiar y así se despertó en mí un sentimiento nuevo. Más fuerte que la amistad. Pero no lo comprendí al instante. Empecé a darme cuenta el día en que, al regresar de la ciudad, el portero me entregó un gran ramo de flores. Veintiséis rosas rojas con una tarjeta de mi amigo. Él estaba en España, y en su nota había escrito algo sobre el amor. Entonces presentí que algo nuevo venía a mi encuentro. Poco después, tras una cena en casa de sus padres, me regaló un anillo de compromiso, una sortija de oro con un diamante engastado y mi nombre grabado en el interior. Eso había sido decisión suya, una sorpresa. Nos habíamos conocido en septiembre y en navidades estábamos prometidos.

El anillo me desconcertó. Ni siquiera sabía en qué me estaba implicando. Nunca había estado enamorada y tampoco entonces lo estaba. ¿O quizá sí? Estaba desorientada. Cuando conocía a alguien siempre le contaba que me habían circuncidado, y mi amigo lo sabía desde el principio. Por lo general, los hombres no se desanimaban fácilmente. Pero bastaba con mencionar la circuncisión para que me dejaran tranquila. Sin embargo, en aquella ocasión fue diferente. Aquel joven no se dejó intimidar, en cambio yo... ¿Acaso no era ya una mujer normal? Nada me impedía tener relaciones, si así lo deseaba. El pánico había desaparecido y también ese terror a amar a alguien que no pertenecía a mi familia. Era una mujer como las demás, incluso hubiera podido atraer a quien quisiera si me lo hubiera propuesto. Y, no obstante, me resistí cuando quiso besarme por primera vez. Durante tres meses no nos habíamos rozado, ni un beso ni un abrazo. Pero aquella noche en que me regaló la sortija me acompañó a casa. Al despedirnos quiso abrazarme, pero le rechacé con indignación. «Dame un beso de buenas noches –rogó en voz queda–. No te voy a comer.» Accedí. No me desagradó. Y empecé a pensar que aquel hombre era la persona adecuada para mí. Que era el que me había destinado Dios. Y que quizá me quedaría en Alemania para siempre, para el resto de mi vida.

«Tiene intenciones serias –me dije–. Así que ábrele tu corazón.»

Estaba dispuesta a intentarlo. Nada de ir a Inglaterra. Me instalaría definitivamente en Alemania. Sólo que... tenía mucho que aprender. Debía seguir estudiando si quería educar bien a mis hijos; ¡y por supuesto en perfecto alemán! Me quedaría en casa criándolos. Mi madre no había escatimado esfuerzos a la hora de educar a sus hijos, y yo deseaba seguir su ejemplo. «Así pues, no pierdas el tiempo, ve a la escuela», pensé.

Y así comenzó una nueva vida para nosotros. Por las mañanas pasaba de un avión a otro aspiradora en mano; después, de seis a diez de la noche, me sentaba en un aula con treinta alemanes, turcos, marroquíes e italianos; así que nos veíamos en contadas ocasiones. Para mí estaba claro: la escuela tenía preferencia. ¿Cuánto tiempo había esperado aquella oportunidad? Habían transcurrido casi diez años desde que los clanes llevaron la guerra a Mogadiscio y convirtieron los colegios en cuarteles generales y hospitales militares. Y mi novio callaba. No formuló ninguna queja al respecto. Puede que no quisiera restringir mi libertad. Nunca lo había hecho. Pero, en realidad, los alemanes esperan ver frecuentemente a su pareja, salir juntos, e incluso ir juntos de vacaciones, y todo esto quedaba por el momento descartado. Durante las vacaciones escolares no podía viajar con él porque debía trabajar en el aeropuerto. Nuestras citas eran ocasionales, nuestras conversaciones telefónicas más breves y, sin embargo, no dejaba traslucir que le afectara. ¿O acaso estaba ciega y sorda? A qué conclusiones llegó a raíz de mi comportamiento, lo desconozco. Nunca me lo dijo, nunca me enteré. Seguía colmándome de regalos y soñando con tener hijos conmigo.

Durante el año siguiente apenas nos vimos. Para mí sólo existía la escuela. Deseaba aprobar el examen y sabía que lo conseguiría aunque me resultara duro. En los últimos siete años apenas había tenido tiempo para leer y debía acostumbrar mi mente de nuevo a los libros. Además, no tenía a nadie que me ayudara. Por el día tenía tiempo libre, pero él trabajaba. Y por las tardes, cuando él tenía tiempo libre, yo estaba en la escuela. Así pues me concentraba en mis libros y memorizaba y estudiaba como una posesa. Y así murió nuestro amor. Lenta pero inexorablemente llegó el desenlace de nuestra historia común.

Estaba cerca de alcanzar mi objetivo, pues tras dos semestres de estudio se acercaba la fecha del examen, cuando de repente un día me llamó y me invitó a cenar. Yo estaba feliz. Después de una agotadora jornada laboral y cinco días de estudio, me alegré de pasar una noche tranquila en su compañía. Primero fuimos a ver a su padre al hospital, luego encontramos mesa en un restaurante griego. Recuerdo que pedí calamares (desde que vivía en Alemania me encantaba el pescado). Acababan de servir los entrantes cuando me comunicó su decisión. Lo hizo brevemente.

–Tengo que decirte algo –musitó–. Será doloroso pero debo decírtelo. Hemos pasado días muy felices juntos, pero ahora debemos separarnos.

Me pilló completamente desprevenida.

–¿Por qué? –acerté a decir tras recuperar el habla–. ¿Puedes explicármelo?

Pero su respuesta fue:

–No, no puedo.

No quiso darme una razón. No me dijo: «Me has herido». O: «Ya no te amo». Nada. Me dejó conmocionada. Había creído que le conocía. Que me amaba. Que hubiera pasado el resto de su vida conmigo.

Después de mucho, muchísimo tiempo había pensado que había encontrado mi lugar. Él había sido todo para mí: mi hermano, mi padre, mi esposo. Y de repente aquel hombre cambiaba de parecer y ponía fin a nuestra relación. Sin ninguna explicación. Y sin la más mínima disputa, sin una sola palabra desagradable. Su decisión me causó tan honda impresión que se me contrajo el estómago. Cuando nos sirvieron el segundo plato no pude probar bocado. También él había perdido el apetito. Nos levantamos y salimos del restaurante.

La separación había sido decisión suya. En casa me habían enseñado que, cuando algo no marcha entre dos personas, se sientan y hablan. Es preciso conceder al otro una oportunidad. Pero él había tomado su resolución y no admitía réplica. Lo que más me sublevaba era que se negara a explicarme por qué. ¿Acaso le había molestado que en mi casa no hubiera carantoñas amorosas? ¿Que yo no quisiera mostrarme cariñosa cuando estábamos en el cine? ¿Deseaba algo que no encontraba en mí? Nada. Silencio. A los pocos días se marchó de viaje. Fui a su casa a recoger mis cosas, aún tenía las llaves. En la alfombra había un cabello largo y negro. «Ya entiendo», pensé.

Hasta cierto punto le entendía. No le había dedicado tiempo. Era mi primera relación sentimental, y me había comportado de forma ingenua y egoísta. Supongo que acabó aburriéndose. Yo sólo había pensado en mí misma. Y nunca le había dicho que le amaba. Jamás habían salido esas palabras de mis labios. Podía decirle a mi madre que la quería o a mis hermanos. Pero ¿a un hombre? No se me pasaba siquiera por la mente. Sin embargo, tiempo después, cuando ya era demasiado tarde, se lo dije.

Existen tantos tipos de amor... En mi caso no había sido amor a primera vista. Necesitaba tiempo, era mi primer ensayo. En cambio, él estaba enamorado de mí; me lo decía y lo demostraba constantemente. Quizá su amor disminuía con el paso del tiempo mientras que el mío crecía día a día. Sea como fuere, sólo me percaté de cuánto le quería cuando terminó nuestra relación. No sabía que le amara tanto.

Ante el desengaño se impuso la ira. Sólo podía consolarme pensando en un dicho somalí: «Deja que el pájaro vuele de tu mano. Si regresa a tu lado, bien para ti. Si no, es que no te pertenece. No lamentes su pérdida». Pero cuando se hiere a alguien tanto como él me hirió a mí se acaba pagando por ello. Su nueva relación no duró mucho tiempo, y eso aplacó mi cólera.

La vida seguía su curso; continué en la escuela, y estudié aún más para aprobar el examen. No había faltado ni un día a clase. Hasta cuando estaba enferma iba a la escuela. Y cuando sólo podía pensar en él y en mi furia, procuraba concentrarme aún más. Mi compañero italiano, sin embargo, se mostraba pesimista. «Nura, no podrás superar el examen –reía–. Ambos somos demasiado tontos.» Su comportamiento en clase era radicalmente distinto al mío. Hablaba sin cesar, levantaba la mano para preguntar cualquier cosa y gastaba bromas en clase.

Al principio no podía creer que su modo de comportarse agradara más a los profesores que el mío. En África, los alumnos deben escuchar atentamente y no interrumpir nunca al profesor. Pero, en Alemania, valoran la participación en clase. Como yo siempre estaba callada, al final del primer semestre obtuve peores notas de las que esperaba. Resolví que en el futuro intervendría a la menor ocasión. A partir de entonces expuse cuanto se me ocurría sobre cualquier tema aunque careciera de importancia. Resulta difícil de creer, pero de ese modo me gané la estima de mis profesores. Aunque tenía un empleo por las mañanas, demostraba más aplicación que la mayoría. Sólo en historia iba a la zaga. ¿Qué sabía yo de los acontecimientos de la historia europea? Más bien poco. A lo sumo lo que había oído contar en Kenia sobre Hitler. Y no obstante, al concluir el semestre era de los pocos alumnos que no habían abandonado el curso. Uno tras otro habían dejado de asistir a clase. Y muy pocos aprobaron el examen final. Pero ¿quiénes estaban entre esos pocos? ¡Nura Abdi y el italiano!

Podría seguir estudiando, y cumplir mi sueño de ser un mujer inteligente y culta además de una buena madre. Con el tiempo contraería matrimonio, estaba segura; pero no porque fuera una obligación o porque me apremiaran mis parientes de África. A este respecto era un enigma para ellos. Creían que había aguardado demasiado para casarme; en mi último viaje a África, allá donde recalaba, decían: «¿Cómo es que no te has casado? ¿A qué estás esperando? Ya eres una solterona, dentro de dos años los hombres ni te mirarán». De nada servía explicarles que deseaba ser feliz en mi matrimonio y encontrar el hombre adecuado. Comprendía que no lo entendieran. Pero también sabía que no debía revelarles lo que me había propuesto: que la próxima vez que me enamorara diría «Te quiero».

Reencuentro con África

Hacía cuatro años que no había visto a mi familia. Durante ese tiempo sólo había oído sus voces por teléfono. ¿Les iría realmente tan bien como aseguraba mi madre en cada una de nuestras conversaciones? ¿Y qué aspecto tendrían mis hermanos menores? La última vez que les vi eran aún unos niños... Al subir al avión con destino a Nairobi estaba tan nerviosa como cuando, después de tres años viviendo en Alemania, emprendí mi primer viaje a casa.

En esta ocasión, mis padres estaban enterados de mi llegada. Les telefoneé desde el aeropuerto de Nairobi, y poco después allí estaban, abriéndose paso entre la multitud de pasajeros, mozos y taxistas que inundaban la terminal; al frente iba mi madre, seguida de mi padre, Ayan, Ahmed, Hoddan, varios tíos y una de mis tías. El pañuelo con el que mi madre se cubría la cabeza en público ocultaba la calva que le había quedado sobre la oreja. Al contrario que con las enternecedoras escenas de despedida, mamá no ponía reparo a las calurosas bienvenidas, y así los besos y abrazos parecían no tener fin, y las lágrimas se deslizaban por nuestras mejillas. Después, en nuestra casa de la calle Nueve, aquella deliciosa confusión de voces somalíes se prolongó hasta el amanecer. ¿Quién había muerto? ¿Quién había venido al mundo? ¿Quién se había casado? Mi madre, muy excitada, mascó *khat* durante toda la noche; por mi parte, al pasear la mirada por la habitación, al observar sus rostros, me di cuenta enseguida de que todos se encontraban bien.

A la mañana siguiente, antes de visitar a mis viejas amigas y saludar a unas tías, me puse un *dirrah,* me cubrí la cabeza con un pañuelo y pasé a ser una de tantas somalíes. Allá donde iba me ofrecían comida. «Estás tan delgada –decían–, si no comes te quedarás en los huesos»; y rápidamente traían platos llenos de grasienta carne de cordero que, después de mi régimen alimenticio alemán y de la exquisita comida que preparaba Hanna, apenas podía tragar.

La decadencia de la ciudad era evidente. Las calles estaban increíblemente sucias, las cañerías perdían agua y los mosquitos, que antes eran una rareza en Nairobi, me atacaban sin cesar. Y, aunque resulte difícil de creer, las calles de Eastleigh estaban más abarrotadas que antes, un enjambre humano no muy diferente del que se apiñaba en la feria de Düsseldorf, a la orilla del Rin. Los comerciantes hacían negocios en cualquier metro cuadrado libre. Muchos exhibían sus mercancías sobre las aceras, desde zapatillas deportivas hasta electrodomésticos, y entre ellos había mujeres que incluso vendían joyas de oro en plena calle pese a que los golfillos de la calle se habían convertido en una auténtica plaga; ni las gafas que llevabas puestas estaban a salvo. Me extrañó que se ejecutaran tales transacciones en medio de la acera, hasta que vi cómo trataban a los ladrones que robaban mercancías de los puestos callejeros. Los somalíes disponían de su propio servicio de seguridad; si alguna de las comerciantes gritaba, los jóvenes cambistas, que de lo contrario permanecían ociosos, aburridos con sus fajos de dólares, salían en estampida, se precipitaban sobre el ratero y le daban una paliza. Sin embargo, este servicio de protección nada podía hacer cuando venía la policía armada, quien confiscaba en su vehículo la mercancía de algún comerciante que no tenía licencia y se marchaba con el botín.

Los niños de la calle podían llegar a ser fastidiosos en el centro de la ciudad; trataban de sacar dinero a los blancos y, si no les daban nada, les importunaban hasta la extenuación. *«Gimme five bucks!»*, gritaban los más modestos. «*Gimme your watch! Gimme your camera! Gimme hundred dollars!»*, vociferaban los más osados. Por fortuna yo iba vestida con un *dirrah*, y me ocultaba el rostro con un pañuelo.

También en la calle Nueve habían cambiado algunas cosas. Era evidente que mis hermanos menores se estaban convirtiendo en keniatas. Estudiaban en escuelas keniatas, comían en casa de amigos keniatas, imitaban a coetáneos keniatas, y sólo conocían Somalia por las descripciones de mi padre. ¿Que si les interesaba su país natal? Durante todos aquellos años mi padre había dedicado mucho tiempo a hablarles de Mogadiscio, de cómo era nuestra vida allí, de los negocios que había emprendido en aquel entonces. En su mente seguía viviendo en Mogadiscio, en la ciudad donde se había criado, donde había hecho carrera a fuerza de trabajo, donde había llevado la vida que a él le gustaba; en suma, donde aún estaba su corazón. Pero pronto se encontró con que sus hijos entendían cada vez menos el somalí. Algunas mañanas dos de ellos iban a su cama, uno se colocaba a la izquierda, el otro a la derecha; apenas había comenzado él a contar una de sus historias somalíes cuando ya le interrumpían: «Papá, ¿qué significa en *swahili* lo que acabas de decir?». A menudo ni él mismo lo sabía.

Un día me reuní con unas cuantas mujeres keniatas y somalíes conocidas de mi madre, algunas de ellas profesoras, y hablamos de la circuncisión. La mayoría estaban en contra. Las más jóvenes se oponían radicalmente a la ablación. Pero todas comprendían que no se podría acabar con la circuncisión de un día para otro. De hecho, según decían, constituía un extraordinario avance conseguir que, a largo plazo, se sustituyera la forma radical de la circuncisión faraónica por la *sunna*, antes de que se pudiera pensar en suprimir también la *sunna* misma. ¿Por qué no organizaban una campaña contra la ablación?, inquirí. Rápidamente me hicieron ver que ésa era una idea ingenua, un modo de pensar propio de un europeo. «Somos muy pocas –dijeron–. Empezamos desde cero. Necesitamos ayuda, dinero. Tenemos que ir a las aldeas. Necesitamos una organización que se encargue de deliberar con los ancianos para que nos permitan entrar en sus aldeas. Además, sería preciso disponer de protección policial. No hay que olvidar que nos pueden apedrear.» Pero lo más importante era mejorar la educación. Había que impartir cursos de formación, seminarios destinados a las madres, a las mujeres que dirigen el hogar. Y sobre todo organizar actos informativos para los líderes religiosos. Si en las mezquitas predicaran en la oración del viernes contra la circuncisión, entonces las mujeres tendrían una oportunidad. «Si te limitas a andar por ahí lamentándote, pierdes el tiempo –decían–. Una mujer sola no puede conseguir nada. Únete a nosotras, y prepárate para una campaña larga, muy larga.»

¿Qué debía hacer? No deseaba quedarme en Kenia. Aquél ya no era mi país. Y no pensaba así sólo porque no quisiera renunciar a cuanto había conseguido en Alemania después de haber luchado tanto.

No obstante, y pese a que en algunos aspectos había empeorado, Nairobi me hacía bien. A menudo iba con mis hermanos al cine o al Lunapark; al cabo de tres semanas, me había imbuido de tal energía en África que decidí emprender un viaje. Jamás lo olvidaré. Fui a Tanzania, donde vivía mi amado padre, quien poseía una gran plantación de cebollas. Hacía doce años que no le había visto; sólo sabía que, a raíz de un grave accidente automovilístico, había estado en coma, y yo deseaba pasar con él mis últimas semanas en África; quién sabía si nos volveríamos a ver en este mundo. Viajé acompañada de Elmi, el menor de sus hijos.

Justo al comienzo de nuestro recorrido, en Namanga, nos detuvieron cuando tratábamos de cruzar ilegalmente la frontera, y fuimos a parar a una minúscula celda ocupada por un blanco junto con su compañera keniata y su porteador. Estaban acuclillados en el suelo, pues no había ni silla ni banco donde sentarse. Ninguno teníamos visado, ni siquiera el blanco, que continuamente daba rienda suelta a su furia. «Debe dirigirse a ellos con amabilidad –le aconsejé–. En África basta con que hable amablemente a los policías y les dé algo con disimulo; entonces todo va bien.» Pero él siguió insultando a aquellos condenados tanzanos. Nos hicieron esperar una hora. A medida que transcurría el tiempo mi preocupación iba en aumento. Si llegara a presentarse un superior para interrogarnos porque no tenía nada mejor que hacer, podíamos olvidarnos de nuestro viaje a Arusha. Pero entonces se abrió de repente la puerta y Elmi y yo quedamos en libertad. Debíamos nuestra liberación al joven al que habíamos cambiado dinero poco antes. Éste se había percatado de que podría resultarnos difícil pasar el control y sobornó al funcionario de aduanas. Diez minutos después estábamos sentados en un taxi colectivo, camino de Arusha, donde vivía mi padre.

Atravesábamos una tierra magnífica, semejante a un gran parque, de un verde radiante, rodeada de elevadas montañas, y en la lejanía se divisaba el Kilimanjaro. Me alegraba estar de nuevo en aquel país, con sus amables gentes. Aún recuerdo cuán asombrada quedé, cuando visité por primera vez Tanzania, al observar el respeto que los jóvenes mostraban a los mayores. Si un joven se cruzaba con un anciano por la calle decía *«schikamo»* («¿qué tal?»), aun cuando no le conociera. Eso me había gustado. El muchacho decía *«schikamo»*, y el anciano respondía *«marhaba munago»*, es decir: «Bien, gracias, hijo mío». Semejante trato era inconcebible en Nairobi, donde en la parada de autobús te derribaban sin una palabra de disculpa. Ni siquiera en Somalia había visto tales muestras de respeto.

Un temporal me arrancó de mis pensamientos. Nubes negras envolvían la cima del Kilimanjaro, y súbitamente comenzó a llover a cántaros. A ambos lados de la carretera se formaban lagunas; pronto avanzamos a través de charcos enormes, a derecha e izquierda sólo se veían fuentes de agua y el viejo Peugeot se paró en medio de una de aquellas gigantescas charcas y no arrancaba. Cada vez que el conductor intentaba ponerlo en marcha, el vehículo profería un ruido quejumbroso. Los hombres bajaron de un salto y empujaron, empujaron y empujaron hasta que el Peugeot salió del socavón. Cuando volvió a arrancar sentimos una gran alegría; y por fin, avanzada la noche, llegamos a Arusha. Como no sabía dónde residía mi padre tomamos un taxi y fuimos a visitar a una tía nuestra. Vivía a las afueras de la ciudad, en una casa nueva. El camino que conducía hasta allí era de tierra; al igual que antes en la carretera, llovía a mares. El taxi patinaba en el lodo, se deslizaba hacia los lados y fue a parar a un charco de agua negra que se había formado junto a la carretera. Esta vez no teníamos ayuda; tuvimos que bajar Elmi y yo del coche y empujar. Por fin, hacia las diez de la noche, tras una hora de patinazos, traspiés y empujones, llegamos a casa de mi tía, cubiertos de barro y chorreando agua como dos náufragos.

Una gran algarabía nos recibió al entrar. La casa estaba llena de mujeres: mis primas, las hijas de los vecinos, unas tías que no conocía y una abuela. Me dirigí al patio en busca de la señora de la casa. Había cesado de llover y allí estaba ella, sentada en la oscuridad ante un fuego sobre el que hervía una gran olla de agua; como si hubiera intuido mi llegada y que nada ansiaba más que una ducha caliente. Mi tía no me reconoció enseguida.

–¿Qué has hecho con tu cuerpo, Nura? ¿Qué ha sido de tu cara rolliza? –inquirió boquiabierta. Mi aspecto le causaba espanto–. Pareces mayor, ¡una cabra vieja y seca! ¿Te ha hecho eso Europa? ¡Y nosotros que pensábamos que seríamos felices en Europa!

–La vida en Europa es agotadora –traté de explicarle.

–Siendo así, ¿por qué no regresas a África? No vuelvas a Europa. Quédate con nosotros.

Y todos me rogaron encarecidamente que permaneciera en África.

Por fortuna, mi tía recordó al instante sus deberes de anfitriona y gritó: «¡Poned ropa limpia en las camas! ¡Preparad comida! ¡Preparad la ducha! ¡Y un *dirrah* limpio para Nura!»; acto seguido se precipitaron unas a la cocina, otras al dormitorio y otras al cuarto de baño; poco después, vestida con ropa limpia, aseada y ahíta, me hallaba en una gran sala, rodeada de mujeres que me asediaban a preguntas, mientras unas niñas ensayaban un cántico nupcial en el pasillo. Tumbadas en el suelo, ponían en marcha el magnetófono, anotaban la letra de la canción y cantaban estrofa a estrofa. Se trataba de un ensayo general, y por eso llevaban el cabello trenzado y vestían sus mejores ropas.

¿Qué deseaban conocer aquellas mujeres de mí? Querían saber todo lo concerniente a mi vida: «¿Qué haces?». «¿Estás casada?» «¿Por qué no te has casado? ¿A qué estás esperando?» Y luego: «¿Cómo viven los somalíes en Europa?». «¿Van a la mezquita?» «¿Qué tiempo hace allí?» «¿Qué coméis en Europa?» Cuando les hablé del clima gélido de Alemania se estremecieron y dijeron: «¡Es horrible! Por nada del mundo iríamos allí». Y al cabo llegó la pregunta inevitable: «¿Cómo son los alemanes? ¿Cómo puedes vivir en el país de Hitler?». Así lo llamaron, «el país de Hitler», pues para ellas Alemania era sinónimo de nazismo. Me esforcé en sacarlas de su error. Hasta mi madre había creído que había ido a parar a la madriguera del león, y durante los primeros meses había rezado sin descanso para que los alemanes no me asesinaran. Estaba convencida de que sin sus plegarias perecería inevitablemente de una terrible muerte, sola, lejos de mi hogar. «Alemania es un país maravilloso –les dije–. Un país muy bonito. Y la gente es cortés, mucho más cortés que en África. Te piden disculpas cuando tropiezan contigo sin querer. Nunca he sentido miedo en Alemania. ¿Acaso en Nairobi una chica puede salir sola a la calle a las diez de la noche? No, ¿verdad? Allí puedo cruzar la ciudad a las cuatro de la madrugada sin temer que me asalten. Quizás alguna vez me increpen por ser extranjera, pero es lo peor que puede pasar. En Kenia, sin embargo, debes contar con que serás violada si te arriesgas a salir cuando ha oscurecido.»

Así transcurrió la mitad de la noche. Entretanto Elmi había ido en busca de nuestro padre, pero regresó con la noticia de que no estaba en la ciudad, sino en su plantación de Singida. Una desagradable sorpresa. A Singida solamente salía un autobús al día y partía por la mañana temprano. Como el puñado de jóvenes que había por la casa estaban pasando el rato sin hacer nada, mascando *khat*, fueron enviados a comprar los billetes. Y, aunque casi era medianoche, los consiguieron.

Reposé en la cama unas cuantas horas, hasta que despuntó un magnífico día. Arusha estaba iluminada por la etérea luz del crepúsculo cuando me despedí de mis familiares en la estación. El conductor colocó nuestro equipaje sobre el techo del autobús; Elmi y yo subimos. ¡Menuda tartana era aquel autocar! Los asientos estaban tan desgastados que se veía el armazón y en cada fila se acurrucaban al menos tres pasajeros. A ellos se añadían los pollos: pollos debajo de los bancos, pollos sobre las maletas. ¡Y vaya viaje! Partimos a las siete de la mañana y llegamos a Singida a las diez de la noche. Subiendo montañas, descendiendo pendientes, avanzando por carreteras serpenteantes cuajadas de baches, cuesta arriba a paso de tortuga y luego cuesta abajo entre peligrosos traqueteos, bandazos y bamboleos. Y con un calor abrasador. De cuando en cuando parábamos en el arcén hasta que se enfriaba el motor. Los pasajeros descendían y buscaban un lugar sombreado para descansar. En cuanto el conductor llenaba de agua el radiador, continuábamos. En el autocar el calor era aún más sofocante. El sudor nos caía por el rostro y nos empapaba el cuerpo.

El autobús paraba en todas las aldeas. Allá donde aparecían cabañas, setos de bambú, personas, frenaba rodeado de una nube de polvo. Venían corriendo gentes del pueblo con sus cestos; chiquillos gritando que se agolpaban bajo las ventanillas y nos mostraban lo que vendían: agua, granadas, plátanos. El agua hervía en la botella antes de que hubieras bebido un trago. Y los que querían viajar se unían a nuestro grupo. Cuando salimos de Arusha el autobús estaba repleto, pero en cada aldea se llenaba más. Los pasajeros se arracimaban hasta en el pasillo central. El conductor apenas tenía espacio; además, debía asir el volante con una mano y con la otra sujetar su puerta. En tramos llanos conducía a unos cuarenta kilómetros por hora. «Dios mío –pensé–; me espera lo mismo a la vuelta.» Sentados o de pie, los pasajeros estábamos aprisionados entre cuerpos sudorosos. Cuanto más alto estaba el sol, más bochorno hacía. El ambiente era tan sofocante que abrimos las ventanillas y entraron remolinos de polvo que nos cubrieron por completo. Teníamos polvo en el cabello, polvo sobre el cuerpo sudoroso, pero nadie cerró la ventanilla. Poco después del mediodía nos detuvimos en una pequeña localidad; los que quisieron fueron a almorzar a un restaurante.

Todos estaban de muy buen humor en aquel viaje. Los pasajeros no paraban de hablar; hacían comentarios jocosos que rápidamente encontraban réplica. O comenzaba alguien a entonar una canción, que coreaban los demás a pleno pulmón, ahogando el estruendo del motor. Pero las escenas más divertidas eran las que protagonizaban los nuevos pasajeros que querían subir al autocar. Regateaban el precio del billete –aun cuando era fijo–; algunos incluso se negaban a pagar. En una ocasión una anciana, cargada de bolsas, subió fatigosamente los escalones y, tomando al conductor del brazo, gimió:

–No tengo 200 chelines, hijo. Sólo puedo darte 50. Eso bastará para un trayecto tan corto. Es cuanto tengo.

Pero el conductor no conocía la clemencia.

–Vamos, baja, ¡por 50 chelines no te llevo!

Y cuando la mujer empezó a contarle la triste historia de su vida, él agarró sus bolsas y las lanzó a la carretera. Pero los tanzanos tienen lengua de ángel, y la anciana insistió.

–No, no, por favor, te ruego que aceptes estos 150 chelines. Aquí tienes, es mi último dinero.

Y ya había recogido sus bolsas y subido otra vez.

–Mamá, mamá, baja enseguida.

La anciana siguió lamentándose, hasta que el otro acabó cansándose y cedió.

Pero no podías dejarte encandilar por tales escenas, pues los que se apeaban se llevaban tu equipaje en cuanto podían. Por eso, los pasajeros no perdían de vista a los que cogían sus bolsas y fardos de la montaña de equipajes que se acumulaban sobre la baca; en ocasiones, alguno chillaba por la ventanilla: «Eh, ésa es mi bolsa; quita tus manos de ahí, hermano». Así pues teníamos gritos dentro y fuera, y en la parte delantera el clamor de los viajeros que encontraban demasiado elevado el precio del billete. Durante todo el trayecto contemplé asombrada aquel ir y venir, riéndome. Hacía mucho tiempo que no había visto algo así. En Europa echaba de menos aquel fantástico caos. Pero, por otro lado, tenía que admitir que mis nervios ya no estaban tan templados como antes.

Aunque aquel viaje era tan divertido, parecía no tener fin; por suerte me quedé dormida. Llegamos a Singida de noche. En cuanto entramos en la gran estación de autobuses, la gente salió de sus casas y nos rodeó en tropel. Deseaba saber quién había venido; nadie llamaba antes sino que se presentaba sin avisar, y cada vez que llegaba el autocar la ciudad entera se preguntaba si entre los recién llegados había algún conocido. Las escenas de recibimiento tenían lugar entre gritos y risas; los mozos se abalanzaban sobre cualquiera que portara algo más que una cartera. Aquello era un alboroto. Poco a poco se fue dispersando la multitud hasta quedarme sola en la oscura estación; Elmi regresó. Había encontrado el hotel de papá.

Cada vez que mi padre iba a Singida se alojaba en el Funny Hotel, que no quedaba lejos de su plantación. La propietaria, una somalí, nos recibió con cordiales palabras de bienvenida.

–Tú eres la hija de Ahmed, ¿verdad? –dijo–. Tu padre ha salido. Iba a la mezquita. Quizá se ha entretenido con algún amigo.

La mujer calentó agua, y Elmi y yo nos lavamos hasta quitarnos la capa de polvo del cuerpo. Luego nos pusimos las camisas de dormir limpias que nos había entregado la mujer, nos reunimos con ella y charlamos. No nos habíamos visto antes, pero en África resulta fácil conversar.

Por fin llegó mi padre. Mirando fugazmente al montón de gente sentada a la entrada, se encaminó a su habitación.

–¡Ahmed! –le gritó la propietaria–. ¿Por qué no quieres saber nada de nosotros? ¿No quieres conversar un rato?

Mi padre se aproximó receloso, y ya no pude contenerme. Profiriendo un chillido me lancé a su cuello. Me hervía la sangre. Mi padre no daba crédito a sus ojos. La última vez que me había visto era una adolescente regordeta. Me contemplaba estupefacto.

–¿Eres tú, Nura? –acertó a decir–. Hace un rato estaba pensando en ti. Y ahora estás aquí.

Sin poder contener las lágrimas que le caían por las mejillas, me dio un beso.

Me pareció que había envejecido. Desde su accidente caminaba con ayuda de un bastón. Jamás le había visto así.

–Venga, papá, salgamos a comer algo –dije, pese a que no tenía apetito.

Pero él hizo un gesto negativo; ya había cenado. Así que nos levantamos, fuimos a su pequeña habitación los tres, mi padre, mi hermano y yo, y hablamos y reímos casi toda la noche.

No se había vuelto a casar; tampoco había visto a mi madre, pese a que Arusha y Nairobi apenas estaban a una jornada de viaje. No obstante, sus pensamientos parecían girar en torno a su familia; y la alegría de vernos tornaba locuaz a mi lacónico padre. Nos contó que cuando salió del coma después del accidente había abierto los ojos y había visto a Elmi y Yurop a su lado.

–No puedo expresar con palabras lo que sintió mi corazón en ese momento –dijo con ojos brillantes–. Quienes hacen tan feliz a otra persona son bendecidas por Dios. Su vida sólo les deparará el bien.

Por aquel entonces mi madre se había ocupado de que mis dos hermanos estuvieran junto a su lecho, cuando papá yacía en una mísera clínica situada en la frontera con el Congo, donde ocurrió el accidente. Los médicos le habían dejado yacer sobre sus excrementos, y Yurop le había lavado y cuidado hasta que volvió en sí una semana después.

Lo que más le preocupaba aquella noche era la idea de que llegara a convertirme en una europea.

–No olvides nunca tus orígenes –insistía–. Recuerda que procedes de África.

No se refería él a un país o a una cierta cultura, sino a algo inherente a nosotros, que compartimos todos los africanos y que debemos defender frente a cualquier tentación de Europa. Temía que si me convertía en una europea no quisiera volver.

–Nura, aunque vivas en Europa, y te cases y tengas hijos allí, en tu corazón debes seguir siendo africana –me dijo muy serio–. No dejes nunca de pensar y sentir como una africana.

No sabía él cuán difícil era eso. Pero cuando quiso precaverme del egoísmo de los europeos le tranquilicé. Quería a mi familia tanto como antes. Eso jamás cambiaría.

Entretanto la lluvia caía con fuerza contra los cristales de la ventana. Había comenzado la estación de las lluvias en Tanzania y, según decía mi padre, cuando diluviaba de tal modo las comunicaciones con Arusha se interrumpían durante todo un mes. Los autobuses no podían circular.

–Si sólo dispones de una semana es demasiado arriesgado permanecer aquí durante mucho tiempo.

Así pues decidimos que saldría a la mañana siguiente.

–Me alegro tanto de haberte visto –dije y luego le di un regalo.

A mi padre le encantó. Era un traje blanco para ir a la mezquita junto con una alfombra de oración.

–Es una lástima que no hayas venido antes, Nura –dijo en el tono quedo con el que solía hablarnos en la calle del Fuego.

–Quién sabe cuándo volveremos a vernos. Reza por nosotros, papá, y danos tu bendición –repliqué.

–Mi bendición está con vosotros. Sois mis hijos –respondió.

A la mañana siguiente nos levantamos muy temprano. La propietaria del hotel me había preparado una cama en la habitación de su hija. Desayunamos juntos y mi padre nos acompañó a la estación. Llovía copiosamente. Entre besos, abrazos y lágrimas de despedida dijo:

–Sé que nos volveremos a ver. Cuídate, Nura. Mi bendición va contigo. Espero que en tu camino sólo encuentres el bien.

Luego el autocar salió.

Aunque hacía un calor sofocante, llovía a cántaros. De repente, el autocar se salió de la carretera, las ruedas resbalaron por el lodo y el conductor decidió esperar a que remitiera el temporal. Y allí nos quedamos, encerrados en aquel vehículo y respirando el insoportable hedor del interior porque, debido a la lluvia, las ventanillas debían permanecer cerradas. Estábamos en medio de la selva y esperábamos. Dejé vagar la mirada por el magnífico paisaje montañoso que se extendía tras los cristales mojados. Durante el trayecto unos cuantos blancos que disfrutaban del viaje como de una extraordinaria aventura habían estado filmando a cada uno de los pasajeros con sus cámaras de vídeo; ahora se dedicaban a registrar las montañas. Luego descendieron del autobús y merodearon por la zona pertrechados con sus cámaras. Al ver unos perros bajo un árbol, se dirigieron hacia ellos con la intención de acariciarlos; pero eran perros salvajes y saltaron hacia ellos y les ladraron con furia. Los africanos contemplamos aquella singular escena desde el autobús. Cuando la lluvia remitió, el motor rugió otra vez y continuamos nuestro viaje. Por la noche, al llegar a Arusha, tomamos el siguiente taxi colectivo con destino a Namanga, cambiamos de vehículo en la frontera y hacia las once, muertos de cansancio, llegamos a Nairobi.

Tres días más tarde regresaba a Alemania. Me había vestido a la europea, aunque cubriendo con una chaqueta mi camisa sin mangas, prenda que mi madre hubiera considerado escandalosa. Mamá me despidió a su modo esquivo. «Tú eres la columna vertebral de la familia», dijo solamente. Y luego ocurrió algo que nunca olvidaré. Mi hermano menor, Ahmed, me abrazó y me besó. Tales muestras de afecto no eran usuales entre nosotros. Tenía quince años, era un muchacho alto, y me llamaba «mi dulce hermanita». Me eché a llorar. Mis hermanos nunca me habían despedido así.

En el aeropuerto me quité la chaqueta, pues hacía demasiado calor. Mi vuelo se dirigía a Düsseldorf vía Amsterdam. Mis dos maletas rebosaban de regalos y en Düsseldorf suscitaron el interés de los funcionarios de aduanas. Me preguntaron si llevaba animales o pieles de animales. Negué con la cabeza. Me indicaron por señas que me dirigiera a su mesa, y ya se disponían a abrir mi equipaje cuando pasó un policía de aduanas que me conocía. «Esta mujer trabaja aquí», gritó a sus colegas. Éstos asintieron y me dejaron marchar.

Al llegar a casa, el portero del edificio me entregó dos cartas, un par de misivas enviadas por la administración. Arrastré mis maletas, una tras otra, escaleras arriba, crucé el angosto corredor y abrí la puerta de mi vivienda. Apenas había entrado y ya me sobrecogía una terrible nostalgia. ¡Qué vacío estaba aquello! No se oía ni un ruido en toda la casa. Pero en ese instante sentí que algo había cambiado. Me sentí fuerte; casi tan fuerte como cuando acababa de llegar de África y pisaba por primera vez suelo alemán en Frankfurt. Estaba llena de energía. Era como si hubiera hecho aquel primer viaje a Alemania otra vez. Como si empezara mi nueva vida en aquel país.

Sí, eso haría. Empezar de nuevo.

No me avergüenzo

¿Cómo podría concluir este relato? A lo largo del libro he mencionado frecuentemente las palabras «patria» u «hogar»; quizás he dado la impresión de que para mí no hay más hogar que Somalia. Pienso, sin embargo, que uno se siente en casa allá donde se encuentra a gusto; y quién sabe, puede que algún día me sienta tan bien en Alemania como en mi país de origen. De todos modos, no creo que sea una cuestión tan importante.

Me interesa mucho más combatir la matanza que se perpetra en mi país pero también en otros lugares contra las niñas. La circuncisión es propia de salvajes; mutilan a las pequeñas con pleno conocimiento y es preciso acabar de una vez con semejante práctica. Huelga decir que jamás hubiera imaginado que llegaría a escribir un libro sobre ello. No obstante, siempre confié en poder ayudar algún día a las mujeres que la habían sufrido. Mientras estuve circuncidada tal idea me inquietaba sobremanera. Pues cuando has vivido tanto tiempo como yo sin conocerte a ti misma, no avanzas, desperdicias tu energía, tu vida da vueltas en círculo. Yo no sabía realmente quién era. Y si en Alemania no hubiera conocido tan excelentes personas, gente que me hizo darme cuenta de que debía conocerme y comprenderme a mí misma, que debía apreciar mi cuerpo, quién sabe qué hubiera sido de mí.

Deseaba transmitir mi experiencia. Son muchas las mujeres que viven con idéntica angustia. Y se trata de un miedo que no cesa nunca. Ese terror se instala en tu interior y te encuentras inerme ante él. La mayoría ni siquiera se atreve a hablar de la circuncisión porque siente una profunda vergüenza. Quisiera demostrarles que se puede hablar abiertamente de ello. Ninguna mujer debe temer contar lo que le sucedió. No es ninguna deshonra haber sufrido algo que nunca se deseó ni se quiso. Quisiera animar a las mujeres a hablar, no sólo a aquellas que siguen sufriendo por su circuncisión, sino también a aquellas que, afortunadamente, han superado tal situación.

Mi vida es mi vida, y he sufrido mucho. Las niñas que acaso en tiempos venideros ya no sean circuncidadas disfrutarán de una vida mejor como adultas. Pero si nadie habla, si ninguna mujer tiene el valor de contar su experiencia, entonces jamás saldremos de las tinieblas en que vivimos.

Yo he contado mi historia. He relatado cuanto me sucedió. Y no me avergüenzo, aun cuando sé que algunos evitarán mi compañía después de leer el libro, y a pesar de que tal vez mis hijos se rían algún día, cuando sepan que su madre fue circuncidada. No me ha sucedido nada extraordinario. Pero es algo que no se puede zanjar con el silencio. Quienes piensan que contándolo tan sólo me desacredito a mí misma no me parecen tan importantes como aquellas mujeres a las que acaso pueda animar algún día a someterse a una operación. Y tal vez los gobiernos ideen alguna forma de ayudar a las mujeres, tanto a las que ya han sufrido semejante tortura como a las que aún la sufrirán.

Glosario

Bukta (somalí): pantalón hasta los tobillos que visten las mujeres.
Circuncisión faraónica: forma extrema de circuncisión.
Dhulka (somalí): hogar.
Dillo (somalí): prostituta.
Dirrah (somalí): vestido largo hecho con tejido transparente de colores.
Djinn (árabe): demonio, espíritu.
Gudd (somalí): hacer progresos.
Halal (árabe): puro, limpio, conforme a la tradición.
Halaleiso (árabe): mujer que practica la circuncisión.
Id (árabe): fiesta que se celebra al concluir el mes de ayuno del ramadán.
Injera (etíope/somalí): hojuela hecha con agua y harina.
Lali: nombre de clan ficticio.
Nyama choma (swahili): carne de vaca o de cordero asada.
Sheik (árabe): religioso musulmán.
Sunna (árabe): circuncisión en la que se extirpa el prepucio del clítoris o el propio clítoris.
Suras (árabe): capítulos del Corán.
Unzi (somalí): mezcla aromática compuesta de azúcar, perfume y especias.

Solicite información y colabore en la lucha mundial contra la mutilación genital femenina

Las organizaciones Intact y Terre des femmes desarrollan proyectos educativos y campañas informativas contra la mutilación genital femenina. Sus fondos proceden de subvenciones y donativos de sus simpatizantes.

INTACT
Internationale Aktion
gegen die Beschneidung
von Mädchen und Frauen
Johanisstr. 4
66111 Saarbrücken

Teléfono: 0681/32400
Fax: 0681/9388002

info@intact-ev.de
www.intact-ev.de

TERRE DES FEMMES
E.V.
Menschenrechte
für die Frau
Konrad-Adenauer-Str. 40
72072 Tubinga

Teléfono: 07071/79730
Fax: 07071/797322

www.frauenrechte.de

Si desea más información, consulte las siguientes páginas web:

http://www.amnesty.org/ailib/intcam/femgen/fgm1.htm
http://www.who.int/frh-whd/FGM/
http://www.unicef.org/somalia/programme/sectors/fgm/
http://www.transafricaforum.org/reports/viewpoint041300_fgm.shtml

Índice

Índice

Título de la edición original: *Tränen im Sand*
Traducción del alemán: M.ª José Viejo Pérez
Diseño: Eva Mutter
Fotografía de la sobrecubierta: © Marie Docher

Círculo de Lectores, S. A. (Sociedad Unipersonal)
Travessera de Gràcia, 47-49, 08021 Barcelona
www.circulo.es
1 3 5 7 9 5 0 1 1 8 6 4 2

Depósito legal: B. 35708-2005
Fotocomposición: Anglofort, S. A., Barcelona
Impresión y encuadernación: Printer industria gráfica
N. II, Cuatro caminos s/n, 08620 Sant Vicenç dels Horts
Barcelona, 2005. Impreso en España
ISBN 84-672-1051-6
N.º 44057